高等职业教育交通运输数字化系列规划教材

桥梁下部结构设计与施工

毛海涛 主编

人民交通出版社股份有限公司
China Communications Press Co.,Ltd.

内 容 提 要

本书为高等职业教育交通运输数字化系列规划教材之一。全书主要介绍公路桥梁常用墩台及基础的设计理论、计算方法，以及桥梁墩台及基础的施工技术和施工质量控制的基本内容，同时对钢筋混凝土结构施工中的钢筋工程、模板与支架、混凝土工程的基本内容进行了着重的讲解。

本书主要供高等职业教育道路桥梁工程技术专业教学使用，也可作为路桥类工程技术人员的培训教材或自学用书。

本书配有二维码，读者可通过扫码查看相关视频、动画资源。教师可通过加入"职教路桥教学研讨群"（QQ:561416324）进行教学交流与研讨。

图书在版编目(CIP)数据

桥梁下部结构设计与施工/毛海涛主编. —北京：
人民交通出版社股份有限公司，2018.7
高等职业教育交通运输数字化系列规划教材
ISBN 978-7-114-14628-2

Ⅰ. ①桥… Ⅱ. ①毛… Ⅲ. ①桥梁结构—下部结构—结构设计—高等职业教育—教材②桥梁结构—下部结构—桥梁施工—高等职业教育—教材 Ⅳ. ①U443

中国版本图书馆 CIP 数据核字(2018)第 069007 号

高等职业教育交通运输数字化系列规划教材

书　　　名：	桥梁下部结构设计与施工
著　作　者：	毛海涛
责任编辑：	刘　倩
责任校对：	张　贺
责任印制：	张　凯
出版发行：	人民交通出版社股份有限公司
地　　　址：	(100011)北京市朝阳区安定门外外馆斜街 3 号
网　　　址：	http://www.ccpress.com.cn
销售电话：	(010)59757973
总　经　销：	人民交通出版社股份有限公司发行部
经　　　销：	各地新华书店
印　　　刷：	北京鑫正大印刷有限公司
开　　　本：	787×1092　1/16
印　　　张：	15.75
字　　　数：	364 千
版　　　次：	2018 年 7 月　第 1 版
印　　　次：	2018 年 7 月　第 1 次印刷
书　　　号：	ISBN 978-7-114-14628-2
定　　　价：	48.00 元

（有印刷、装订质量问题的图书由本公司负责调换）

编审委员会

主　任　王　彤
副主任　欧阳伟　顾　威
委　员　于忠涛　张家宇　李立军　于国锋
　　　　　李冬松　李云峰　朱芳芳　霍君华
　　　　　赵同峰　毛海涛　周　烨　王立争
　　　　　王力艳　徐　刚　徐　达　曹英浩
　　　　　李俊丹　徐义洪　哈　娜　孟祥竹
　　　　　车　媛　朱洪斌

序

《国务院关于加快发展现代职业教育的决定》(国发〔2014〕19号)明确指出:"高等职业教育承担着优化高等教育结构和人力资源结构的重要使命"。2016年,辽宁省交通高等专科学校承担了教育部《高等职业教育创新发展行动计划(2015—2018年)》骨干专业建设任务,几年来,我校高等职业教育交通运输类专业始终坚持走内涵发展道路,密切产学研合作,形式以"设计勘察、预算招标、施工管理、现场检测、竣工验收"五个能力培养为核心,对交通产业转型升级,形成了"产教融合、同步升级、层级递进"的高职人才培养模式。对接职业岗位需求,构建"技能型岗位、技术型岗位、复合型岗位"三级递进的专业培养目标;对接岗位工作内容开发"基本素质课程、通用职业课程和岗位职业课程"三级递进课程体系;对接职业岗位技能设计"基本技能训练、专项技能训练和综合技能训练"三级递进实践教学体系;对接职业成长规律设计"基本素质教育、职业素质养成、社会能力培养"三级递进的素质教育过程。适应现代交通产业发展,培养复合式、创新型、发展型技术技能型人才的需要。

本套数字化教材是交通运输高等职业教育骨干专业的重要成果之一,是全体专业教师、一线工程技术人员共同的智慧和劳动成果。该教材实现了纸质教材与数字化资源的完美结合,具有以下特色:

(1)教材从岗位核心能力入手,突出专业化与岗位技术相适应,明确了人才的培养方向,更加适应高职技术教育改革的教学理念。

(2)教材注重学习者的认知逻辑和学习效能,从知识、技能的逻辑性入手,用浅显生动的语言描述配以丰富的资源展示,使学习者学习轻松、运用自如。

(3)教材与数字化资源配套使用,对教与学双向辅助,有效地保证学习者对资源的有效检索和运用,形成了以学习者为中心的教育形式。

(4)教材紧跟生产技术一线,符合行业标准和技术规范,融合新技术、新工艺,再现真实环境下的岗位核心技能,具有较强的实践指导性。

辽宁省交通高等专科学校校长

2018年4月

前　　言

　　本教材是高等职业教育交通运输数字化系列规划教材之一,依据道路桥梁工程技术专业人才培养目标,按照职业行动领域与职业能力中有关桥梁下部结构设计与施工工作项目进行编写而成。

　　全书共分五章,第一章介绍了桥梁的历史与发展及桥梁工程基本知识;第二章介绍了桥梁设计的准备工作;第三章介绍了桥梁墩台及桥梁基础的设计基本流程;第四章介绍了桥梁施工前的准备工作并在物资准备工作中介绍了钢筋、模板、混凝土及常用的机具设备的相关知识;第五章介绍了桥梁墩台及基础的施工工艺。全书计划60学时。

　　编者根据课堂教学思路,总结多年课堂教学经验,在讲解具体桥梁墩台及基础施工之前,将公路桥梁最常见的结构也是桥梁工程课程讲解中最核心的内容——钢筋混凝土结构分成钢筋工程、模板工程、混凝土工程、桥梁墩台及基础施工机具设备等部分单独进行介绍,在讲授桥梁墩台及基础的施工时,将不再详细讲解钢筋保管、加工等细节,而重点讲授施工过程中的工艺流程、施工管理、问题及处理措施等。如此调整旨在使施工讲解思路更流畅。

　　本教材由辽宁省交通高等专科学校毛海涛统稿并担任主编。教材在编写过程中得到辽宁省交通高等专科学校诸多同事的帮助,尤其得到了张辉老师的大力支持,在此表示衷心的感谢。

　　由于编者水平有限,资料搜集不够全面,疏漏或错误之处在所难免,欢迎读者批评指正(E-mail:haitaom@163.com)。

编　者

2018年2月

目　　录

第一章　概论 ··· 1
　　第一节　桥梁建筑发展的动因和发展概况 ·· 1
　　第二节　桥梁的组成与分类 ··· 7
　　学习效果自测题 ··· 15
第二章　桥梁墩台及基础设计准备 ··· 17
　　第一节　桥梁设计基本流程及基本资料 ··· 17
　　第二节　桥涵水文简介 ··· 21
　　第三节　地质勘察 ··· 31
　　第四节　桥梁作用简介 ··· 33
　　学习效果自测题 ··· 38
第三章　桥梁墩台及基础设计 ··· 39
　　第一节　认知桥梁墩台 ··· 39
　　第二节　桥梁墩台设计与计算 ··· 55
　　第三节　认知桥梁基础 ··· 74
　　第四节　桥梁基础设计 ··· 90
　　第五节　初识施工图 ··· 128
　　学习效果自测题 ··· 135
第四章　桥梁下部施工准备 ··· 139
　　第一节　技术准备 ··· 139
　　第二节　劳动组织准备 ··· 140
　　第三节　物资准备 ··· 142
　　第四节　施工现场准备 ··· 166
　　学习效果自测题 ··· 169
第五章　桥梁墩台及基础施工 ··· 170
　　第一节　石砌墩台施工 ··· 170
　　第二节　混凝土与钢筋混凝土墩台施工 ··· 177
　　第三节　浅基础施工 ··· 188
　　第四节　桩基础施工 ··· 198
　　第五节　沉井施工 ··· 223
　　第六节　地下连续墙施工 ··· 226
　　第七节　墩台施工质量检测评定 ··· 230
　　学习效果自测题 ··· 237
自测题参考答案 ··· 241
参考文献 ··· 243

第一章 概 论

建立四通八达的现代化交通网，大力发展交通运输事业，对于发展国民经济，促进文化交流和巩固国防等，都具有非常重要的作用。在公路、铁路、城市和农村道路以及水利建设中，为了跨越各种障碍(如河流、沟谷或其他线路等)，保障运输的畅通，缓解城市交通压力等原因，必须修建各种类型的桥梁。桥梁是交通线中的重要组成部分，而且往往是保证全线按时通车的关键。在经济上，一般说来桥梁造价平均占公路总造价的10%～20%。在国防上，桥梁是交通运输的咽喉，在需要快速、机动的现代战争中，它具有非常重要的地位。此外，为了保证已有公路的正常运营，桥梁的养护与维修工作也十分重要。

20世纪60年代以来，由于科学技术的进步、工业水平的提高、社会生产力的高速发展，人们对桥梁建筑提出了更高的要求。现代高速公路上和城市中的立交桥、高架桥，几十公里长的海湾、海峡大桥，新发展的城郊高速铁路桥与轻轨运输高架桥等，这些新型桥梁工程规模巨大，犹如长长的地上"彩虹"。纵观世界各国的大城市，常以工程雄伟的大桥作为城市的标志。因而，桥梁建筑已不再单纯作为交通线上重要的工程实体，还常作为一种空间艺术结构物存在于社会之中。

我国幅员辽阔，随着社会主义工业、农业、国防和科学技术现代化的逐步实现，还迫切需要修建大量的公路、铁路和城市桥梁，为此广大桥梁工程技术人员将不断面临设计和建造各类桥梁的光荣而艰巨的任务。

第一节 桥梁建筑发展的动因和发展概况

一、桥梁建筑发展的动因

桥梁是一种为全社会服务的公益性建筑，它与人类社会的发展繁荣和人们生产生活的便利息息相关。桥梁建筑既是人类认识自然和改造自然的产物，又是人类各个历史阶段文明发展的结晶。桥梁建筑发展的动因与人类社会生产力、材料工业、科学技术等的发展密切相关。

1. 社会生产力发展是桥梁建筑发展的直接动力

桥梁建筑的产生和发展总是与生产力发展水平相适应，与社会需要密切相关，不能脱离各个历史阶段的社会政治、经济、军事、文化、科学等条件。所以，桥梁的发展也就是生产力发展的写照。

追根溯源，人类共同经历的第一个社会形态是原始社会。原始社会的生产力水平十分低下，人们使用简陋的石器工具与大自然斗争，求取生存。在原始人类尚不能建造桥梁时，往往是利用天然倒下来的树木、自然界内外营力作用而塑造的石梁或石拱、溪涧冲流下来的石块或森林里攀缠的藤萝以越过水道和峡谷而克服各种障碍。到了原始人类已经能够聚族而居、生产资料原始公有时，人们便借助天然的独木桥、藤索桥和天然的石梁、石拱跨越河流和山谷而扩大他们的活动范围。因此，古人最早是利用天然桥克服障碍而认识到桥梁的作用的。所以，最早的桥梁是人类在生活和劳动中认识自然，在大自然的"洗礼"中产生的，人类也是从天然桥中得到了造桥的启示。

人类历史上的第一个阶级社会为奴隶社会。到了奴隶制社会，农业、手工业和商业已具有相当的规模，城市宫殿、宗庙、防御工程逐渐发展起来，产品流通、人群往来、军事行动等都相当频繁。社会的主要生产工具已由金属代替了石头，青铜制作的斧、刀、锯、锤、铲等工具已普遍使用，并有专门的奴隶从事车、舟的制造。虽然奴隶社会的生产力水平相当低下，但比起原始社会已有了巨大的进步，人们有必要又有可能建造相当牢固的木桥和石桥，以适应经济、政治、军事等的需要。铁器的使用，使石桥从有墩无梁的蹬步开始发展到在石墩上搁置石梁，以及叠涩出梁；木桥从独木桥发展到有承托式的翘式桥和有斜木支撑的斜撑桥；各种舟的制造和运用，为搭建浮桥提供了基础，古代在难以建造墩桥的大江大河上最先建造的是浮桥；随着编织技术的进步，在山区悬崖深谷、水流湍急的两岸，搭建了用天然藤索编织而成的藤网桥。从奴隶社会进入封建社会时期，虽然科学思想受到愚昧而粗暴的蹂躏，但生产力的发展、社会和生活的需要，仍然推动着桥梁建筑的发展。劳动人民根据他们活动范围的自然条件和运输工具，因地制宜，就地取材，不拘一格地修建了许多桥梁。在物资运输依赖骡马大车、平推板车的地区，修建了许多平坦宏伟的石拱桥和石梁桥；在河流纵横、湖沼棋布，运输以舟船为主的地区，遍布着驼峰隆起的石拱桥；在峰峦层叠、谷深崖陡，难以砌筑桥墩的地区，修建了藤索桥、竹笆桥、竹吊桥等。古代桥梁不仅是记载着人类克服艰险、战胜自然、发展进步的鉴证丰碑，而且也是古代生产力发展客观要求的必然产物。

进入14～15世纪后，欧洲资本主义萌芽已经在封建国家内部生长起来，社会生产力迅速发展。到了18世纪60年代，英国开始了第一次工业革命，蒸汽机的广泛使用，推动了各个工业部门的大工业生产。纺织、冶炼、采煤蓬勃兴起，加速了机器业的发展，接着又引起材料、能源等部门的革命，而这些部门的产业革命导致了社会生产过程中交通运输工具的变革。因此，从18世纪末期起，运输技术的改革进入了全面发展的重要阶段，人们一方面发展水上运输，另一方面又推进陆上交通的发展。19世纪初，轮船的发明标志着蒸汽动力船取代帆船的新时代开始。船的载重吨位的逐渐增加，促使船身加大加宽，航运部门对桥梁建筑的跨径和净空高度提出了新的要求。与此同时，英国人发明了蒸汽机火车头，1825年世界上第一条铁路在英国诞生，标志着铁路时代的到来。火车的发明、铁路的兴起、大吨位交通工具的出现，迫切地需要改进旧的落后的交通工具和载体，尤其对桥梁建筑的承载能力提出了更高的要求。因此，人类史上的第一次工业革命，促进了生产力的飞速发展，同时也推动了桥梁建筑的革新，标志着近代桥梁革命的开始。19世纪70年代，进入了第二次工业革命，"蒸汽时代"被"电气时代"所取代。1826年英国人发明了内燃引擎汽车后，1885年德国人又发明了以汽油为动力的汽车。19世纪末到20世纪初，汽车工业得到了迅速发展，同时也推动了近代桥梁的发展。到20世纪30年代后，进入了第三次工业革命，整个世界发生了巨大的变化。交通运输既是国民经济赖以发展的基础结构,又是国际贸易和国际交往的纽带。自从1932年第一条高速公路在德国诞生后,发达国家陆续建造了大量高速公路,促进了公路网建设,新兴的公路运输逐渐成长为独立的运输体系。交通运输的发展对桥梁建筑提出了更高和更新的要求,从而推动了现代桥梁的发展。

20世纪70年代以后,世界经济发展趋于国际化、全球化,交通运输对工农业生产、人民生活和国防建设的空间活动范围、活动力度、活动速度等显得至关重要。随着社会经济发展和人们物质生活水平的提高,对桥梁功能,包括桥梁的跨越能力、通行能力、承载能力等要求越来越高。随着人民精神生活的日益丰富,对桥梁建筑的美学要求也成为一种更为普遍的崇尚。选择桥型方案时,要求结构功能和造型艺术统一,使桥梁功能、技术、经济、美观融为一体。随着交通可持续发展理念的建立,人们越来越重视桥梁的噪声、震动、污染等方面的限制。因此,为了避免修建深水桥墩,并利于通航,桥梁跨径做得越来越大;为了增加通行能力,并提高车速,桥面越来越宽;为了改善风载下的动力性能,并使桥型美观,梁型越来越扁;为了减少圬工,少占桥下净空,桥墩越来越细;为了适应跨海工程,在结构上研究了适合应用于更大跨度的结构形式。所以,当代桥梁的发展,已经远远地超过它自身狭窄的意义,它是一个国家物质文明、综合国力的标志,是生产力高度发展的重要象征。

2. 材料工业发展是桥梁建筑发展的物质基础

人类社会发展的历史表明,材料是人类生存和发展、征服自然和改造自然的物质基础,也是人类社会现代文明的重要支柱。材料技术的每一次重大突破,都引起生产技术的革命,大大加速了社会发展的进程,并给社会生产和人民生活带来巨大的变化。人类历史经历了石器时代、青铜器时代、铁器时代、高分子材料时代,桥梁建筑的发展和进步与各个时期材料工业的革新和应用密切相关,材料科学的发展给桥梁建筑带来了强大的生命力。

在遥远的原始社会时期,人类最早利用的材料是天然的石、木、藤、竹等,这些材料是大自然赋予人类的最早的建筑材料,可以说是取之不尽、用之不竭。所以,人类最初能获得的建桥的材料是大自然提供的。古代,人们就地取材,凭借体力或简单的工具建造石桥、木桥和藤竹桥。木材或藤竹虽然能抗拉,但它的强度很低,又易腐、易燃、易虫蛀,使用寿命短;石料虽然抗压能力强,但它的抗拉、抗弯能力较低,适用范围窄。天然材料性质的局限性,无疑限制了桥梁跨径的发展和承载能力的提高,不能满足生产力发展的新要求。

人类掌握冶炼金属技术之后,摆脱了自然材料的束缚,能够从自然界提取有用的材料。在石器时代之后的青铜器时代,青铜没有用于造桥。青铜器以后为铁器时代,由于铁矿比较丰富,冶炼也比较容易,铁的应用促进了生产,也用于桥梁建筑。人类冶炼历史悠久,最初大量生产的是铸铁。1779年英国建造的雪纹桥是世界上第一座铸铁桥,随后在德国、美国陆续出现了铸铁拱桥。随着冶炼技术的发展,18世纪后半叶到19世纪初发明了锻炼炉,使锻铁代替了铸铁,英国相继出现了锻铁箱形梁桥,同时在欧洲各地发展了小跨径锻铁桁架梁桥。因此,铁器时代的到来,突破了石、木、藤、竹材料的限制,为近代桥梁发展奠定了物质基础。从18世纪下半叶至19世纪下半叶,世界上修建了大量的铁桥,并进入了铁桥繁盛时期,可称为铁桥时代。19世纪后开始实现以焦炭代替木炭炼铁的一系列新技术革命,推动了冶金工业的迅速发展,发明了炼钢技术。1855年英国人发明了酸性转炉炼钢法,紧接着发明了西门马厂平炉炼钢法,高炉、转炉、平炉的生产体系初步形成,开始了大规模钢铁生产的新时代。钢铁市场的扩大,给桥梁建筑带来了新的活力。美国于1874年建成世界上第一座公铁两用的圣·路易斯钢拱桥后,各国相继建造了许多不同结构形式的钢桥梁,出现了桁架、刚架、箱梁、悬索体系等新型桥梁。20世纪30年代掀起了第一个大跨悬索桥建设高潮,美国旧金山金门大桥(悬索桥,跨度达1280m,建于1937年)被认为是当时的撼世奇迹,在相当长的时间内居于世界桥梁之首。20世纪初,钢拱桥在西方工业社会兴起,30年代拱桥跨度就超过了500m(美国奇尔文科公路桥,跨径504m;澳大利亚悉尼港公铁两用桥,跨径503m),并于50年代达到建设高峰。由于钢铁材料强度高,适应性强,装配化程度高,架设速度快,在桥梁建筑上得到了广泛的应用,19世纪下半叶至20世纪中叶进入了钢桥时期。钢铁材料的应用,一方面使人们重新认识了建桥材料,另一方面推动了桥梁自身的完善和发展,标志着材料的变革给桥梁工程带来的巨大飞跃。

人类几千年前已使用煅烧过的石灰或石膏,到了19世纪初,英国人制成了"波特兰"水泥,接着法国(1840年)、德国(1858年)先后建起了水泥厂。水泥的使用,使人们得到了一种良好的胶结材料,能把砖或石黏结在一起,形成混凝土结构,即水泥从原来只作胶结材料变为结构的主体。19世纪50年代,人们对混凝土性质有了比较多的了解,不久又进一步发展到把钢筋和混凝土结合起来,得到了钢筋混凝土这一既抗压又抗拉的建筑材料。钢和水泥的综合应用突破了几千年来受到的土木砖石的限制。钢筋混凝土具有优良的性能,它让两种不同的材料各尽所能、扬长避短,与钢相比经济,它的出现给桥梁建筑提供了新的材料。将钢筋混凝土材料第一个付诸实践的是法国园艺家茅耶,他在1867—1873年间制造了钢筋混凝土花盆、水槽、板等结构,随后于1875—1877年在卡累莱特的城前公园架起了第一座供人行走的钢筋混凝土桥。第二次世界大战期间,由于战争对钢材的消耗和工业发展需要大量的钢材,所以钢材来源困难,满足不了大规模的建桥要求,建桥材料重点在钢筋混凝土的发展上。但钢筋混凝土致命的缺点一方面是自重过大,不适应于大跨径桥梁的发展;另一方面混凝土早期开裂致使钢筋锈蚀毁坏。1928年,法国工程师弗兰西涅第一次把预应力的概念成功地运用到桥梁结构中去,这恰恰克服了钢筋混凝土的不足之处,为混凝土桥梁发展开辟了新纪元。预应力混凝土技术的出现与应用,不仅带动了中小跨径桥梁的迅猛发展,也促成了大跨度桥梁的发展;同时也衍生出许多新的施工方法和工艺,显示出很强的竞争力。混凝土成为20世纪最重要的建桥材料。

纵观桥梁建筑的发展,材料的每一次变革都会给桥梁工程带来巨大的进步。19世纪钢材在欧洲的出现,实现了桥梁建筑的第一次飞跃,桥梁工程获得了空前的发展,桥梁结构形式及规模有了突破。20世纪初叶,钢筋混凝土的广泛应用以及随后预应力混凝土的诞生,实现了桥梁建筑的第二次飞跃,开始了混凝土桥梁结构的时代。

3.力学理论发展是桥梁建筑发展的重要保证

科学技术是推动历史前进的有力杠杆,科技文明是人类现代文明的基石。桥梁建筑主要是以力学理论作为科学依据,它的结构设计和演变依赖于数学、力学的成果,同时桥梁的发展又促进了力学理论的发展。

自然界在地心引力作用下,物体基本上受到拉力、压力、弯曲应力3种静力作用。古代人们虽然对力学概念不是很清楚,但梁、拱和吊桥已表现了上述3种力的作用。在科学不发达的古代,生产力水平低,人们对自然界的认识主要依靠不充分的观察事实和简单的逻辑推理,直观地、笼统地把握自然现象的一般性,因此古代桥梁一般按"经验法则"建造。最早的木梁桥,因材料强度不够,不宜做长跨桥梁,于是人们就在墩柱上搭架,用木梁横直排叠、层层挑出以承托短梁,增大了跨度,成为翅式桥,也就是现代伸臂桥型的萌芽。后来,由于伸臂挑出的层数太多,产生墩身不稳定的矛盾,便在短梁和墩体之间用斜木支撑,这实质上已构成了现代斜腿刚架桥的雏形。古代拱桥中的叠梁木拱,充分利用木材纵向抗压强度大的特点,用一根根短木斜叠,把桥面垂直荷载顺短木斜传至桥身和拱脚,体现了近代力学中的力可传递性原理。我国古代拱桥的矢跨比(f/l),隋代赵州桥不足0.2,北宋津京虹桥约0.23,稍晚的小商桥为0.25,金代的卢沟桥是0.29,与近代力学经过复杂计算所得的最佳值十分吻合。总之,古代桥梁建筑尽管仅凭借"经验法则"建造,却是人类科技文化发展的一朵奇葩。

始于意大利的欧洲文艺复兴运动是人类历史上一次最伟大的思想解放运动,其孕育和诞生了近代科学体系。随后的资产阶级革命和工业革命进一步解放了生产力,推动了科学技术的发展,建立和充实了近代科学体系,同时也促进了近代自然科学的产生和发展。到了牛顿时代,虽然经典力学理论已经得到很大发展,但是力学在桥梁工程中的应用还处于启蒙阶段。随着力学理论的蓬勃发展和工程技术实际问题的提出,17世纪中叶开始对材料力学进行研究,18世纪以后技术和科学之间的接触开始增加与扩大,并不断地改变着理论与工程在旧时期孤立发展的面貌。随着材料力学的发展,人们用科学方法揭示出隐藏在材料和结构中的内力性质,从而可以预先计算出构件截面中将产生的应力,以便能够做出比较合理的工程设计。因此,18世纪以后对桥梁建筑开始从数学和力学上进行分析,并建立了拱的静力学理论,同时对拱桥的认识加深,并以力学原理解释了受压拱桥的合理拱轴线问题。19世纪以后,结构力学的诞生和弹性理论的形成,把桥梁设计从经验法则年代推入了科学的年代。桥梁结构的静力计算理论得到了很大的发展,1864年产生了根据力学理论计算的伸臂梁,不久,创立了计算连续梁的弯矩方程,建立了工程中需要的许多计算理论和方法。总之,19世纪至20世纪初,力学理论的发展为桥梁建筑发展输入了新的血液,人们从力学的角度,重新认识了桥梁结构的受力性能,促进了连续梁桥、桁架桥、拱桥、悬臂梁桥等的迅速发展,使桥梁结构形式发生了深刻的变化。

尽管19世纪至20世纪初桥梁的静力计算得到了长足的发展,但桥梁的动力计算理论、塑性理论仍不成熟。因此,早期修建的吊桥和斜拉桥破损及坠桥事故频繁。如1809年美国费城建成的休吉河链杆悬吊桥,两年后在畜群过桥时倒塌,重建以后,1816年又被积雪压垮;1824年德国建成的尼恩堡斜拉桥,1825年人群过桥时斜杆断裂坠毁;1940年美国塔科马悬索桥在大风中振动时因扭挠振动破坏。桥梁不断发生事故,曾引起世界震惊,促使人们高度重视空气动力学、薄壁结构理论、振动理论、断裂力学、极限状态理论等的研究。20世纪50年代后,应用力学的出现,标志着进入了力学分析时代,人们不仅从静力学方面分析了桥梁的受力性能,而且开展了动力学研究。空气动力稳定性成为一个大量研究的课题,风洞和振动试验成为设计师的研究工具。对于大跨度桥梁,一方面考虑了空气动力的影响,并开展了桥梁的风洞试验;另一方面又考虑列车震动、地震力等动力荷载的影响。在材料方面,重点研究混凝土的力学性能和混凝土结构的可靠度理论,以求达到更加经济合理,又能保证安全。20世纪50年代,电子计算机的问世促进了计算力学的发展,结构计算中的矩阵力法、矩阵位移法、有限元法等为电子计算机计算提供了高效能的组织形式和计算方法,实现了结构内力分析电子化和结构设计自动化。电子计算机计算技术时代的到来,给复杂的桥梁结构计算提供了强有力的手段,使桥梁设计人员从大量烦琐的计算工作中解放出来。动力学理论和计算力学应用于桥梁工程标志着桥梁设计理论进入了一个新阶段,促进了桥梁向长大化、轻型化、标准化方向发展。力学理论发展是桥梁结构的科学依据,为桥梁建筑开辟了更广阔的前景。

二、桥梁建筑的前景展望

纵观近20年世界各国桥梁发展历程,未来连接各大洲的洲际大桥、跨海大桥,桥梁结构将向轻巧、纤细、大跨、重载方向发展。为适应这种发展的需要,设计理论、建筑材料、施工技术等方面必将提出新的要求。

1. 设计理论与方法

从现代桥梁的发展趋势来看,各种桥型结构都在向大跨度方向发展。如日本计划修建跨径为2500～3000m的纪淡海峡大桥;意大利计划修建跨径为3300m的墨西拿海峡大桥。我国21世纪初拟修建5个跨海工程,即渤海海峡工程、长江口越江工程、杭州湾跨海工程、珠江口粤港澳跨海工程和琼州海峡工程。目前,杭州湾跨海大桥2008年5月1日已通车,全长36km;港珠澳大桥2017年12月31日全线亮灯,具备通车条件,全长55km。因此,在桥梁设计理论方面,今后将需要采用更符合实际、更完善的设计概念,研究适合于更大跨度的结构形式;在结构理论上,研究更符合实际状态的力学分析方法与新的设计理论,充分发挥结构潜在的承载力,充分利用建筑材料的强度,力求工程结构的安全度更为科学和可靠。对大跨度桥梁的设计,越来越重视空气动力学、振动、稳定、疲劳、非线性等的研究和应用。高度重视抗风、抗震、抗撞击的科学实验和研究。在设计方法和计算手段方面,以计算机应用为主,采用高度发展的计算机辅助手段,进行有效的快速优化和仿真分析,朝着设计、计算、绘图一体化方向发展。目前已迈入桥梁设计的网络时代。

2. 材料开发与应用

展望21世纪,为了减轻超大跨度桥梁上部结构的自重,减少超深基础和超高塔架的结构尺寸,需要进一步提高材料的各种性能以满足设计的要求,桥梁建筑材料将朝着优质、高强、轻质新型材料方向发展。

对于桥梁工程用钢,要求强度高、塑性和韧性好、耐腐蚀、耐疲劳、可焊性好。西方发达国家桥梁用钢材为屈服点在600～800MPa、极限强度在700～900MPa的低合金高强钢。我国目前桥梁常用钢材为Q235(A3)和Q345(16Mnq)低合金钢,屈服点和极限强度还不及国外的一半。因此,我国开发高性能钢材乃是当务之急。

预应力钢筋、预应力钢丝和预应力钢绞线,都在朝高强度、低松弛、耐腐蚀、强黏结和便于拼接方向发展。我国生产的1860MPa低松弛预应力钢绞线和1600MPaφ5mm高强碳素钢丝已在大跨度桥梁中得到广泛应用。目前国外高强钢丝标准强度可达1770～1860MPa,日本为明石海峡大桥研制出了强度可达1800～2000MPa的镀锌低合金钢丝。

高强度混凝土不仅强度高,而且抗冲击性能和耐久性也好,用在预应力混凝土桥梁中,可节省材料,提高经济效益达30%～40%。我国目前在公路上已开始采用C60级混凝土,铁路桥上采用的现浇混凝土达 C60~C70 级,预制混凝土达 C80 级。目前用于工程结构的轻质混凝土重度为 16~20kN/m³,强度为 C30~C70 级,轻质混凝土的粗集料过去用陶粒,现在都趋于用工业废渣。普通高强混凝土强度可达 70~100MPa。采用聚酯混凝土,强度可超过 100MPa,特别是可提高抗拉强度,目前仍处于试验阶段。

随着现代工业技术的进步,出现了新型非金属纤维增强聚合物复合材料。目前主要集中在碳纤维、玻璃纤维和聚胺纤维同聚合物强化合成的材料上。碳纤维复合材料不但强度高(强度可高于 3000MPa)、密度小(约为钢材的 1/5),而且具有耐疲劳、抗腐蚀、热传导率低、非磁性等优点。这些新型材料,首先被用于航空、航天等高科技领域,现在正逐步渗透到桥梁工程领域之中,有望在大跨度桥梁中得到应用。

3. 施工技术与工艺

中小跨度桥梁主要向标准化工厂预制、现场安装方向发展,而且大型吊装设备的采用越来越广泛。大跨度桥梁则向无支架施工方向发展,重视超巨型施工设备的研制和试验,并利用 GPS 和遥控技术控制桥梁施工。基础施工将大力发展大直径的桩柱基础、沉井基础、复合基础和地下连续墙基础。开展海洋平台深基础的技术研究,进行 100m 以上深海基础的施工实践。

4. 美学与环境保护

21 世纪的桥梁结构必将更加重视建筑艺术造型,重视桥梁美学和景观设计,重视环境保护,达到人文景观与环境景观的完美结合。桥梁工程在防噪声、抗振动、防污染、提高车速、行车舒适等方面,将提出越来越高的要求。

第二节 桥梁的组成与分类

当遇到江河湖泊时,要建造跨河桥;当遇到海峡时,要建造跨海大桥;当遇到山谷深沟时,要建造跨越山谷桥;当遇到公路、铁路交通时,要建造跨线桥;当遇到多条交通干道相交时,要建造立体交叉桥;当需要缓解城市交通压力时,又建造了高架桥。未来也许会有更多各具功能的桥梁出现。桥梁,一方面要保证桥上的交通运行,另一方面也要保证桥下水流的宣泄、船只的通航或车辆的通行。学习桥梁结构构造之前,需熟悉桥梁的基本组成部分以及桥梁的分类情况。

一、桥梁的基本组成

图 1-1 和图 1-2 分别表示跨河梁式桥和拱式桥的概貌。从图中可见,桥梁一般由上部结构(superstructure)、下部结构(substructure)、支座(bearing)和附属结构(accessory)4 部分组成。

上部结构,又称桥跨结构或桥孔结构,是线路遇到障碍而中断时,跨越这类障碍并直接承受车辆和其他荷载同时将荷载通过支座传给墩台的结构物,包括承载结构和桥面系。

下部结构,通常包括桥墩(pier)、桥台(abutment)和基础(foundation)。

桥墩和桥台是支承桥跨结构并将恒载和车辆荷载等传至基础的结构物。桥台设在桥梁的两端,桥墩则在两桥台之间。桥台除了与桥墩一样支承桥跨结构外,还要与路堤相衔接,以抵御路堤土压力,防止路堤填土的滑坡和坍塌,起到桥与路的联结作用。

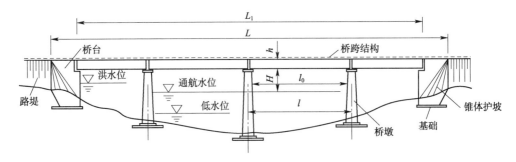

图 1-1　梁式桥概貌

L-桥长；L_1-总跨径；h-建筑高度；H-净高；l-计算跨径；l_0-净跨径

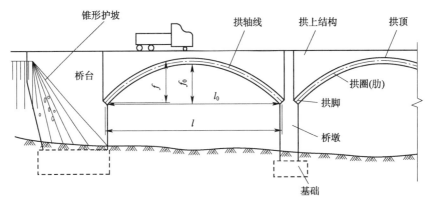

图 1-2　拱式桥概貌

l-计算跨径；l_0-净跨径；f-计算矢高；f_0-净矢高

桥墩和桥台底部的奠基部分,称为基础,它承担了从桥墩和桥台传来的全部荷载,包括竖向荷载以及地震力、船舶撞击力等引起的水平荷载。基础是桥梁结构的根基,通常将基础埋入岩(土)中。由于基础是整个结构安全的关键,而且常常需要在水中施工,因而是桥梁建设中比较困难的一个部分。

支座,为了保证桥跨结构能将荷载传递到墩台,某些桥梁需在桥跨结构与桥墩或桥台支承处设置传力装置,即所谓的支座。支座不仅要传递很大的荷载,并且要保证上部结构按设计要求能产生一定的变位。

附属结构,是指桥梁主体结构之外,根据需要可修建的其他结构物,包括锥形护坡、护岸、导流结构物等附属工程。

下面介绍一些与桥梁有关的常用专业术语。

1. 主桥(main bridge)

对于规模较大的桥梁,通常把跨越主要障碍物(如大江、大河)的桥跨称为主桥。由于通航等原因,主桥常需有一定的高度与跨径,一般采用跨越能力较大的结构体系,是整个桥梁工程的重点。

2. 引桥(approach bridge)

将主桥与路堤以合理的坡度连接起来的这一部分桥梁称作引桥。

3. 水位(water level)

水位变动的河流,在枯水季节的最低水位称为低水位;在洪峰季节中的最高水位称为高水位;桥梁设计中,按规定的设计洪水频率计算所得的高水位称为设计洪水位;在通航河流,满足正常通航净空要求的最高水位称为设计通航水位。

4. 跨径(span)

总跨径(total span,用 Σl_0 表示),也称桥梁孔径,在单孔桥中即为桥梁的净跨径;在多孔桥中是各孔净跨径的总和,它反映桥下宣泄洪水的能力。

标准跨径(standard span,用 l_b 表示),对于梁式桥,是指两相邻桥墩中线之间的距离,或桥墩中线与桥台台背前缘之间的距离;对拱式桥、箱涵、圆管涵则是指净跨径。编制桥梁标准图是以标准跨径为准的。

净跨径(clear span,用 l_0 表示),对于梁式桥一般是指设计洪水位上相邻两个桥墩(或桥台)之间的净距;对于拱式桥是指每孔拱跨两个拱脚截面最低点之间的水平距离。

计算跨径(calculated span,用 l 表示),对于设有支座的桥梁,是指桥跨结构相邻两个支座中心之间的距离;对于拱式桥,是指桥跨两相邻拱脚截面重心点之间的水平距离。桥跨结构的力学计算是以计算跨径为基准的。

5. 桥长(bridge length)

桥梁全长(total length of bridge),简称桥长。对于桥长的规定,公路、铁路规范不统一。公路桥长系指两个桥台侧墙或八字墙后端之间的距离;对无桥台的桥梁则为桥面行车道的全长。铁路桥长系指桥台挡砟前墙之间的长度。

桥梁总长,是指两桥台台背前缘间的距离。在一条线路中,桥梁和涵洞总长占全线的比例反映它们在整段线路建设中的重要程度和建桥规模。

6. 桥高

桥梁高度(bridge height),简称桥高(H_1),是指桥面与低水位之间的高差,或是桥面与桥下线路路面之间的距离。桥高在某种程度上反映桥梁施工的难易性。

桥梁建筑高度(construction height of bridge,用 h 表示),是指桥上行车路面或轨顶高程至桥跨结构最下缘之间的距离。它不仅与桥梁结构的体系和跨径的大小有关,而且还随行车部分在桥上布置的位置不同而异。

桥梁容许建筑高度(allowable building height of bridge),是指公路或铁路定线中所确定的桥面或轨顶高程与通航净空顶部高程之差。显然,桥梁的建筑高度不得大于其容许建筑高度,否则就不能保证桥下净空高度。

桥下净空高度(clearance under bridge),简称净高(H),是指设计洪水位或设计通航水位至桥跨结构最下缘之间的距离。对于跨越其他线路的桥梁,是指所跨线路路面至桥跨结构最下缘之间的距离。桥下净空高度除应保证安全排洪外,不得小于该河流通航所规定的净空高度。

二、桥梁的分类

1. 按桥梁的基本结构体系分类

桥梁建筑师们为了获得适用、经济、安全、美观的桥梁设计,往往根据时代的科技发展情况,结合地理和自然条件,选择适合特定情况的桥梁。桥梁按照结构的受力体系分类,有梁、拱、索三大体系,其中梁桥以受弯为主,拱桥以受压为主,悬索桥以受拉为主。另外,由这三大基本体系的相互组合,可派生出在受力上也具有组合特征的多种桥型,如刚构桥和斜拉桥等。下面分别阐述各种桥梁体系的主要特点。

(1)梁式桥(beam bridge)

梁式桥是一种在竖向荷载作用下无水平反力的结构体系(图1-3),梁中内力主要是弯矩和剪力。由于外力(恒载和活载)作用方向与承重结构梁的轴线接近垂直,故与同样跨径的其他结构体系相比,梁内产生的弯矩最大,通常需要用抗弯能力强的材料(如钢、木或钢筋混凝土等)来建造。梁式桥可分为简支梁桥[图1-3a)]、悬臂梁桥[图1-3b)]、连续梁桥[图1-3c)],目前简支梁桥和连续梁桥应用最为普遍。公路上应用最广的是预制装配式钢筋混凝土和预应力混凝土简支梁桥。这种梁桥的特点是具有静定结构,结构简单,施工方便,对地基承载能力的要求也不高。但其由于跨中弯矩随跨径增大而急剧增加[图1-3a)],其跨越能力受限,一般钢筋混凝土简支梁常用跨径在25m以下,预应力混凝土简支梁常用跨径也不超过50m。当跨径较大时,可根据地质、通航等条件修建悬臂式或连续式的梁桥,利用支点的卸载弯矩减小跨中弯矩,使梁中的内力分布更均匀合理,提高其跨越能力。

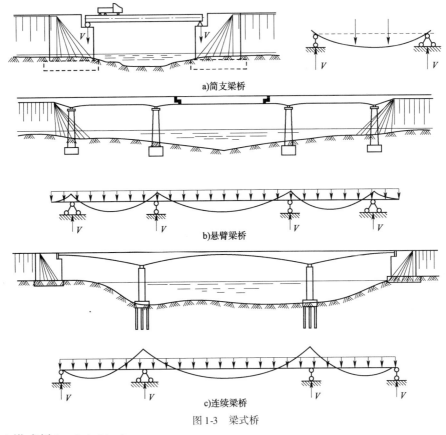

图1-3 梁式桥

(2)拱式桥(arch bridge)

拱式桥的主要承重结构是拱圈或拱肋[图1-4a)]。在竖向荷载作用下,拱的两端支撑处(拱脚处)既有竖向反力又有水平推力[图1-4b)]。由于水平推力的作用显著降低了荷载所引起的拱圈(或拱肋)内的弯矩,因此,与同跨径的梁桥相比,拱截面的弯矩和变形要小得多。鉴于拱桥的承重结构以受压为主,通常可用抗压能力强的圬工材料(如砖、石、混凝土)和钢筋混凝土来建造。对于大跨度的拱桥有时也可建造钢桥或钢-混凝土组合截面的拱桥。拱式桥具有受力性能好、跨越能力大、外形美观等特点,在条件许可的情况下,修建拱桥往往是一种经济合理的选择。然而,由于拱式桥是推力结构,其墩台基础必须承受强大的拱脚推力,因此,拱式桥对地基要求高,施工较复杂,适合建于地质和地基条件良好的桥址。在地基条件不适于修建具有很大推力的拱桥的情况下,也可建造水平推力由受拉系杆来承受的系杆拱桥,系杆可由钢、预应力混凝土或高强钢筋做成[图1-4c)]。近年来发展了一种"飞燕式"三跨自锚式无外部推力拱桥[图1-4d)],即拱的不平衡推力由飘浮于桥面的预应力钢绞线系杆来承担,通过边跨梁传至拱脚,以抵消主跨拱脚处的水平推力。

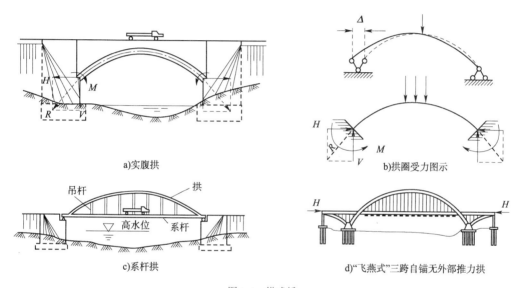

图1-4 拱式桥

（3）刚构桥(rigid frame bridge)

刚构桥是由承重结构的梁(或板)与支承结构的墩柱(或竖墙)整体结合在一起的刚架结构桥梁[图1-5a)]。由于梁柱结点是刚性连接,在竖向荷载作用下,在柱脚处既有竖向反力又有水平反力[图1-5b)],梁部以受弯为主,同时还有轴力,其受力状态介于梁桥和拱桥之间。因此,对于同样的跨径,在相同的荷载作用下,刚构桥的跨中弯矩要比梁桥小,桥下净空要比拱桥大。根据这一特点,刚构桥的建筑高度可以做得小些,一般适用于需要较大桥下净空和建筑高度受到限制的情况,如立体交叉桥、跨线桥等。

刚构桥按墩柱的形式可分为直腿刚构桥[图1-5c)]和斜腿刚构桥[图1-5d)]。斜腿刚构桥更能减小跨中弯矩,跨度比直腿刚构桥要大得多。当跨越陡峭河岸和山谷深沟时,修建斜腿刚构桥不仅经济合理,而且造型轻巧美观。刚构桥的缺点是施工比较困难,刚结点构造复杂。对于普通钢筋混凝土刚构桥,梁柱刚结点处较易开裂,因此限制了跨度的增大。

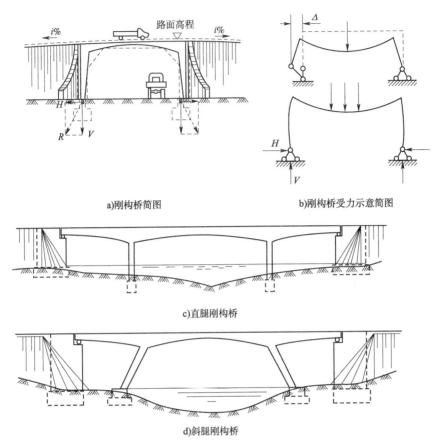

图 1-5 刚构架

图 1-6 所示的 T 形刚构适合修建较大跨度的混凝土桥,它是结合了刚架桥和多孔静定悬臂梁桥的特点发展起来的桥型。随着预应力混凝土工艺的发展,T 形刚构桥得到了推广,尤其是采用悬臂分段施工方法,不但加快了建桥速度,而且克服了要在大江、大河和深谷中搭设支架的困难。T 形刚构桥可分为跨中带剪力铰[图 1-6a)]和跨中段设挂梁[图 1-6b)]两种类型。带铰的 T 形刚构,是在 T 形的悬臂端用剪力铰相连接,属于超静定结构;带挂梁的 T 形刚构是由 T 形的悬臂结构和挂梁组成,属于静定结构。为了减少 T 形刚构根部尺寸,减轻实体重量,还发展了预应力混凝土桁架 T 形刚构桥,采用空透的桁架,使桥显得更轻巧美观。T 形刚构桥的优点是受力明确,附加内力小。其缺点是悬臂根部负弯矩大,悬臂自由端变形也大,使连接端的伸缩缝容易损坏,造成桥梁行车道的不平整及行车不安全。

连续刚构桥是将主梁做成连续梁体与薄壁柔性桥墩固结而成,属多次超静定结构[图 1-6c)]。墩梁固结节省了大型支座,减少了墩与基础的工程量,同时利用全墩的柔性来适应桥梁的变形,有较好的抗震性能。有时采用 Y 形墩、V 形墩,能减少全梁正、负弯矩峰值,可显著降低主梁建筑高度。因此,它的跨径要比连续梁和 T 形刚构大得多,是目前单孔跨径在 300m 以内优先考虑的桥型。

(4)悬索桥(suspension bridge)

悬索桥(或称吊桥),主要由主缆、索塔、加劲梁、吊索和锚碇结构等组成(图 1-7)。悬索桥是以悬挂在两边索塔上的强大主缆作为主要承重结构,通过吊索使主缆承受很大的拉力,必须在两岸桥台的后方修筑巨大的锚碇结构。悬索桥也是具有水平反力(拉力)的结构。现代悬索桥广泛采用高强度钢丝编制的钢缆,以充分发挥其优异的抗拉性能,能以较小的建筑高度跨越其他任何桥型难以达到的特大跨度。悬索桥具有成卷钢缆易于运输、结构组成构件较轻、便于无支架悬吊拼装、跨越能力大的特点。然而,相对于其他体系而言,悬索桥的自重轻,结构刚度差,在车辆荷载和风荷载作用下,有较大的变形和振动。

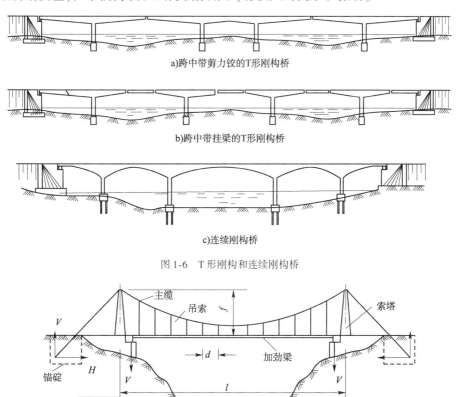

a)跨中带剪力铰的T形刚构桥

b)跨中带挂梁的T形刚构桥

c)连续刚构桥

图 1-6　T形刚构和连续刚构桥

图 1-7　悬索桥

f-主孔垂度;d-相邻吊索间距;l-主孔跨径

上面说的是地锚式悬索桥,还有一种自锚式悬索桥,近些年我国很多城市多有修建。地锚式悬索桥主缆锚固于大地,主缆的拉力由重力式锚固体(锚碇)或岩洞式锚固体(岩锚)传递给地基;自锚式悬索桥主缆锚固于加劲梁,主缆的拉力由加劲梁来承受。自锚式悬索桥主缆拉力的水平分力以轴向压力的形式传递到加劲梁,形成预压效果,压力过大决定了悬索桥的跨度不宜过大,但由于对基础要求不高,不需要巨大的锚碇,很适合城市桥梁建设的要求。

(5)斜拉桥(cable-stayed bridge)

斜拉桥是一种典型的索梁组合体系桥梁(图 1-8)。斜拉桥主要由承压和弯的索塔、受拉的斜拉索与承弯和承压的主梁等组成。斜拉桥由从索塔往两边伸出的斜拉索将主梁拉起,若多条斜拉索分散拉起时,主梁就像支承在多个弹性支承上的连续梁一样工作。同时斜拉索利用锚固系统,一端锚固在索塔上,另一端锚固在主梁上,其水平分力相当于对主梁施加一个"免费"的预压力。从而使主梁内力分布均匀,大大减小建筑高度,结构自重显著减轻,既节省了结构材料,又大幅度增加了桥梁的跨越能力。

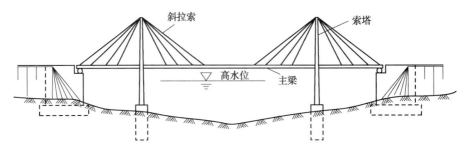

图 1-8　斜拉桥

除了斜拉桥外,斜拉与悬索组合体系桥(图 1-9)是大跨度桥梁发展的一种重要结构形式。美国纽约的布鲁克林桥就是斜拉和悬索组合结构(跨度 486m),该桥至今已有 119 年之久,现仍在使用。土耳其伊兹米特海湾桥方案也采用了这一体系,跨度为 600m + 2000m + 600m。我国香港昂船洲大桥和广东伶仃洋东航道大桥在方案比选中都有这种组合结构形式。

图 1-9　斜拉与悬索组合体系桥

2. 桥梁的其他分类方法

除了上述按受力特点分成不同结构体系外,人们还习惯地将桥梁按用途、规模大小和建桥材料等进行分类。

(1)按用途来划分,有公路桥、铁路桥、公铁两用桥、农桥、人行桥、运水桥(渡槽)及其他专用桥梁(如通过管路、电缆等)。

(2)按跨径长度的不同,可划分为特大桥、大桥、中桥、小桥和涵洞。其划分标准参见表 1-1。

桥、涵按跨径分类　　　　表 1-1

桥 涵 分 类	多孔跨径总长 $L(m)$	单孔跨径 $L_k(m)$
特大桥	$L > 1000$	$L_k > 150$
大桥	$100 \leq L \leq 1000$	$40 \leq L_k \leq 150$
中桥	$30 < L < 100$	$20 \leq L_k < 40$
小桥	$8 \leq L \leq 30$	$5 \leq L_k < 20$
涵洞	—	$L_k < 5$

注:1. 单孔跨径系指标准跨径。
　　2. 梁式桥、板式桥的多孔跨径总长为标准跨径的总长;拱式桥为两岸桥台内起拱线间的距离;其他形式桥梁为桥面系车道长度。
　　3. 管涵及箱涵不论管径或跨径大小、孔数多少,均称为涵洞。
　　4. 标准跨径:梁式桥、板式桥以两桥墩中线之间桥中心线长度或桥墩中线与桥台台背前缘线之间桥中心线长度为准;拱式桥和涵洞以净跨径为准。

(3)按承重结构所用的材料划分,有木桥、钢桥、圬工桥(包括砖、石、混凝土桥)、钢筋混凝土桥、预应力混凝土桥和钢-混凝土组合桥等。目前在我国工程建设中应用最广泛的是钢筋混凝土桥、预应力混凝土桥和圬工桥,这是本教材所讲的主要内容。

(4)按跨越障碍物的性质,可分为跨河桥、跨线桥(立体交叉)、高架桥和栈桥。高架桥一般指跨越深沟峡谷以代替高路堤的桥梁,以及在城市桥梁中由高支撑的塔或支柱支撑跨越道路的桥梁。用来升高路面至周围地面以上并使其下面的空间可以通行或作其他用途(如堆栈、仓库等)的桥梁称为栈桥。

(5)按上部结构的行车道位置,可分为上承式桥[图1-4a)]、中承式桥[图1-4d)]和下承式桥[图1-4c)]。行车道位置在主要承重结构之上者称为上承式桥,行车道位置在主要承重结构之下的称为下承式桥,行车道位置在桥跨结构中部的称为中承式桥。

上承式桥构造简单,施工方便;桥跨结构的宽度可以做得小些,因而可节省墩台的圬工数量;桥道布置简单,而且桥面视野开阔。所以,一般尽可能采用上承式桥。上承式桥的不足之处是桥梁的建筑高度较大。在容许建筑高度很小的情况下,可将桥面降低,采用下承式桥或中承式桥。

学习效果自测题

每位学生根据本章的学习目标,按教师要求选择完成下述自测题目。

一、选择题

1. 桥梁附属结构是指桥梁主体结构之外,根据需要可修建的其他结构,通常包括( )。
   A. 锥形护坡　　　B. 防撞护栏　　　C. 支座　　　D. 伸缩缝
2. 下列哪些结构不属于桥梁附属结构。( )
   A. 锥形护坡　　　B. 导流堤　　　C. 支座　　　D. 护岸
3. 设计洪水位上相邻两个桥墩(或桥台)之间的净距是指桥梁的( )。
   A. 标准跨径　　　B. 净跨径　　　C. 计算跨径　　　D. 桥长
4. 桥梁高度,简称桥高。跨线梁式桥的桥高是指( )。
   A. 桥面到桥跨结构最下缘间的距离
   B. 桥面到桥下线路路面间的距离
   C. 桥下线路路面到桥跨结构最下缘间的距离
   D. 桥面至拱脚截面最低点间的距离
5. 桥涵按跨径可以分为特大桥、大桥、中桥、小桥和涵洞,其中提到的单孔跨径是指( )。
   A. 计算跨径　　　B. 净跨径　　　C. 标准跨径　　　D. 总跨径

二、填空题

1. _____是桥梁建设发展的直接动力。
2. _____是桥梁建设发展的物质基础。
3. _____是桥梁建设发展的重要保证。

4. 桥梁一般由_____、_____、_____和_____4部分组成。

5. 桥梁下部结构通常包括_____、_____和_____。

6. 桥梁上部结构又称_____或_____。

7. 桥梁按照结构的受力体系来分类,共分_____、_____、_____三大类。

8. 桥梁按上部结构的_____位置可以分为中承式、上承式和下承式。

三、判断题

1. 桥梁单孔跨径满足条件 $20\text{m} \leqslant L_k < 40\text{m}$ 时,称为中桥。　　　　　(　　)

2. 管涵及箱涵不论管径或跨径大小、孔数多少,均称为涵洞。　　　　　(　　)

3. 大桥通常是指单孔跨径大于或等于150m的桥梁。　　　　　　　　　(　　)

4. 主要承重结构在行车道之下者称为上承式桥。　　　　　　　　　　(　　)

5. 行车道在主要承重结构之下者称为上承式桥。　　　　　　　　　　(　　)

四、简答题

1. 请详细叙述关于水位、跨径、桥高、桥长这几个专业名词。

2. 简单叙述几个专业名词:主桥、引桥、矢高、矢跨比。

3. 简单叙述桥涵按跨径怎样进行分类。

4. 请从多个角度简单对比梁桥和拱桥。

第二章 桥梁墩台及基础设计准备

第一节 桥梁设计基本流程及基本资料

桥梁设计基本流程,与所有构件的设计基本一致:第一步是拟定尺寸,根据结构的使用功能确定需要的材料及其尺寸;第二步是验算,进一步校核第一步拟定的材料和尺寸的结构能否满足正常的使用要求,包括从强度到稳定、从变形到耐久性等多方面的校核,最终满足要求时才可形成工程图纸,交给施工单位去完成结构的建造。

设计是个很复杂的试算过程。试想一下,如果尺寸拟定仅仅是按照规范或者设计手册的流程确定采用的材料和构件的平面尺寸、立面尺寸,验算也就是对最不利的作用效应组合与构件抗力效应的比较而已,那么貌似简单的过程其困难到底在哪里?复杂在哪里呢?这些也正是我们在专业课的学习过程中希望同学们逐步弄懂并掌握的内容,要学会这两个貌似简单的过程需要掌握的知识却很多。除此之外,另一部分需要弄明白的内容就是关于怎么完成工程图纸。

下面先让我们来了解一些接触桥梁设计之前应该掌握的专业基本知识。

一、桥梁设计与建设程序

一座桥梁的规划设计所涉及的因素很多,特别是对于工程比较复杂的大、中桥梁,是一个综合性的系统工程。设计合理与否,将直接影响到区域的政治、经济、文化以及人民的生活,因此必须建立一套严格的管理体制和有序的工作程序。在我国,桥梁基本建设程序分为前期工作和正式设计两个大步骤,它们的关系如图2-1所示。现分别简要介绍它们的主要内容及要求。

1. "预可"阶段

"预可"阶段着重研究建桥的必要性以及宏观经济上的合理性。

在"预可"研究形成的"预工程可行性研究报告书"简称"预可报告"中,应从政治、经济、国防等方面,详细阐明建桥理由和工程建设的必要性和重要性,同时初步探讨技术上的可行性。对于区域性线路上的桥梁,应以建桥地点(渡口等)的车流量调查(计及国民经济逐年增长)为立论依据。

"预可"阶段的主要工作目标是解决建设项目的上报立项问题,因而,在"预可报告"中,应编制几个可能的桥型方案,并对工程造价、资金来源、投资回报等问题也应有初步估算和设想。

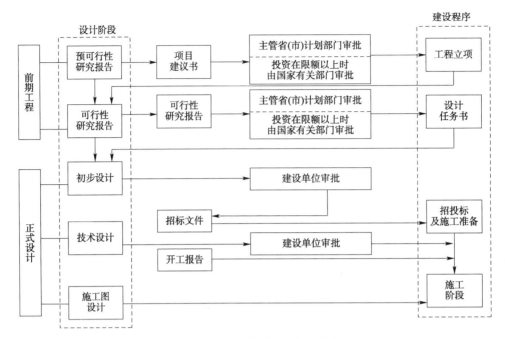

图 2-1　桥梁设计与建设程序关系图

设计方将"预可报告"交业主后,由业主据此编制"项目建议书"报主管上级审批。

2."工可"阶段

在"项目建议书"经审批确认后,着手"工可"阶段的工作,在这一阶段,着重研究和制定桥梁的技术标准,包括:设计荷载标准、桥面宽度、通航标准、设计速度、桥面纵坡、桥面平纵曲线半径等。在这一阶段,应与河道、航运、规划等部门共同研究,通过共同协商确定相关的技术标准。

在"工可"阶段,应提出多个桥型方案,并按现行《公路工程基本建设项目投资估算编制办法》估算造价,对资金来源和投资回报等问题应基本落实。

3.初步设计

初步设计应根据批复的可行性研究报告、测设合同和初测、初勘或定测、详勘资料编制。

初步设计的目的是确定设计方案,应通过多个桥型方案的比选,推荐最优方案,报上级审批。在编制各个桥型方案时,应提供平面、纵面、横断面布置图,标明主要尺寸,并估算工程数量和主要材料数量,提出施工方案的意见,编制设计概算,提供文字说明和图表资料,初步设计经批复后,则成为施工准备、编制施工图设计文件和控制建设项目投资等的依据。

这个过程也是两阶段(或三阶段)施工图设计的第一阶段。

4.技术设计

对于技术上复杂的特大桥、互通式立交或新型桥梁结构,需进行技术设计。

技术设计应根据初步设计批复意见、测设合同的要求,对重大、复杂的技术问题通过科学试验、专题研究、加深勘探调查及分析比较,进一步完善批复的桥型方案的总体和细部各种技术问题以及施工方案,并修正工程概算。

这个过程也是三阶段施工图设计的第二阶段。

5. 施工图设计

两阶段(或三阶段)施工图设计应根据初步设计(或技术设计)批复意见、测设合同,进一步对所审定的修建原则、设计方案、技术决定加以具体和深化,在此阶段,必须对桥梁各种构件进行详细的结构计算,并且确保强度、稳定、刚度、裂缝、构造等各种技术指标满足规范要求,绘制出施工详图,提出文字说明及施工组织计划,并编制施工图预算。

国内一般的(常规的)桥梁采用两阶段设计,即初步设计和施工图设计,对于技术简单、方案明确的小桥,也可采用一阶段设计,即施工图设计。

二、桥梁设计的基本原则

桥梁是路线的重要组成部分,尤其是大、中桥梁对政治、经济、国防等都具有重要意义。因此,应根据所设计桥梁的使用任务、性质和将来的发展需要,按照安全、耐久、适用、环保、经济和美观的原则进行设计[《公路桥涵设计通用规范》(JTG D60—2015)第1.0.1条]。

1. 安全上的要求

保证整个桥梁结构及其各个构件在制造、运输、安装和使用过程中具有足够的强度、刚度、稳定性和耐久性。桥梁结构的强度应使全部构件及其连接构造的材料抗力或承载能力具有足够的安全储备。对于刚度的要求,应使桥梁在荷载作用下的变形不超过规范规定的容许值,以免挠度过大而影响行驶,危及桥梁结构的安全。对于结构的稳定性,要求使桥梁结构在各种外力作用下,具有能保持原来的形状和位置的能力。对于结构的耐久性,要求使桥梁结构在正常的使用年限内不过早地发生破坏而影响正常使用,例如桥梁裂缝宽度不超过规范规定的容许值等。

2. 耐久性上的要求

桥梁设计必须要保证桥梁抵抗环境中各种因素的作用而保持正常使用功效的能力,这就是通常所说的桥梁耐久性。混凝土桥梁耐久性的研究层次,主要为环境层次、材料层次、构件层次、结构层次。随着研究的深入,耐久性问题越来越被重视,《公路桥涵设计通用规范》(JTG D60—2015)中明确规定,公路桥涵结构的设计基准期为100年。需要明确的是,桥梁上有些单元的寿命不可能达到桥梁的设计寿命,单元的设计寿命不等于桥梁的设计寿命,设计寿命不同,一座桥梁的耐久性要求也会不同,耐久性的要求和定义是相对的。

3. 使用上的要求

桥梁必须适用,要有足够的承载能力和桥面净空,既能保证车辆和行人通行的安全畅通,又能满足将来交通量增长的需要;建在通航河流或需跨越其他路线的桥梁,桥下净空应满足泄洪、安全通航或通车的要求;靠近村镇、城市、铁路及水利设施的桥梁,应适当考虑综合利用,满足其他工程设施的需要(如管线工程等);对于建成的桥梁,要保证其使用年限,并便于检查和维修。

4. 环保上的要求

桥梁设计必须考虑环境保护和可持续发展的要求,包括生态、水、空气、噪声等几方面,应从桥位选择、桥跨布置、基础方案、墩身外形、施工方法、施工组织设计等多方面全面考虑环境要求,采取必要的工程控制措施,并建立环境监测保护体系,将不利影响减至最小。

5. 经济上的要求

桥梁设计应体现经济上的合理性。一切设计必须经过详细周密的技术经济比较,使桥梁的总造价和材料等消耗为最小；选用的桥梁结构形式要便于制造和架设，应尽量采用先进的工艺技术和施工机械，以降低劳动强度，加快施工进度，保证工程质量和施工安全；采用的建筑材料应因地制宜，就地取材，并具有良好的耐久性，尽可能降低日后营运养护费用，取得最佳经济效果。

6. 美观上的要求

桥梁建筑不仅是交通工程中的重点建筑物，而且也是美化环境的点缀品。一座桥梁应具有优美的外形，既能达到桥梁自身和谐，又能与周围环境协调。城市桥梁和旅游景区的桥梁，更要考虑桥梁美学的要求。设计者应结合自然环境精心比选方案、精心设计、精心施工，以期在增加投资不多的条件下，取得桥梁美观的效果。

三、桥梁设计的基本资料

桥梁设计涉及的因素很多，必须从客观实际出发，充分地进行调查研究，分析桥梁的具体情况，才能做出合理的设计方案，提出正确的计划任务书。因此，桥梁设计必须进行一系列的野外勘测和资料收集工作，对于跨越河流的桥梁，一般包括以下几方面内容。

1. 调查研究桥梁的具体任务

调查桥上的交通种类、荷载等级、实际交通量和增长率、需要的车道数目或行车道宽度以及人行道的要求；调查桥上有无需要通过的各类管道（如电力、通信线、水管和煤气管等）。

2. 桥位选择

大、中桥的桥位选择，原则上应根据路线的总方向、路线网综合考虑。从整个路线或路线网的角度来看，应力求避免或减少车辆绕道，以节省运营时间和运输成本。就桥梁本身的经济性和稳定性来看，应尽量选择在河道顺直、水流稳定、河面较窄、地质良好、冲刷较少的河段上，以降低造价和养护费用，并防止因冲刷过大而发生桥梁倒塌的危险。此外，一般应尽量避免桥梁与河流斜交，也应避免在河汊、沙洲、古河道、急弯、汇合口、港口作业区等地段修建桥梁，以免增加桥梁建设费用和降低使用功能。

对于小桥涵的桥位，应服从路线走向，当遇到不利地形、地质和水文条件时，应采取适当工程措施，不应改变线路。对于大、中桥，一般选择2~3个桥位，进行各个方面的比较，然后选择最合理的桥位。

3. 桥位地形情况

测量桥位处的地形、地貌，并绘成地形图，作为绘制桥位平面图的依据，供设计时布置桥位中线位置、桥墩位置以及桥头接线，并供施工时布置场地。

4. 地质资料

通过钻探调查桥位附近的地质情况，编制工程地质勘探报告，绘制地质剖面图和桥位纵横剖面图，为基础设计提供可靠依据。为使地质资料更接近实际，可以根据初步拟订的桥梁分孔方案，在墩台附近布置钻探。对于遇到的不良地质现象，如滑坡、断层、溶洞、裂缝等，应详加注明。

5. 水文情况

调查和测量河流的水文情况，包括调查河道性质，了解河道是静水河还是流水河，有无潮水，河床及两岸的冲刷和淤积，以及河道的自然变迁和人工规划的情况；测量桥位处河床纵横断面,调查了解洪水位的多年历史资料,通过分析推算设计洪水位;测量河床比降,调查河槽各部分的形态高程和粗糙率等,计算流速、流量等,结合河道性质确定桥梁所需要的最小总跨径和冲刷深度;根据有关规定要求,向航运部门了解并协商确定航道等级、设计通航水位和通航净空,根据通航要求和设计洪水位,选择通航孔的位置,确定桥梁的分孔与桥跨底缘设计高程。

6. 其他资料

调查当地建设材料(砂、石料等)的来源,水泥钢材的供应情况以及水陆交通的运输情况;调查了解施工单位的技术水平、施工机械等装备情况,以及施工现场的动力设备和电力供应情况;调查和收集有关气象资料,包括气温变化、降雨(雪)量、风速或台风影响等情况;调查新建桥位上、下游有无老桥,其桥型布置和使用情况等。

第二节　桥涵水文简介

桥涵水文是一门研究与桥涵工程的规划、设计、施工和运营管理有关的水文问题的学科。研究桥涵水文的主要任务是确定桥位、工程规模,具体来说,可运用这门学科来确定桥梁建筑的位置、桥梁的长度、桥梁的高度、桥下净空以及桥梁墩台基础的埋置深度等。

在可行性研究阶段,水文勘测设计是不可缺少的工作内容,它直接影响路线的走向和控制点,为全线的排水系统设计提供必要的依据。根据水文调查资料和桥位河段的外业勘测进行分析和必要的水文计算,初拟大、中桥桥梁长度,估算小桥涵及浸水路基防护工程数量,确保投资估算的准确性。

在初步设计阶段,水文勘测设计是这个阶段重要的工作内容,路线、桥涵及浸水路基防护工程等总体布设方案的确定,要由水文勘测设计成果提供依据,因此本阶段的水文勘测设计工作要做全、做细、做深。

在施工图设计阶段,水文勘测设计工作相对轻松,更多是查遗补缺,主要任务是核对、补充、修正初步设计阶段的水文勘测设计,以满足施工图设计的需要。

一、桥位选择

桥梁勘测设计的首要工作就是选择一个好的桥位。

桥位选择在水文方面应符合下列规定:

(1)桥位应选在河道顺直、稳定、较窄的河段上。

(2)桥位选择应考虑河道的自然演变以及建桥后对天然河道的影响。

(3)桥轴线宜与中、高洪水位时的流向正交。斜交时,应在孔径及墩台基础设计中考虑其影响。

公路路线走向,通常是根据国家和地方拟定的某些控制点来定线,桥位选择原则上应服从路线走向,具体到每个桥位,可在适当范围内加以比选,根据河段的水文、地形、地质、地物等特征,综合考虑,择优确定。

跨越大江大河的特大桥,往往工程巨大,是公路运输的要害部位。选择一个水文、工程地质条件比较优越的桥位,对保证建桥质量、节约投资、发展经济和公路运输具有决定性的作用,因此,对水文、地质和技术复杂的特殊大桥的桥位,应在已定路线大方向的前提下,根据河流形态、水文、地质、通航要求、地面设施、施工条件以及与地方经济社会发展的关系等,在较大范围内做全面的技术、经济比较后确定。必要时,应先期进行物探和钻探,保证桥梁建造的可实施性,最后择优选择。如黄石长江公路大桥的桥位,就是在上、下游十几公里的范围内,综合了各方面因素后选定砖瓦厂桥位。但并非所有特大桥都要在较大范围内选定,如铜陵长江公路大桥的桥位,因为它的路线走向、城市布局、河流形势、地形地质条件基本上已成定局,是在羊山矶附近1.5km范围内选定的。

桥梁轴线要求与水流流向正交的目的是提高泄洪能力、减轻基础冲刷和改善通航条件。而实际河流高、中、低水位的流向常不一致,要求桥梁轴线与各种水位主流正交有时是不可能的,因此在桥梁孔跨与基础设计中要考虑不能正交的影响。必要时,加大孔跨和增加基础埋深或将基础轴线设计成与水流流向平行。

根据《内河通航标准》(GB 50139—2014)的规定,在内河航道上,桥位应远离险滩、急弯、卡口、分流口、汇流口、水工设施、港口作业区和船舶锚地等。

通航河道上两桥间距:Ⅰ~Ⅴ级航道应大于代表船队长度与代表船队下行5min航程之和,Ⅵ级和Ⅶ级航道应大于代表船队长度与代表船队下行3min航程之和。

如果不能满足要求,应同航政部门共同研究,在确保船舶和桥梁安全的情况下,协商解决。

当对改建工程标准要求比较高,经充分调查和论证后,既有桥位条件无法进行扩建时,方可另择桥位。

二、桥涵设计流量推算

设计流量是桥涵孔径及桥梁墩台计算的基本依据。在进行公路、桥梁和涵洞等各项工程设计时,应采用《公路工程技术标准》(JTG B01—2014)规定的某一设计洪水频率,如表2-1所示。所谓设计洪水频率,是指按有关技术标准规定作为设计依据的洪水统计意义上出现的频率。相关的基本概念:与设计洪水相应的桥位断面洪峰流量,称为设计流量;与设计洪水相应的洪水水面高程,称为设计水位。

桥涵设计洪水频率 表2-1

公路等级	设计洪水频率				
	特大桥	大桥	中桥	小桥	涵洞及小型排水构造物
高速公路	1/300	1/100	1/100	1/100	1/100
一级公路	1/300	1/100	1/100	1/100	1/100
二级公路	1/100	1/100	1/100	1/50	1/50
三级公路	1/100	1/50	1/50	1/25	1/25
四级公路	1/100	1/50	1/50	1/25	不作规定

注:1. 二级公路的特大桥及三、四级公路的大桥,在河床比降大、易于冲刷的情况下,宜提高一级设计洪水频率验算基础冲刷深度。

2. 沿河纵向高架桥和桥头引道的设计洪水频率应符合《公路工程技术标准》(JTG B01—2014)第5.0.2条路基设计洪水频率的规定。

3. 多孔中小跨径的特大桥可采用大桥的设计洪水频率。

由于桥梁、涵洞所在地区、河流等情况不同,推求设计流量的方法也不同。一般来说,中等以上河流上的桥梁可搜集到桥梁附近水文站历年来的年最大洪水流量观测资料,甚至能调查到观测资料以前发生的特大洪水资料,可应用水文统计的分析方法推算设计流量;较小流域的中小河流难以搜集到水文站实测洪水资料,但可以搜集到降雨资料或地区性水文资料时,则可应用地区性公式、暴雨径流的推理公式等方法推算设计流量;桥位附近资料较少,但相邻地区或河段有较多资料时,可应用相关分析插补、延长水文资料系列。总之,应通过多种途径、采用不同方法,尽量搜集可能搜集到的一切桥位水文资料,应用不同的分析方法推算设计洪水流量。

应用不同资料,采用不同方法,推算得到同一座桥梁的设计流量大小可能不同,经对比分析论证后,选用一个合理数值,作为该桥设计流量的确认值。

1. 利用实测流量资料推算设计流量

进行桥位勘测时,若能够通过水文调查、访问水利和城建等有关部门,搜集并整理得到多年的年最大洪水流量观测资料系列时,就可以应用水文统计原理介绍的方法,推算桥梁的设计洪水流量。计算洪水频率时,实测洪水流量系列不宜少于30年,且应有历史洪水调查和考证成果。

1) 资料的审查

应从下列几个方面对水文资料进行审查。

(1) 资料的一致性

水文统计法是利用已有的水文资料进行统计计算,用以推断未来的水文形势。统计计算要求同一系列中所有资料必须是同一类型和同样条件下产生的。性质不同的水文资料不能统计在一起分析计算。例如:降雨洪水的流量资料不能和融雪洪水的流量资料统计在一起,因为洪水成因不同;又如河道中的水流情况有显著变化时,对于变化前后的流量资料,由于形成洪水的条件不同,也不能统计在一起分析计算。

(2) 资料的代表性

水文统计法只能用样本推算总体的参数值,样本的代表性直接影响计算结果,尤其对于容量较小的样本(较短系列),资料的代表性就更显得重要。短期的流量观测资料(系列较短)很可能处于丰水年或枯水年连续出现的时期,计算结果可能显著偏大或偏小。选取既包括丰水年又包括枯水年的流量资料,组成富有代表性的样本,也就是观测年限较长的流量资料(较长系列),才能保证计算结果的正确性。一般可以通过洪水调查和文献考证或利用本地区的实测资料、邻近地区的实测资料对比分析,判断丰水年和枯水年的变化周期,检查选用资料的代表性。有条件时,可采用插补延长资料或增加历史洪水资料的办法,增强系列的代表性。

(3) 资料的独立性

统计计算要求同一系列中的所有变量必须是相互独立的。因此,在水文统计中,不能把彼此有关联的水文资料统计在一起分析计算。如前后几天的日流量,都是由同一次降水所形成的,互不独立。因此不能用连续的日流量组成系列进行统计计算。

(4) 资料的可靠性

系列中每一个变量的可靠性都直接影响着统计计算的结果,必须认真核查。对于水文站的观测资料、洪水调查资料、文献考证资料等都应逐一进行查实,相互核对,保证每一个数

2)资料的插补和延长

采用水文统计法推算设计流量时,如果桥位附近水文站的流量观测资料观测年限较短,或有缺测年份,则应尽量利用其上、下游或邻近流域内的水文站观测资料,进行插补和延长。插补和延长的年数,要视其相关关系的好坏而定,一般不宜超过实测年数,在进行插补时,应结合气象、自然地理条件等进行综合分析,避免机械使用和辗转相关插补资料。

3)资料中的特大值

在水文站观测年份内,河流如发生特大洪水,则在实测资料年最大流量系列中,将会有突出的特大值。通过调查考证,往往也可获得历史洪水特大值,它与实测资料共同组成最大流量系列,特大值与一般洪水流量之间有显著的脱节现象,是不连续系列,要进行特大值处理。通过特大值处理,考虑特大洪水影响,可以起到延长系列的作用,能增强系列的代表性,可以减少各参数值的抽样误差,提高计算结果的稳定性和可靠性。

4)设计流量的推算方法

利用水文站观测资料、洪水调查和文献考证资料,采用水文统计法推算桥涵设计流量时,可按下述步骤进行:

(1)选取样本。根据已有实测流量资料,采用"年最大值法"选取样本。搜集历年的年最大流量资料,有条件时应进行资料的插补与延长,对所有资料认真审核,组成年最大流量系列,作为水文统计样本。

(2)绘制经验频率曲线。把年最大流量资料按大小递减次序排列,计算各项流量的经验频率,并在海森概率格纸上绘出经验频率点据或经验频率曲线。如果点据较散乱,为了方便判定理论频率曲线与经验频率曲线点据的配合情况,应根据点群趋势目估一条经验频率曲线。

(3)计算水文统计的三个参数 $\bar{Q}$、C_v 和 C_s 的初始值,一般取 $C_s = (2\sim4)C_v$。

(4)绘制理论频率曲线,用适线法选定 $\bar{Q}$、C_v 和 C_s 值。根据 $\bar{Q}$、C_v 和 C_s 的初始值,计算理论频率点,在同一张海森概率纸上绘出理论频率曲线,目估理论频率曲线与经验频率曲线的配合情况。反复调整3个水文统计参数 $\bar{Q}$、C_v 和 C_s(主要是调整 C_s 值),直到理论频率曲线与经验频率曲线配合满足为止。

(5)计算设计流量。根据理论频率曲线,用选定的3个统计参数,计算设计洪水频率相应的流量,即设计流量。

(6)审查计算结果。参照水文统计参数的地区经验值,审查所选定的3个水文统计参数值;并应采用其他方法推算设计流量与之进行比较。

2. 利用洪水调查资料推算设计流量

洪水调查是搜集水文资料的一种有效方法,不论有无水文站观测资料,都是非常重要的。通过洪水调查,能够获得近几十年或几百年的历史洪水资料,能补充水文站观测资料和文献考证资料的不足,提高水文分析计算的精度。洪水调查主要是在桥位上下游调查历史上各次较大洪水的水位,确定洪水比降,推算相应的历史洪水流量,作为水文分析和计算的依据;同时,调查桥位附近河道的冲淤变形及河床演变,作为确定历史洪水计算断面和桥梁墩台天然冲刷深度的依据。

1) 实测洪水流量

历史洪水位相应的洪水流量,可按水力学明渠均匀流复式断面的方法进行计算。

(1) 水文断面的选择

计算流量所依据的河流横断面称为水文断面,应选在近似于均匀流的河段上,一般要求河道顺直、水流通畅、河床稳定、河滩较小、河滩与河槽的洪水流向一致,并且无河湾、河汊、沙洲等阻塞水流的现象。

水文断面应尽量靠近调查的历史洪水位,但距桥位也不宜过远。水文断面与桥位断面之间,应既无支流汇入,也无分流或壅水现象。

水文断面的数量应结合实际需要而定,一般可在桥位上下游各选一个,以便核对计算结果。符合条件的桥位断面,也可以作为水文断面使用。水文断面必须垂直于洪水流向。

(2) 水文断面的流速和流量计算

水文断面的断面平均流速可用谢才—曼宁公式计算：

$$v = \frac{1}{n} R^{\frac{2}{3}} i^{\frac{1}{2}} \tag{2-1}$$

式中：v——断面平均流速,m/s,对于复式断面,河槽与河滩的断面平均流速应分别计算；

n——粗糙系数(糙率)；

R——水力半径,m；

i——洪水比降,以小数计。

对于宽浅河段,当水面宽度大于断面平均水深的 10 倍以上时,湿周可近似地用水面宽度代替,即水力半径 R 近似等于断面平均水深 $\bar{h}$。若以 $\bar{h}$ 表示断面平均水深(m),则式(2-1)可改写为：

$$v = \frac{1}{n} \bar{h}^{\frac{2}{3}} i^{\frac{1}{2}} \tag{2-2}$$

水文断面的流量则为：

单式断面时

$$Q = Av \tag{2-3}$$

复式断面时

$$Q = A_c v_c + A_t v_t = Q_c + Q_t \tag{2-4}$$

式中：Q——全断面总流量,m³/s；

A——过水断面面积,m²；

A_c、A_t——河槽、河滩的过水断面面积,m²；

v_c、v_t——河槽、河滩的断面平均流速,m/s；

Q_c、Q_t——河槽、河滩的流量,m³/s。

计算历史洪水流量时,如果调查的历史洪水位不在水文断面上,应按洪水比降把历史洪水位的高程换算到水文断面上,再进行流量计算。

(3) 洪水比降的确定

河流中出现洪峰时的水面比降,称为洪水比降。由于天然河流中水流并不完全符合均匀流的条件,其水面比降随水位而变化,应尽量采用与历史洪水位相对应的洪水比降。

(4)河床粗糙系数的选择

河床的粗糙系数反映水流所受河床阻力的大小,直接影响流速和流量,应根据河流类型及河床特征综合考虑,慎重选定。

河床的粗糙系数最好采用水文断面所在河段的实测值,或根据水文站的观测资料确定。如无实测资料,则可参照有关规范中的粗糙系数表(糙率表)或手册中推荐的粗糙系数表(糙率表),结合实际情况选定。

河槽与河滩的粗糙系数应分别确定,必要时可将河滩分成几个部分,采用不同的粗糙系数;河槽与河滩的划分应结合断面上下游河段的平面形状、河床土质、植被情况等进行确定。

2)根据洪水流量的混合资料推算设计流量

当具有连续或不连续20年以上观测,同时具有洪水调查和文献考证等混合资料时,通常按不连续系列推算设计流量。

在水文站观察年份内,如果河流发生特大洪水,则该站实测资料组成的年份最大流量系列中,将会相应出现很少见的特大值(特大洪峰流量)。

通过洪水调查和文献考证往往可以获得特大的洪水资料,在其与水文站实测资料共同组成的年最大流量系列中,也会出现很少见的特大值。从系列的大小顺序来看,这些特大值(特大洪水流量)与其他数值(一般洪水流量)之间有显著的脱节现象,显然是不连续的。

一般把水文站年洪峰流量从最远实测年份到统计时的年限称为实测期,把调查洪水流量从最远资料年份到统计时的年限称为调查期,而把文献考证洪水流量从最远资料年份到统计时的年限称为考证期。

(1)不连续系列(有特大值)的经验频率计算

混合资料构成一个不连续系列(总体),其中实测资料为样本。通常的经验频率计算有以下两种方法。

①第一种方法

从数理统计中总体和样本的关系可知,可以把一个不连续系列划分为几个连续系列,作为从总体中抽取的几个独立样本,随机变量(年最大流量等)在每个相应的独立样本中分别排位,每一个独立样本都可以按连续系列来处理,分别计算经验频率。如果某项特大值可以同时在两个样本中排位时,一般宜选取时间较长的系列来推算经验频率较为合理。

在对历史洪峰流量的调查和考证工作中,往往对调查期或考证期中前几个较大流量比较清楚,对其后流量不清楚,统计时难免遗漏。因此,在对调查期或考证期的各流量经验频率及序号排列时,考虑到本期后续调查或考证流量有可能被遗漏,频率及序号排到已有调查或考证最小流量资料为止。

②第二种方法

无论是水文站的实测流量资料,还是洪水调查和文献考证的流量资料,往往都会存在一些比一般年洪峰流量大得多的特大洪峰流量。在水文计算中,不能把这些特大值与其他值等同对待,而需要进行适当地调整和处理,这就称为特大洪水处理。

设水文站实测与调查流量资料(插补后)的年(个)数为 n,在调查考证期 N 年中特大洪水值共 a 个,其流量值 $Q_j(j=1,2,3,4,\cdots,a)$ 其中 l 个特大值发生在实测与调查(插补后)n 年样本资料范围内,如图2-2所示。

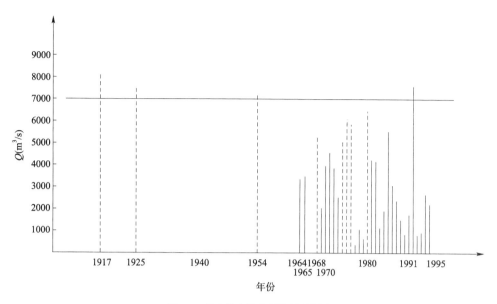

图 2-2 特大洪水值出现情况示意图

对具有特大洪水的混合资料,确定其主要3个参数的思路是在同一公式中分两类计算:对 a 个特大洪峰流量考虑其特殊性,单独作一类处理计算;对于剩下的 $(N-a)$ 个一般洪峰流量,认为以剩下的实测和调查 $(n-l)$ 个资料的分布规律为代表,作另一类处理计算。

在 N 年中第 M 位 $(M=1,2,3,4,\cdots,a)$ 特大洪水的经验频率按下式计算:

$$P_M = \frac{M}{N+1} \tag{2-5}$$

当 $M=a$ 时,第 a 位特大洪水的经验频率为 $P_{M=a}=\frac{a}{N+1}$。

在实测与调查(插补后)的 n 年系列中,第 m 位 $(m=l+1,l+2,l+3,\cdots,l+n)$ 一般洪水的经验频率按下式计算:

$$P_m = P_{M+a} + (1 - P_{M=a}) \cdot \frac{m-l}{n-l+1} \tag{2-6}$$

(2)不连续系列的统计参数 $\bar{Q}$、C_v 和 C_s 的确定

$\bar{Q}$ 和 C_v 初选值采用矩法公式计算,对于一个不连续系列,若在调查(或考证)期 N 年内,有 a 个特大值,其中 l 个发生在实测期 n 年内,假定 $(N-a)$ 年内流量的均值及分布规律与 n 年内的分布规律相同。这样,则可用下式计算:

$$\bar{Q} = \frac{1}{N}\left(\sum_{j=1}^{a} Q_j + \frac{n-a}{n-l}\sum_{i=l+1}^{n} Q_i\right) \tag{2-7}$$

$$C_v = \sqrt{\frac{1}{N-1}\left[\sum_{j=1}^{a}\left(\frac{Q_j}{\bar{Q}}-1\right)^2 + \frac{N-a}{N-l}\sum_{i=l+1}^{n}\left(\frac{Q_j}{\bar{Q}}-1\right)^2\right]} \tag{2-8}$$

式中:Q_j——特大洪水流量中的任一流量值,m^3/s;

Q_i——实测流量(一般洪水流量)中的任一流量值,m^3/s;

a——N 年内特大洪水流量的个数,其中包括 n 年内的特大洪水流量 l 个;

l——n 年内特大洪水流量的个数;

n——实测流量资料的总年数,即实测期,年,不计缺测年份;

N——调查或考证的总年数,即调查期或考证期,年,其中包括实测期 n 年。

C_v 采用适线法或参考地区经验选定 C_s/C_v 值后求得。

(3)设计频率的推算

当确定了 3 个主要参数 $\overline{Q}$、C_v 和 C_s 的初选值后,混合资料不连续系列的设计流量推算方法与连续观测资料的推算方法相同。C_s 及最终的 $\overline{Q}$ 和 C_v 仍采用适线法确定。

3. 根据暴雨资料推算设计流量

公路工程中位于小流域及沟渠的桥梁和涵洞,以及公路排水系统的设计流量一般由暴雨资料来推算。

暴雨推理法就是运用成因分析与经验推断相结合的方法,从实际的暴雨资料入手,应用地区综合分析方法来分析暴雨资料和地区特征关系,从而间接地推求设计流量。它是一种半经验半理论的计算方法。

降雨经过植被截留、土壤入渗等损失,再填满流域坡面的坑洼,开始出现地面径流。降雨扣除各种损失后称为净雨。从降雨到净雨的过程称为产流过程。

假定设计暴雨的频率与设计洪水的频率相同,时段平均暴雨强度、历时和频率之间的关系用下式表示:

$$i = \frac{S_P}{t^n} \tag{2-9}$$

式中:S_P——频率为 P 的雨力,mm/h;

t——1h 的降雨强度;

n——降雨递减系数。

从降雨量推算净雨量,有两种方法:一种方法是降雨量乘以折减系数,即洪峰径流系数,以 ψ 表示;另一种方法是从降雨量中减去损失雨量,损失雨量可用损失参数 μ(mm/h)表示。

坡面出现径流后,从流域各处汇集到流域出口河流断面的过程,称为汇流过程。影响汇流过程的主要因素有主河道长度 L(km)和坡度 i 及地形等。

从流域最远点流到出口断面的时间称为汇流时间 τ(h)。

三、桥孔设计及桥面设计高程

1. 桥孔设计一般规定

(1)桥孔设计必须保证设计洪水以内的各级洪水和泥沙安全通过,并满足通航、流冰及其他漂流物通过的要求。

(2)桥孔布设应适应各类河段的特性及演变特点,避免河床产生不利变形,且做到经济合理。各类河段的特性及河床演变特点见《公路工程水文勘测设计规范》(JTG C30—2015)附录。

(3)建桥后引起的桥前壅水高度、流势变化和河床变形,应在允许的安全范围之内。

(4)桥孔设计应考虑桥位上下游已建或拟建的水利工程、航道码头和管线等引起的河床演变对桥孔的影响。

(5)桥位河段的天然河道不宜开挖或改移。需要开挖、改移河道时,应通过可靠的技术经济论证。

(6)跨越河口、海湾及海岛之间的桥梁,必须保证在潮汐、海浪、风暴潮、海流及海底泥沙运动等各种海洋水文条件影响下,正常使用和满足通航的要求。

2.桥面设计高程

1)不通航河流的桥面设计高程

应按下列规定计算:

(1)按设计水位计算桥面最低高程时,应按下式计算:

$$H_{\min} = H_S + \Sigma\Delta h + \Delta h_j + \Delta h_0 \qquad (2-10)$$

式中:$H_{\min}$——桥面最低高程,m;

H_S——设计水位,m;

$\Sigma\Delta h$——考虑壅水、浪高、波浪壅高、河湾超高、水拱、局部股流壅高(水拱与局部股流壅高只取其大者)、床面淤高、漂流物高度等诸因素的总和,m;

Δh_j——桥下净空安全值,m,应符合表2-2的规定;

Δh_0——桥梁上部构造建筑高度,m,应包括桥面铺装高度。

不通航河流桥下净空安全值 Δh_j　　　　表2-2

桥梁位置	按设计水位计算的桥下净空安全值(m)	按最高流冰水位计算的桥下净空安全值(m)
梁底	0.50	0.75
支座垫石顶面	0.25	0.50
拱脚	0.25	0.25

注:1.无铰拱的拱脚,可被洪水淹没,淹没高度不宜超过拱圈矢高的2/3;拱顶底面至设计水位的净高不应小于1m。
　　2.山区河流水位变化大,桥下净空安全值可适当加大。

(2)按设计最高流冰水位计算桥面最低高程时,应按下式计算:

$$H_{\min} = H_{SB} + \Delta h_j + \Delta h_0 \qquad (2-11)$$

式中:H_{SB}——设计最高流冰水位,m,应考虑床面淤高。

(3)桥面设计高程不应低于式(2-10)和式(2-11)的计算值。

2)通航河流的桥面设计高程

除应满足不通航河流的要求外,尚应符合下式要求:

$$H_{\min} = H_{tn} + H_M + \Delta h_0 \qquad (2-12)$$

式中:H_{tn}——设计最高通航水位,m;

H_M——通航净空高度,m。

四、河道冲刷深度计算

桥下河床冲刷计算是确定墩台基础最小埋置深度的重要依据。设计桥梁时,为了保证洪水能顺畅地通过桥下和保证桥梁的安全,不仅要求有足够的桥孔长度和桥梁高度,还必须使墩台基础有足够的埋置深度。因此,在桥位设计中,对墩台冲刷必须十分重视。桥梁墩台冲刷是一个综合冲刷过程,大致可分为三部分:

(1)桥位河床自然演变而引起河床的自然演变冲刷。自然演变冲刷造成河床变形有4

种类型：

①河流发育成长过程中河床纵断面的变形，如河源段的逐年下切、河口段的逐年淤积。

②河槽横向移动所引起的变形，如边滩下移，河湾发展、移动和裁弯取直等。

③河段中泓线摆动引起的冲刷变形。

④在一个水文周期内，河槽随水位、流量变化而发生的周期性变形。

(2)因建桥后压缩水流而引起桥下整个河床断面普遍存在的一般冲刷。这部分冲刷是由于河床的边界发生了变化而引起的。原来是天然河段，建桥后，过桥位断面的来水、来沙条件相比自然形态时重新进行分配。但河床地质、土质条件、河床比降并没有明显的变化，因此桥下的整个河床断面又逐渐地形成自动调整状态，进入新的自然河床演变冲刷。

(3)由于桥梁墩台阻水而引起的河床局部冲刷，也就是桥梁墩台冲刷深度。事实上，桥梁墩台冲刷是受多种因素同时交叉影响产生的，是一个综合复杂的冲刷过程，但是为了便于研究和计算，我们把墩台周围总的冲刷深度假定为这三种冲刷先后进行，即可分别进行计算，然后叠加。除上述自然变形外，当河道经过整治或桥位上下游修建水工建筑物后，也会引起河床的显著变形，这些变形也应在桥下冲刷中予以考虑。

对于河床的自然演变冲刷，目前尚无可靠的计算方法。可通过调查或利用各年河床断面、河段地形图、洪水、泥沙等资料，分析河床逐年自然下切程度，估算桥梁使用年限内河床自然下切的深度。也可按《公路工程水文勘测设计规范》(JTG C30—2015)附录 B 选用一维河床冲淤数学模型估算，并进行比较和核对，合理地增减墩台基础的埋置深度或提高桥下净空。

河上建桥后，桥下过水断面受压缩减少，致使桥下水流速增大，水流挟沙能力增强，桥下河床全断面内发生的普遍冲刷，称为一般冲刷。

随着一般冲刷的发展，桥下河床加深，过水面积加大，流速逐渐下降；当达到新的输沙平衡状态，或桥下流速降低到河床的允许不冲刷流速时，冲刷即停止，此时一般冲刷深度达到最大。一般冲刷深度是指桥下河床在一般冲刷完成后从设计水位算起的某一垂线水深。

64-1 计算式、64-2 计算式是 1964 年中国土木工程学会"桥梁冲刷计算学术会议"推荐的桥下一般冲刷计算公式，20 世纪 90 年代前后分别有 64-1 修正式、64-2 简化式，适用于有底沙运动的非黏性河槽。

冲刷坑的深度和大小与很多因素有关，除墩前行近流速外，主要还有桥墩宽度、墩形、水深、床沙粒径等。这些因素与冲刷深度之间关系十分复杂。1964 年我国公路、铁路部门根据我国各类河段 52 座桥梁 99 站年的实桥观测资料和模型试验资料，制定了 65-2、65-1 局部冲刷计算公式。生产实践表明，这两个公式结构较为合理，反映了冲刷深度随行近流速的变化关系，并考虑了底沙运动对冲刷深度的影响，计算数值较为稳定可靠。

《公路工程水文勘测设计规范》(JTG C30—2015)修订新增了桥台局部冲刷深度计算公式。北京交通大学广泛调研了国内外已发表的桥台冲刷计算公式，进行了深入的分析、计算和评估。在此基础上，根据对冲刷原理的分析，认为还需要考虑必要的影响因素，包括泥沙性质、河槽形态的不同以及桥台形状的影响等。因而，采用多因素影响的量纲分析和在试验室进行的 218 组水槽试验，建立了桥台局部冲刷公式。经多组试验资料及多桥实桥数据验证，并与国内外其他局部冲刷公式计算结果对比分析，得到结论：适用于不同的地域和水文情况,考虑了各种影响桥台冲刷深度的因素,计算结果合理,且基本可靠。

上述方法及公式具体内容可查阅《公路工程水文勘测设计规范》(JTG C30—2015)正文及条文说明。

第三节 地 质 勘 察

公路工程地质勘察分阶段开展工作,与设计工作同步协调,即坚持公路基本建设程序,分阶段并按各阶段要求的深度开展工作;而准确提供各阶段所需的地质资料,则是确保各阶段工程设计质量的前提。进行公路工程地质勘察,制订切合实际的勘察方案,投入与各阶段勘察深度相适应的地勘工作量,对保证地勘工作的深度和质量至关重要。实践证明,地勘工作量的投入不足或制订的勘察方案不切合实际是导致工作深度不够或地质资料不能正确反映现场地质条件、严重影响工程建设质量的重要原因。

一、勘察大纲

在开展地质勘察之前,应编制项目地质勘察大纲。

项目勘察大纲应包括以下内容:

(1)项目概况:包括任务依据、建设规模和标准、路线走向、工程结构设置、已做过的地质工作。

(2)地质勘察执行的技术标准。

(3)自然地理和工程地质概况:包括公路沿线的地形地貌、气象水文、地震、地层岩性、地质构造、水文地质条件、不良地质和特殊性岩土的分布与发育情况,以及可能影响线位或工程结构设置的重大或关键性地质问题等。

(4)勘察实施方案:包括勘察内容、勘察方法和精度、勘探点布置原则及主要工作量,以及针对重大或关键性地质问题采取的勘察对策、措施和专题研究等。

(5)组织机构、人员组成、设备配置、计划进度、质量管理、安全和环保措施。

(6)提交的成果资料。

(7)其他需要说明的问题。

当现场地质条件、工程结构设置、勘察要求等发生变化时,勘察大纲应根据变化情况进行调整。

工程地质勘察一般应按预可勘察、工可勘察、初步勘察、技术勘察、详细勘察和施工勘察分阶段开展工作,并与公路工程的预可行性研究、工程可行性研究、初步设计、技术设计、施工图设计和施工等阶段相适应。

二、桥梁勘察

初步勘察应基本查明公路沿线及各类构筑物建设场地的工程地质条件,为工程方案比选及初步设计文件编制提供工程地质资料。

1. 初勘内容

桥梁初勘应根据现场地形地质条件,结合拟定的桥型、桥跨、基础形式和桥梁的建设规

模等确定勘察方案,基本查明下列内容:

(1)地貌的成因、类型、形态特征、河流及沟谷岸坡的稳定状况和地震动参数。
(2)褶皱的类型、规模、形态特征、产状及其与桥位的关系。
(3)断裂的类型、分布、规模、产状、活动性、破碎带宽度、物质组成及胶结程度。
(4)覆盖层的厚度、土质类型、分布范围、地层结构、密实度和含水状态。
(5)基岩的埋深、起伏形态,地层及其岩性组合,岩石的风化程度及节理发育程度。
(6)地基岩土的物理力学性质及承载力。
(7)特殊性岩土和不良地质的类型、分布及性质。
(8)地下水的类型、分布、水质和环境水的腐蚀性。
(9)水下地形的起伏形态、冲刷和淤积情况以及河床的稳定性。
(10)深基坑开挖对周围环境可能产生的不利影响。
(11)桥梁通过气田、煤层、采空区时,有害气体对工程建设的影响。

2.初勘资料

桥梁初勘应提供下列资料:

(1)对于地质条件简单的小桥,可列表说明其工程地质条件;对于特大桥、大桥、中桥、地质条件较复杂和复杂的小桥,应按工点编写文字说明和图标。
(2)文字说明:应对侨位的工程地质条件进行说明,对工程建设场地的适宜性进行评价;受水库水位变化及潮汐和河流冲刷影响的桥位,应分析岸坡、河床的稳定性;对含煤地层、采空区、气田等地区的桥位,应分析、评估有害气体对工程建设的影响;应分析、评价锚碇基础施工对环境的影响。
(3)图标资料:1:10000 桥位区域工程地质平面图;1:2000 桥位工程地质平面图;1:2000桥位工程地质断面图;1:50~1:200 钻孔柱状图;原位测试图表;岩、土测试资料;物探资料;有害气体测试资料;水质分析资料;附图、附表和照片等。

桥梁详勘应根据现场地形地质条件和桥型、桥跨、基础形式制订勘察方案,查明桥位工程地质条件,其内容应符合规范的规定。

应对初勘工程地质调绘资料进行复核,当桥位偏离初步设计桥位或地质条件需进一步查明时,应进行补充工程地质调绘,补充工程地质调绘的比例尺为1:2000。

三、工程地质勘察报告

工程地质勘察报告的编制应充分利用遥感、工程地质调绘、勘探、测试等取得的各项地质资料,在综合分析的基础上进行,对所依据的各项原始资料在使用前均应进行整理、检查、分析,确认无误后方可使用。

工程地质勘察报告应资料完整,内容详实准确、重点突出,有明确的工程针对性,所做的结论应依据充分、建议合理。

公路工程地质勘察报告包括总报告和工点报告;总报告和工点报告均应由文字说明和图标部分组成。

总报告文字说明应包括下列内容:

(1)前言:任务依据、目的与任务、工程概况、执行的技术标准、勘察方法和勘察工作量布置、勘察工作过程。

(2)自然地理概况:项目所处的地理位置、气象、水文和交通条件。

(3)工程地质条件:地形地貌、地层岩性、地质构造、岩土类型、性质和物理力学参数、新构造运动、水文地质条件、地震与地震动参数、不良地质和特殊性岩土的发育情况、建筑材料等。

(4)工程地质评价与建议:包括公路沿线水文地质及工程地质条件评价、工程建设场地的稳定性和适宜性评价、不良地质与特殊性岩土及其对公路工程的危害和影响程度评价、环境水或土的腐蚀性评价、岩土物理力学性质及其设计参数评价、工程地质结论与建议等。

总报告图表应包括路线综合工程地质平面图、路线综合工程地质纵断面图、不良地质和特殊性岩土一览表等。

对路基、桥梁、涵洞、隧道、路线交叉、料场、沿线设施等独立勘察对象,应编制工点报告。工点报告文字说明部分应对总报告文字说明部分内容进行简要叙述,并应针对工点工程地质条件、存在的工程地质问题与建议等进行说明。图表说明也应与总报告图表相同。

工程地质勘察的深度和地质资料的准确性对工程设计质量、工程造价、施工工期乃至工程运营期的安全可产生重大影响。公路工程建设中因地质工作的深度不够或勘察质量上存在的问题而导致工程方案变更,追加工程投资、延误工期,危及工程乃至人身安全的事例较多,教训深刻。公路工程地质勘察必须高度重视勘察工作每一环节的质量,加强对工程地质勘察各个环节的质量控制。建立完善的质量保证体系和质量追究制度,强化工程地质勘察工作的质量意识和质量管理,是保证勘察质量的重要条件。

第四节　桥梁作用简介

长期以来,我们习惯地称所有引起结构反应的原因为"荷载",这种叫法实际并不科学和确切。引起结构反应的原因可以按其作用的性质分为截然不同的两类,一类是施加于结构的外力,如车辆、人群、结构自重等,它们是直接施加于结构上的,可用"荷载"这一术语来概括;另一类不是以外力形式施加于结构,它们产生的效应与结构本身的特性、结构所处环境等有关,如地震、基础变位、混凝土收缩和徐变、温度变化等,它们是间接作用于结构的,如果也称"荷载",容易引起人们的误解。因此,目前国际上普遍将所有引起结构反应的原因统称为"作用",而"荷载"仅限于表达施加于结构上的直接作用。

一、关于作用的基本术语

1. 设计基准期(design reference period)

为确定可变作用等的取值而选用的时间参数。

2. 设计使用年限(design working/service life)

在正常设计、正常施工、正常使用和正常养护条件下,桥涵结构或结构构件不需进行大修或更换,即可按其预定目的使用的年限。

3. 结构耐久性(structural durability)

在设计确定的环境作用和养护、使用条件下,结构及其构件在设计使用年限内保持其安全性和适用性的能力。

4. 作用(action)

施加在结构上的一组集中力或分布力和引起结构外加变形或约束变形的原因。前者称直接作用,亦称荷载,后者称间接作用。

5. 永久作用(permanent action)

在设计基准期内始终存在且其量值变化与平均值相比可以忽略不计的作用,或其变化是单调的并趋于某个限值的作用。

6. 可变作用(variable action)

在设计基准期间,其量值随时间变化,且其变化值与平均值比较不可忽略的作用。

7. 偶然作用(accidental action)

在设计基准期间不一定出现,而一旦出现,其量值很大且持续时间很短的作用。

8. 作用的标准值(characteristic value of an action)

作用的主要代表值,可根据对观测数据的统计、作用的自然界限或工程经验确定。

9. 可变作用的伴随值(accompanying value of a variable action)

在作用组合中,伴随主导作用的可变作用值。可以是组合值、频遇值或准永久值。

10. 作用的代表值(representative value of an action)

极限状态设计所采用的作用值。可以是作用的标准值或可变作用的伴随值。

11. 作用的设计值(design value of an action)

作用的代表值与作用分项系数的乘积。

12. 可变作用的组合值(combination value of a variable action)

使组合后的作用效应的超越概率与该作用单独出现时其标准值作用效应的超越概率趋于一致的作用值;或组合后使结构具有规定可靠指标的作用值。可通过组合值系数对作用标准值的折减来表示。

13. 可变作用的频遇值(frequent value of a variable action)

在设计基准期内被超越的总时间占设计基准期的比率较小的作用值;或被超越的频率限制在规定频率内的作用值。可通过频遇值系数对作用标准值的折减来表示。

14. 可变作用的准永久值(quasi-permanent value of a variable action)

在设计基准期内被超越的总时间占设计基准期的比率较大的作用值。可通过准永久值系数对作用标准值的折减来表示。

15. 作用效应(effect of action)

由作用引起的结构或结构构件的反应。

16. 作用组合(荷载组合)[combination of actions(load combination)]

在不同作用的同时影响下,为验证某一极限状态的结构可靠度而采用的一组作用设计值。

17. 作用基本组合(fundamental combination of actions)

承载能力极限状态设计时,永久作用设计值与可变作用设计值的组合。

18. 作用偶然组合(accidental combination of actions)

承载能力极限状态设计时,永久作用标准值与可变作用某种代表值、一种偶然作用设计值的组合。

19. 作用频遇组合(frequent combination of actions)

正常使用极限状态设计时,永久作用标准值与主导可变作用频遇值、伴随可变作用准永久值的组合。

20. 作用准永久组合(quasi-permanent combination of actions)

正常使用极限状态设计时,永久作用标准值与可变作用准永久值的组合。

21. 分项系数(partial safety factor)

用概率极限状态设计法设计时,为保证所设计的结构具有规定的可靠度,在设计表达式中采用的系数。分为作用分项系数和抗力分项系数两类。

22. 结构重要性系数(factor for importance of structure)

对不同安全等级的结构,为使其具有规定的可靠度而采用的分项系数。

二、作用、代表值及效应组合

1. 作用分类

作用按随时间的变异分为永久作用、可变作用、偶然作用和地震作用(表2-3)。这种分类是结构上作用的基本分类。永久作用是经常作用的数值不随时间变化或变化微小的作用;可变作用的数值是随时间变化的;偶然作用的作用时间短暂,且发生的概率很小。

地震作用是一种特殊的偶然作用,原来的《公路桥涵设计通用规范》是将其放在偶然作用中的,但与撞击等偶然作用相比,地震作用能够统计并有统计资料,可以确定其标准值。而其他偶然作用无法通过概率的方法确定其标准值,因此,两者的设计表达式是不同的。因而《公路桥涵设计通用规范》(JTG D60—2015)在原有三种设计状况的基础上,增加了地震设计状况。

作 用 分 类　　　　　表 2-3

编号	作 用 分 类	作 用 名 称
1	永久作用	结构重力(包括结构附加重力)
2		预加力
3		土的重力
4		土侧压力
5		混凝土收缩、徐变作用
6		水浮力
7		基础变位作用
8	可变作用	汽车荷载
9		汽车冲击力
10		汽车离心力
11		汽车引起的土侧压力
12		汽车制动力
13		人群荷载
14		疲劳荷载*

续上表

编号	作用分类	作用名称
15	可变作用	风荷载
16		流水压力
17		冰压力
18		波浪力*
19		温度(均匀温度和梯度温度)作用
20		支座摩阻力
21	偶然作用	船舶的撞击作用
22		漂流物的撞击作用
23		汽车撞击作用
24	地震作用	地震作用

注：* 表示《公路桥涵设计通用规范》(JTG D60—2015)中新增加。

2. 作用代表值

作用具有变异性，但在结构设计时，不可能直接引用作用随机变量或随机过程的各类统计参数通过复杂的计算进行设计，作用代表值就是为结构设计而给定的量值。设计的要求不同，采用的作用代表值也可不同，这样可以更确切、合理地反映作用对结构在不同设计要求下的特点。作用的代表值一般可分为标准值、组合值、频遇值和准永久值。

永久作用(如恒荷载)被近似地认为在设计基准期内是不变的，它的代表值只有一个，即标准值。可变作用按其在随机过程中出现的持续时间或次数的不同，可取标准值、组合值、频遇值和准永久值作为其代表值。

作用的标准值是结构设计的主要参数，关系到结构的安全问题，是作用的基本代表值。作用的标准值反映了作用在设计基准期内随时间的变异，其量值应取结构设计规定期限内可能出现的最不利值，一般按作用在设计基准期内最大值概率分布的某一分位值确定。

3. 作用代表值的取用

作用的代表值按下列规定取用：

对于结构自重，包括结构的附加重力，它们的标准值按结构设计规定的设计尺寸和材料的重度计算确定。调查统计表明，结构的设计尺寸与实测均值极为相近；钢筋混凝土构件的重度与规范的规定值也是接近的。

可变作用的组合值是指在主导可变作用(汽车荷载)出现时段内其他可变作用的最大量值，但它比可变作用的标准值小，实际上由标准值乘以小于1的组合值系数Ψ_c得到。

可变作用的频遇值是指结构上较频繁出现的且量值较大的作用取值，但它比可变作用的标准值小，实际上由标准值乘以小于1的频遇值系数Ψ_f得到。

可变作用的准永久值是指在结构上经常出现的作用取值，但它比可变作用的频遇值又要小一些，实际上是由标准值乘以小于Ψ_f的准永久值系数Ψ_q得到。

4. 作用效应组合

结构通常要同时承受多种作用。在进行结构设计时，无论是承载能力极限状态还是正常使用极限状态,均应考虑可能同时出现的多种作用的组合,求其总的作用效应,同时考虑到作用出现的变化性质,包括作用出现与否及作用出现的方向。这种组合是多种多样的,应在考虑的所有可能的组合中,取其最不利的作用组合效应进行设计。

规范只指出了作用组合要考虑的范围,其具体组合的内容,尚需由设计者根据实际情况确定,规范不宜规定过死。对于一部分不能同时组合的作用,规范以表的形式列出。制动力与支座摩阻力不同时组合,这是考虑到,当上部构造恒载一定、支座摩阻系数一定时活动支座的最大摩阻力是一个定值。任何纵向力都不能大于支座摩阻力,因此,制动力与支座摩阻力不同时存在。流水压力不与汽车制动力、波浪力、冰压力同时组合,这是考虑它们同时出现的可能性极小,而且波浪力、冰压力远大于流水压力,且实测中也难以分开。

公路桥涵结构的承载能力极限状态设计,按照可能出现的作用,将其分为三种作用组合,即基本组合、偶然组合和地震组合。对持久设计状况和短暂设计状况应采用作用的基本组合,对偶然设计状况应采用作用的偶然组合,对地震设计状况应采用作用的地震组合。

作用的基本组合是指永久作用设计值与可变作用设计值的组合,这种组合用于结构的常规设计,是所有公路桥涵结构都应该考虑的。作用的偶然组合是指永久作用标准值、可变作用代表值和一种偶然作用设计值的组合,视具体情况,也可不考虑可变作用参与组合。作用偶然组合和地震组合用于结构在特殊情况下的设计,所以不是所有公路桥涵结构都需采用,一些结构也可采取构造或其他预防措施来解决。

公路桥涵结构按正常使用极限状态设计时,应根据不同的设计要求,采用作用的频遇组合或准永久组合。频遇组合是指永久作用标准值与汽车荷载频遇值、其他可变作用准永久值相组合;准永久组合是指永久作用标准值与可变作用准永久值相组合。

(1)只有在结构上可能同时出现的作用,才进行其效应的组合。当结构或结构构件需做不同受力方向的验算时,则应以不同方向的最不利的作用效应进行组合。

(2)当可变作用的出现对结构或结构构件产生有利影响时,该作用不应参与组合。实际不可能同时出现的作用或同时参与组合概率很小的作用,按表2-4规定不考虑其作用效应的组合。

可变作用不同时组合表　　表2-4

作 用 名 称	不与该作用同时参与的作用
汽车制动力	流水压力、冰压力、波浪力、支座摩阻力
流水压力	汽车制动力、冰压力、波浪力
波浪力	汽车制动力、流水压力、冰压力
冰压力	汽车制动力、流水压力、波浪力
支座摩阻力	汽车制动力

(3)施工阶段作用效应的组合,应按计算需要及结构所处条件而定,结构上的施工人员和施工机具设备均应作为临时荷载加以考虑。对于组合式桥梁,当把底梁作为施工支撑时,作用效应宜分两个阶段组合,底梁受荷为第一阶段,组合梁受荷为第二阶段。

(4)多个偶然作用不同时参与组合。

(5)地震作用不与偶然作用同时参与组合。

学习效果自测题

每位学生根据本章的学习目标,按教师要求选择完成下述自测题目。

一、填空题

1. 所谓桥梁设计三阶段设计是指_____、_____、_____三个阶段。
2. 计算流量所依据的河流横断面,称为_____断面。
3. 桥梁墩台冲刷,包括自然演变冲刷、_____和_____三部分。
4. 《公路工程技术标准》(JTG B01—2014)规定的桥涵设计洪水频率,高速公路的特大桥和大桥分别为_____和_____。

二、判断题

1. 桥梁的作用说的就是桥梁上的荷载,两个名词说的是同一件事情,只是规范不同时期的提法。( )
2. 支座摩阻力属于可变作用之一。( )
3. 在进行结构设计时,无论是承载能力极限状态还是正常使用极限状态,均必须考虑可能同时出现的多种作用的效应组合。( )
4. 结构设计时应取其最不利的效应组合进行设计。( )
5. 作用组合时,汽车制动力是不能和支座摩阻力同时考虑的。( )
6. 一般冲刷是由于桥墩阻挡水流结构发生急剧变化,围着桥墩发生绕流,在桥墩附近床面形成螺旋形漩涡体系,桥墩周围发生剧烈冲刷,形成桥墩周围局部冲刷坑的现象。( )
7. 桥位计算断面上通过设计流量时,相应的水位称为设计洪水位。( )

三、思考题

1. 桥梁设计与建设程序共分哪几个阶段?
2. 桥梁设计的基本原则是什么?
3. 简单解释何谓永久作用、可变作用和偶然作用。
4. 试比较作用效应基本组合和作用效应偶然组合。
5. 何谓设计流量?计算方法有哪几种?
6. 简述桥下最大(最低)冲刷线的概念。

第三章 桥梁墩台及基础设计

第一节 认知桥梁墩台

一、桥梁墩台的组成

桥梁墩、台是桥梁的重要组成部分,统称为桥梁下部结构。它主要由墩(台)帽、墩(台)身和基础三部分组合而成(图3-1)。

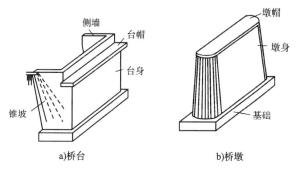

图3-1 梁桥重力式墩台

桥梁墩、台的主要作用是承受上部结构传来的荷载,并通过基础将此荷载及本身自重传递到地基上。桥墩一般系指多跨桥梁的中间支承结构物,它除承受上部结构的荷重外,还要承受流水压力、水面以上的风力以及可能出现的冰荷载、船只、排筏或漂浮物的撞击力。桥台除了是支承桥跨结构的结构物之外,还是衔接两岸接线路堤的构筑物;它既要能挡土护岸,又要能承受台背填土及填土上车辆荷载所产生的附加侧压力。因此,桥梁墩、台不仅本身应具有足够的强度、刚度和稳定性,而且对地基的承载能力、沉降量,地基与基础之间的摩阻力等也都提出一定的要求,以避免在这些荷载作用下有过大的水平位移、转动或者沉降发生。这点对超静定结构桥梁尤为重要。

当前,世界各国的桥梁建设都在迅速发展,这不仅反映在上部结构的造型新颖上,而且还反映在下部结构向轻型合理的方向发展上。近些年来,国内外出现了不少新颖的桥梁墩台,尤其是在桥墩形式上显得更为突出,它把结构上的轻巧合理和艺术造型上的美观统一起来。例如,对于大跨径的桥墩,既要考虑墩身的轻巧,又要考虑能有利于上部结构的受力和施工,以达到节约材料和整个工程造价,于是便创造出V形墩、X形墩等各种优美的立面形式(图3-2)。

a) V形桥墩　　　　　　　　　　　　　b) X形桥墩

图 3-2　V 形桥墩和 X 形桥墩

另外,对于城市的立交桥,为了能从上面承托较宽的桥面,在下面能减小墩身和基础尺寸,在地面以上给人以艺术的享受并美化城市,常常将桥墩在横方向上做成独柱式或排柱式[图 3-3a)、b)]、倾斜式[图 3-3c)]、双叉形[图 3-3d)]、T 形、V 形[图 3-3e)、f)]等多种多样的桥墩形式。

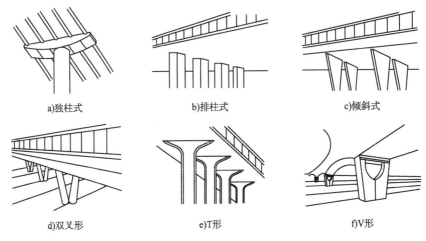

a) 独柱式　　　　　　　b) 排柱式　　　　　　　c) 倾斜式

d) 双叉形　　　　　　　e) T 形　　　　　　　f) V 形

图 3-3　各种轻型桥墩形式

桥梁墩、台从总体上可分为两种。一种是重力式墩、台,另一种是轻型墩、台。

二、桥墩的构造

1. 重力式桥墩

这类墩的主要特点是靠自身重力来平衡外力、保持其稳定。因此,墩身比较厚实,可不用钢筋,而用天然石材或片石混凝土砌筑。它适用于荷载较大的大、中型桥梁或流冰、漂浮物较多的河流中。在砂石料方便的地区,小桥也往往采用它。其缺点是自重大,因而要求地基承载力高。此外,阻水面积也较大。

在梁桥和拱桥上,重力式桥墩用得比较普遍。它们除在墩帽构造上有所差别外,其他部分的构造外形大致相同。因此,有关这类桥墩的构造问题,放在梁桥桥墩里详细介绍,而对拱桥桥墩只略述它们的特点。

1) 梁桥重力式桥墩

(1) 墩帽

墩帽是桥墩顶端的传力部分,它通过支座承托着上部结构,并将相邻两孔桥上的作用传到墩身上,应力较集中。因此,对墩帽的强度要求较高,一般采用 C25 以上的混凝土或钢筋混凝土做成。墩帽平面尺寸的合理确定,将直接影响着墩身的平面尺寸和材料的选用。例如,当顺桥向的墩帽宽度较小,而桥墩又较高时,墩身就显得很薄,因此需要采用钢筋混凝土结构。另一方面,如果墩身在横桥向的长度较小,或者做成柱子的形式,那么又会反过来影响着墩帽(或称帽梁)的受力和尺寸及其配筋数量。因此,精心地拟定墩帽尺寸对整个桥墩设计具有重要意义。

《公路圬工桥涵设计规范》(JTG D61—2005)规定,墩帽和台帽的厚度,对于特大、大跨径的桥梁不应小于 0.5m;对于中、小跨径的桥梁不应小于 0.4m。其顶面常做成 10% 的排水坡。墩帽的四周较墩身出檐宽度宜为 0.05~0.10m,并在其上做成沟槽形滴水(图3-4)。

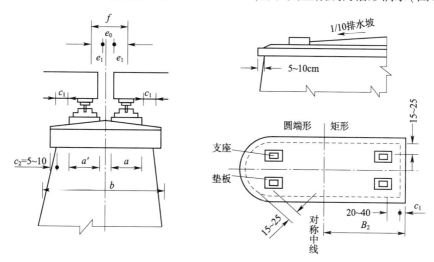

图 3-4　墩帽构造尺寸(尺寸单位:mm)

墩帽的平面形状应与墩身形状相配合。墩帽的平面尺寸首先应满足桥梁支座布置的需要,支座边缘至墩身顶部边缘的距离应视墩的构造形式及安装上部构造的施工方法而定,其最小距离可按表 3-1 的规定采用。

支座边缘到墩、台身边缘的最小距离(单位:m)　　　表 3-1

跨径 l (m)	顺桥向	横 桥 向	
		圆弧形端头 (自支座边角量起)	矩形端头
$l \geqslant 150$	0.30	0.30	0.50
$50 \leqslant l < 150$	0.25	0.25	0.40
$30 \leqslant l < 50$	0.20	0.20	0.30
$5 \leqslant l < 20$	0.15	0.15	0.20

注:当采用钢筋混凝土或预应力混凝土悬臂墩帽时,可不受本表限制,应以便于施工、养护和更换支座而定。

对墩身最小顶宽的要求可根据《公路圬工桥涵设计规范》(JTG D61—2005)有关规定,一般情况墩帽纵桥向宽度,对于小跨径桥梁不宜小于 1.0m,中等跨径桥梁不宜小于 1.0~1.2m。

《公路圬工桥涵设计规范》(JTG D61—2005)中对支座边缘至墩、台身边缘的最小距离所作规定的目的是:为了避免支座过分靠近墩身侧面边缘而导致应力集中;另一个原因是为了提高混凝土的局部抗压强度以及考虑施工误差和预留锚栓孔的要求。墩帽宽度除了满足上面的要求以外,还应符合墩身顶宽的要求,安装上部结构的需要,以及抗震时为设置预防措施所需要的宽度。

对于大、中跨径的桥梁,在墩帽内应设置构造钢筋;对于小跨径桥梁,除在严寒地区外,可以不设置构造钢筋。钢筋直径一般为 8~16mm,采用间距为 150~250mm 的网格布置。另外,在支座支承垫板的局部范围内设置 1~2 层钢筋网,其平面分布尺寸约为支承垫板面积的 2 倍,钢筋直径为 8~12mm,网格间距为 50~100mm,这样支座传来的集中力能较均匀地分布到墩身上。

在同一座桥墩上,当支承相邻两孔桥跨结构的支座高度不相同时,就应在墩顶上设置用钢筋混凝土制成的支承垫石来调整(一般垫石用强度等级 C25~C30 以上混凝土,个别的也有用石料制成)。在钢筋混凝土梁式大、中桥墩、台顶帽上可设置钢筋混凝土支承垫石,其上安放支座,以便更好地分布压力。支承垫石的平面尺寸、配筋数量,可根据桥跨结构压力大小、支座底板尺寸大小、混凝土设计强度和标准强度等确定。一般垫石较支座底板每边大 150~200mm,垫石厚度为其长度的 1/3~1/2。图 3-5 为普通墩帽和具有支承垫石墩帽的钢筋构造示例。

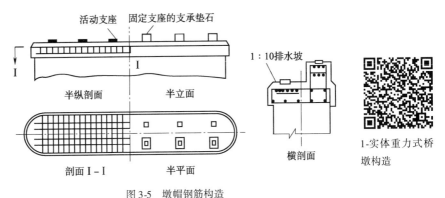

图 3-5 墩帽钢筋构造

当桥面较宽时,为了节省桥墩圬工,减轻结构自重,可选用悬臂式钢筋混凝土墩帽(图 3-6)。

图 3-6 悬臂式墩帽

悬臂式墩帽采用 C25 以上混凝土。墩帽的长度和宽度视上部构造的形式和尺寸,支座的尺寸和距离及上部构造大梁的施工吊装要求等条件而定;墩帽的高度视受力大小和钢筋排列的需要而定;悬出部分高度向两端可逐渐缩小,悬臂两端的最小高度应不小于 0.3~

0.4m。

（2）墩身

墩身是桥墩的主体。常用C20或大于C20的片石混凝土浇筑，或用浆砌块石或料石，也可用混凝土预制块砌筑。实体式桥墩墩身的顶宽：对于小跨径桥不宜小于0.8m（采用轻型桥台的桥梁的桥墩不宜小于0.6m）；对于中跨径桥不宜小于1.0m；对于特大、大跨径桥梁的墩身顶宽，视上部构造类型而定。侧坡一般采用20∶1~30∶1（竖∶横），小跨径桥的桥墩也可采用直坡。

为了便于水流和漂浮物通过，墩身平面形状可以做成圆端形或尖端形[图3-7a)、b)]；无水的岸墩或高架桥墩可做成矩形[图3-7d)]，在水流与桥梁斜交或流向不稳定时，宜做成圆形[图3-7c)]。在有强烈流冰、泥石流或大量漂浮物的河道（冰厚大于0.5m，流冰速度大于1m/s）上，桥墩表面宜选用强度等级不小于MU60的石材或C40混凝土预制块镶面，镶面砌体的砂浆强度等级不应低于M20。在具有强烈流冰河流中的桥墩，应在其迎冰面设置破冰棱体[图3-7e)]，破冰棱的设置范围，应从最低流冰水位以下0.5m到最高流冰水位以上1.0m处，破冰棱的倾斜度宜为3∶1~10∶1（竖∶横）。破冰棱与桥墩应构成一体，自基底或承台底至最高流冰水位以上1.0m处，混凝土墩台应避免设水平施工缝，当不可避免时，其接合面应用型钢或钢筋加强。

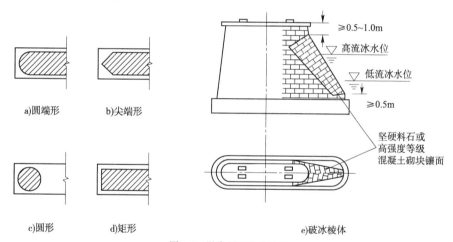

图3-7 墩身平面及破冰棱

当河流属于中等流冰情况（冰厚0.3~0.4m，流速不大于1m/s）或河道上经常有大量漂浮物时，对于混凝土重力式桥墩的迎水面可以用直径10~12mm的钢筋加强，钢筋的垂直间距为100~200mm，水平距离约为200mm（图3-8）。

此外，在一些高大的桥墩中，为了减少圬工体积，节约材料，或为了减轻自重，降低基底的承压应力，也可将墩身内部作为空腔体，即所谓空心桥墩。这种桥墩在外形上与实体重力式桥墩无大的差别（图3-9），只是自重较实体重力式的轻，介于重力式与轻型桥墩之间。

空心桥墩在构造尺寸上应符合下列规定：

①墩身混凝土强度等级一般为C20~C30，最小壁厚一般不宜小于0.3~0.5m。

②墩身内应设横隔板或纵、横隔板，以加强墩壁的局部稳定。

③空心墩台应设置壁孔，在墩台身周围交错布置，其尺寸或直径宜为0.2~0.3m。墩顶

实体段以下应设置带门的进入洞或相应的检查设备。

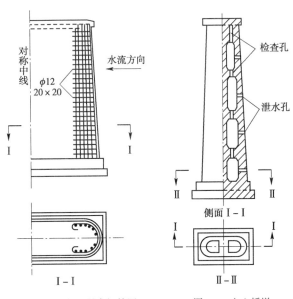

图 3-8 混凝土墩身钢筋网　图 3-9 空心桥墩

空心墩设置壁孔,将防止墩壁承受静水压力且防止壁外河水通过墩壁向墩内渗透,从而使混凝土受损。此外,如果基础地面以下是透水地基,河水会对桥墩和基础产生浮力,不利于稳定。对于水位以上及旱桥的空心墩台壁,也应设置壁孔,但壁孔尺寸可适当减小,用作通风。

空心桥墩抵抗碰撞的能力较差。因此,在通航、有流筏、流冰以及流速大并带有撞击磨损物质的河流上,不宜采用。

(3)基础

基础是介于墩身与地基之间的传力结构。基础的种类很多,其相关知识在下一部分内容中予以介绍。

2)拱桥重力式桥墩

拱桥是一种推力结构,拱圈传递给桥墩上的力,除了垂直力以外,还有较大的水平推力,这是与梁桥的最大不同之处。从抵御恒载水平力的能力来看,拱桥桥墩又可以分为普通墩和单向推力墩两种。普通墩除了承受相邻两跨结构传来的垂直反力外,一般不承受恒载水平推力,或者当相邻孔不相同时,只承受经过相互抵消后尚余的不平衡推力。单向推力墩又称制动墩,它的主要作用是在其一侧的桥孔因某种原因遭到毁坏时,能承受住单向的恒载水平推力,以保证其另一侧的拱桥不致坍塌。另外,施工时为了拱架的多次周转,或者当缆索吊装设备的工作跨径受到限制时,为了能按桥台与某墩之间或者按某两个桥墩之间作为一个施工段进行分段施工,也要设置能承受部分恒载单向推力的制动墩。由此可见,为了满足结构强度和稳定的要求,普通墩的墩身可以做得薄一些[图 3-10a)、b)、c)],单向推力墩则要做得厚实一些[图 3-10d)]。

(1)拱座

拱桥桥墩与梁桥桥墩的一个不同点是:梁桥桥墩的顶面要设置传力的支座,且支座距顶面边缘保持一定的距离;而无支架吊装的拱桥桥墩则在其顶面的边缘设置呈倾斜面的拱座,直接承受由拱圈传来的压力。故无铰拱的拱座总是设计成与拱轴线呈正交的斜面。由于拱座承受着较大的拱圈压力,故一般采用C20以上的整体式混凝土、混凝土预制块或C40以上的块石砌筑。由于肋拱桥的拱座压力比较集中,故应用高强度等级混凝土及数层钢筋网加固;装配式的肋拱以及双曲拱桥的拱座,也可预留供插入拱肋的孔槽(图3-11),就位以后再浇灌混凝土封固。为了加强肋底与拱座的连接,底部可设U形槽浇筑混凝土,混凝土强度等级应不低于C25。有时孔底或孔壁还应增设一些加固钢筋网。

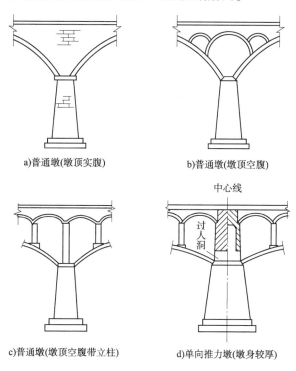

图 3-10 拱桥普通墩和单向推力墩

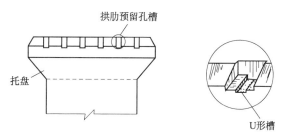

图 3-11 拱座构造

(2)拱座的位置

当桥墩两侧孔径相等时,则拱座均设置在桥墩顶部的起拱线高程上,有时考虑桥面的纵坡,两侧的起拱线高程可以略有不同。当桥墩两侧的孔径不等、恒载水平推力不平衡时,将拱座设置在不同的起拱线高程上。此时,桥墩墩身可在推力小的一侧变坡或增大边坡。从外形美观上考虑,变坡点一般设在常水位以下(图3-12)。墩身两侧边坡和梁桥的一样,一般也为 20∶1～30∶1。

（3）墩顶以上构造

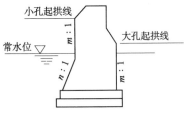

图 3-12 拱桥墩身边坡的变化

由于上承式拱桥的桥面与墩顶顶面相距一段高度,故墩顶以上结构常采用几种不同形式。对于实腹式石拱桥,其墩顶以上部分通常做成与侧墙平齐的形式[图 3-10a)]。对于空腹式石拱桥或双曲拱桥的普通墩,常采用立墙式、立柱加盖梁式或者采用跨越式[图 3-10b)、c)]。对于单向推力墩常采用立墙式和框架式[图 3-10d)]。

为了缩减墩身长度,拱桥墩顶部分也可做成托盘形式（图 3-11）。托盘可采用 C20 纯混凝土圬工,或仅布置构造钢筋。墩身材料可以采用块石、片石或混凝土预制块砌筑,也可用片石混凝土浇筑。

2. 轻型桥墩

一般说来,轻型桥墩的刚度小,受力后允许在一定的范围内发生弹性变形,其所用建筑材料大都以钢筋混凝土和少筋混凝土为主。

1）梁桥轻型桥墩

当地基土质条件较差时,为了减轻地基的负担,或者为了减轻墩身重量,节约圬工材料,常采用各种轻型桥墩。轻型桥墩的墩帽尺寸及构造也由上部结构及其支座的尺寸等要求来确定,这与重力式桥墩无多大差异。在梁桥中,通常采用以下几种类型:

（1）钢筋混凝土薄壁桥墩

图 3-13 所示为钢筋混凝土薄壁桥墩,其高度一般不大于 7m,墩身厚度约为高度的 1/15,即 0.3～0.5m。一般配用托盘式墩帽,其两端为半圆头。墩身材料采用 C20 以上的混凝土。根据外力作用情况,沿墩身高度配置适量钢筋,通常其钢筋含量约为 60kg/m³。

薄壁桥墩的特点是圬工体积小,结构轻巧,比重力式桥墩可节约圬工量 70% 左右,且施工简便,外形美观,过水性良好,故适用于地基土软弱的地区。它的缺点是,当采用现浇混凝土时,需耗费用于立模的支架材料和一定数量的钢筋。

（2）柱式桥墩

柱式桥墩的结构特点是由分离的两根或多根立柱（或桩柱）组成。它的外形美观,圬工体积小,而且质量较轻。柱式桥墩的形式主要有单柱式、双柱式、哑铃式及混合双柱式四种（图 3-14）。在桥宽较大的城市桥和立交桥中,常用多柱式桥墩。

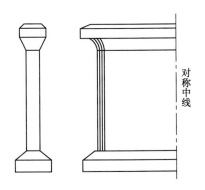

图 3-13 钢筋混凝土薄壁桥墩

单柱式桥墩[图 3-14a)],适用于水流与桥轴线斜交角大于 15°的桥梁,或河流急弯,流向不固定的桥梁,在具有抗扭刚度的上部结构中,这种单根立柱还能一起参与承受上部结构的扭力。在水流与桥轴斜交角小于 15°,仅有较小的漂流物或轻微的流冰河流中,可采用双柱式或多柱式墩,配以钻孔灌注桩基础,具有施工便利、速度快、圬工体积小、工程造价低和比较美观等优点,是桥梁建筑中较多采用的形式之一[图 3-14b)]。在有较多的漂流物或较严重的流冰河流上,当漂流物卡在两柱中间可能使桥梁发生危险,或有特殊要求时,在双柱间加做0.40~0.6m厚的横隔墙,成为哑铃式桥墩[图3-14c)]。在有较严重的漂流物或流冰的河流上,当墩身较高时,可把高水位以上的墩身做成双柱式,高水位以下部分做成实体式的混合双柱式墩[图3-14d)],这样既减少了水上部分的圬工体积,也增加了桥墩抵抗漂流物的能力。

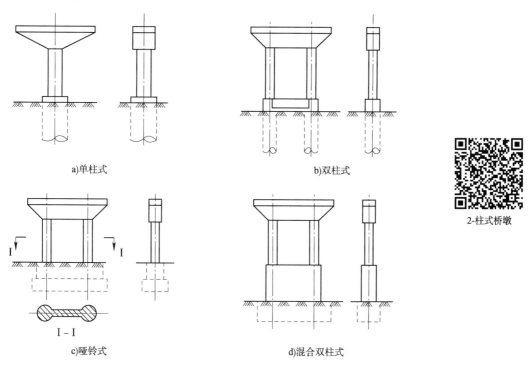

图3-14 柱式桥墩

(3)柔性排架桩墩

柔性排架桩墩是由单排或双排的钢筋混凝土桩与钢筋混凝土盖梁连接而成(图3-15)。其主要特点是,可以通过一些构造措施,将上部结构传来的水平力(制动力、温度影响力等)传递到全桥的各个柔性墩台,或相邻的刚性墩台上,以减少单个柔性墩所受到的水平力,从而达到减小桩墩截面的目的。由于其材料用量省,修建简单,在我国各地特别是平原地区较为广泛采用。

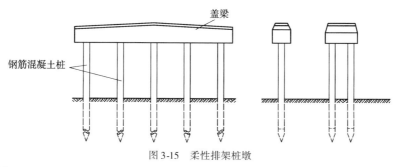

图3-15 柔性排架桩墩

柔性排架桩墩多用在墩高度5.0~7.0m,跨径一般不宜超过13m的中、小型桥梁上。因排架桩墩的尺寸较小,所以对于山区河流、流冰或漂流物严重的河流,墩柱易被损坏,故不宜采用。对于石质或砾石河床,沉入桩也不宜采用。

柔性排架桩墩分单排架墩和双排架墩。单排架墩一般适用于高度不超过4.0~5.0m的情况。桩墩高度大于5.0m时,为避免行车时可能发生的纵向晃动,宜设置双排架墩;当受桩上荷载或支座布置等条件限制不能采用单排架墩时,也可采用双排架墩。当采用钻孔灌注桩时,可采用单排架墩。

柔性排架桩墩适用的桥长,应根据温度变化幅度决定,一般为50~80m。温差大的地区桥长应短些,温差小的地区桥长可以适当长些。桥长超过50~80m,受温度影响很大,需要设置滑动支座或设置刚度较大的温度墩。

桩与桩之间的中距不应小于桩径的3倍或1.5~2.0m。盖梁一般为矩形截面,单排桩盖梁的宽度为0.6~0.8m。盖梁高度对各种跨径和单、双排架桩均采用0.4~0.5m。如果采用钻孔灌注桩排架墩,其桩的直径不宜大于0.9m,桩间距离不小于2.5倍的成孔直径,其盖梁的宽度一般比桩径大0.1~0.2m,高度应根据受力情况拟定。

2)拱桥轻型桥墩

拱桥桥墩上采用的轻型桥墩,一般是为了配合钻孔灌注桩基础的桩柱式桥墩。从外形上看,它与梁桥上的桩柱式桥墩非常相似(图3-16)。其主要差别是:在梁桥墩帽上设置支座,而在拱桥墩顶部分则设置拱座。桩墩较高时,应在桩间设置横系梁以增强桩柱刚性。桩柱式桥墩一般采用单排桩,跨径在40~50m以上的高墩,可采用双排桩[图3-16b)]。在桩顶设置承台,与墩柱连成整体。如果桩与柱直接连接,则应在接合处设置横系梁。若柱高大于6~8m时,还应在柱的中部设置横系梁。

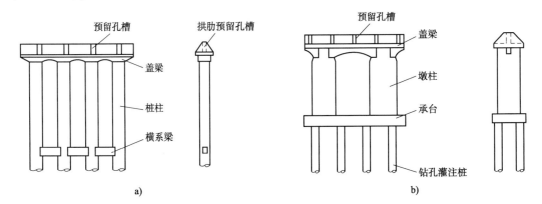

图3-16 拱桥桩柱式桥墩

在采用轻型桥墩的多孔拱桥中,每隔3~5孔应设单向推力墩。当桥墩较矮或单向推力不大时,可以考虑一些轻型的单向推力墩,其特点是阻水面积小,并可节约圬工体积。轻型的单向推力墩形式有以下两种:

(1)带三角杆件的单向推力墩

这种桥墩的特点是在普通墩的墩柱上,从两侧对称地增设钢筋混凝土斜撑和水平拉杆,用来提高抵抗水平推力的能力[图3-17a)]。为了提高构件的抗裂性,可以采用预应力混凝土结构。这种桥墩只在桥不太高的旱地上采用。

(2)悬臂式单向推力墩

悬臂式单向推力墩的工作原理是:当该墩的一侧桥孔遭到破坏以后,可以通过另一侧拱座上的竖向分力与悬臂所构成的稳定力矩来平衡由拱的水平推力所导致的倾覆力矩[图3-17b)]。这种形式适用于两铰双曲拱桥。但由于墩身较薄,在受力后悬臂端会有一定位移,因而对于无铰拱说来会有附加内力产生。

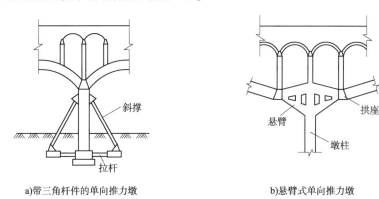

a)带三角杆件的单向推力墩   b)悬臂式单向推力墩

图3-17 拱桥轻型单向推力墩

三、桥台构造

1. 重力式桥台

梁桥和拱桥上常用的重力式桥台为U形桥台,它们是由台帽、台身和基础三部分组成。由于台身是前墙和两个侧墙构成的U字形结构,故而得名。其构造示意图见图3-18。从图中可以看出,二者除在台帽部分有所差别外,其余部分基本相同;从尺寸上看,拱桥桥台一般较梁桥要大。U形桥台墙身多数为石砌圬工,适用于填土高度为4~10m的单孔及多孔桥。它的结构简单,基础底承压面积大,应力较小。但圬工体积较大,两侧墙间的填土容易积水,除增大土压力外还易受冻胀,而使侧墙产生裂缝。所以桥台中间多用集料或渗水性土填筑,并要求设置较完善的排水设备,如隔水层及台后排水盲沟,避免填土中积水。

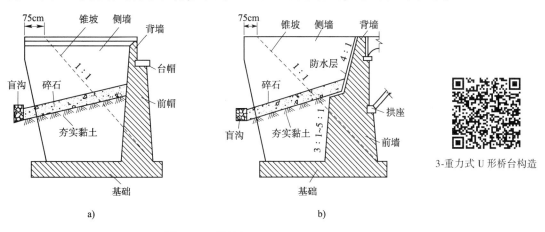

3-重力式U形桥台构造

图3-18 U形桥台

下面叙述U形桥台的各部分构造。

(1) 台帽

梁桥台帽的构造和尺寸要求与相应的桥墩墩帽有许多共同之处,不同的是台帽顶面只设单排支座,在另一侧则要砌筑挡住路堤填土的矮雉墙,或称背墙。背墙的顶宽,对于片石砌体不得小于0.5m,对于块石、料石砌体及混凝土砌体不宜小于0.4m。背墙一般做成垂直的,并与两侧侧墙连接。如果台身放坡时,则在靠路堤一侧的坡度与台身一致。在台帽放置支座部分的构造尺寸、钢筋配置及混凝土强度等级可按相应的墩帽构造进行设计。

拱桥桥台只在向河心一侧设置拱座,其构造、尺寸可参照相应桥墩的拱座拟定。对于空腹式拱桥,在前墙顶面上还要砌筑背墙,用来挡住路堤填土和支承腹拱。

(2) 台身

台身由前墙和侧墙构成。前墙顶面宽度不宜小于0.5m,其任一水平截面的宽度,不宜小于该截面至墙顶高度的0.4倍,背坡一般采用5:1~8:1,前坡为10:1或直立。侧墙与前墙结合成一体,兼有挡土墙和支撑墙的作用。侧墙顶宽一般为0.6~1.0m。任一水平截面的宽度,对于片石砌体不小于该截面至墙顶高度的0.4倍;对于块石、粗料石砌体或混凝土不宜小于0.35倍;如桥台内填料为透水性良好的中粗砂或砂砾时,则上述两项可分别相应减为0.35倍和0.30倍。侧墙正面一般是直立的,其长度视桥台高度和锥坡坡度而定。前墙的下缘一般与锥坡下缘相齐。因此,桥台越高、锥坡越坦,侧墙则越长。侧墙尾端,应有不小于0.75m的长度伸入路堤内,以保证与路堤有良好的衔接。台身宽度通常与路基同宽(图3-19)。

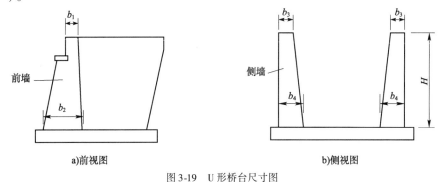

图3-19 U形桥台尺寸图

b_1-前墙顶宽;b_2-前墙底宽;b_3-侧墙顶宽;b_4-侧墙底宽;H-桥台宽度

当U形桥台两侧墙宽度之和不小于同一水平截面前墙全长的0.4倍时,可按U形整体截面验算截面强度。当U形桥台前墙设有沉降缝或伸缩缝时,对分隔的前墙和侧墙墙身或基础应分别按独立墙验算截面强度。

两个侧墙之间应填以渗透性较好的土壤。为了排除桥台前墙后面的积水,应于侧墙间在略高于高水位的平面上铺一层向路堤方向设有斜坡的夯实黏土作为不透水层,并在黏土层上再铺一层碎石,将积水引向设于台后横穿路堤的盲沟内[图3-18a)]。

桥台两侧的锥坡坡度,一般由纵向为1:1逐渐变至横向1:1.5,以便和路堤的边坡一致。锥坡的平面形状为1/4的椭圆。锥坡用土夯实而成,其表面用片石砌筑。

2. 轻型桥台

与重力式桥台不同,轻型桥台力求体积轻巧、自重小,它借助结构物的整体刚度和材料强度承受外力,从而可节省材料,降低了对地基强度的要求并扩大了应用范围。

(1)设有支撑梁的轻型桥台

这种桥台是台身为直立的薄壁墙,台身两侧有翼墙。常用的形式有八字形和一字形两种(图3-20),为了节省圬工材料,也可做带耳墙的轻型桥台(图3-21)。八字形的八字墙与台身是设断缝分开的,一字形的翼墙是与台身连成一整体的,带耳墙的桥台是由台身、耳墙和边柱三部分组成。

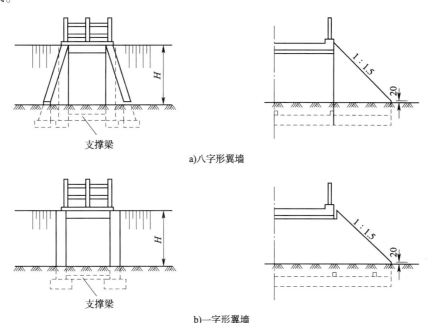

a)八字形翼墙

b)一字形翼墙

图3-20 设置地下支撑梁的轻型桥台(尺寸单位:cm)

轻型桥台的主要特点是:

①利用上部构造及下部的支撑梁作为桥台的支撑,以防止桥台向跨中移动。

②整个构造物成为四铰刚构系统。

③除台身按上下铰接支承的简支竖梁承受水平土压力外,桥台还应作为弹性地基上的梁加以验算。

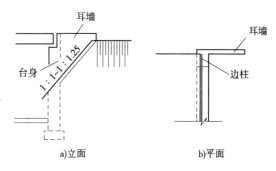

图3-21 带耳墙的轻型桥台

为了保持轻型桥台的稳定,除构造物牢固地埋入土中外,还必须保证铰接处有可靠的支撑,故锚固上部块件的栓钉孔、上部构造与台背间及上部构造各块件之间的连接缝均需用与上部构造同强度等级的细石混凝土填实。

上部构造与台帽间的锚固构造如图3-22所示。台帽上的栓钉孔应按上部构造各块件的相应位置预留,栓钉的直径不小于上部构造主筋的直径,锚固长度为台帽的厚度加上台帽上的三角垫层厚和板厚。

当填土高度较高或跨径较大时,宜采用有台背的台帽,它有较好的支撑作用。当上部构造不设三角形铺装垫层时,为了使桥面有排水横坡,可在台帽上做有斜坡的三角垫层。台帽钢筋构造要求和布置见图3-23。

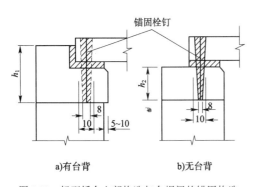

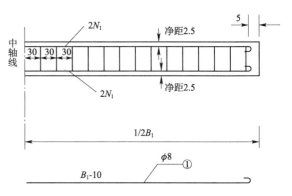

图3-22 轻型桥台上部构造与台帽间的锚固构造（尺寸单位：cm）

图3-23 轻型桥台台帽钢筋构造布置（尺寸单位：cm）

由于跨径与高度均较小，台身的厚度不大，台身一般多做成上下等厚。为了增加承受水平土压力的抗弯刚度，可做成T形截面的台身（图3-24）。

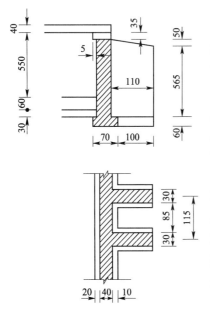

轻型桥台沿基础长度方向应按支承于弹性地基上的梁进行验算，为使基础有较好的整体性，一般采用混凝土基础。当基础长度大于12.0m时，应按构造要求配置钢筋。

基础的埋置深度，一般在原地面（无冲刷河流）或局部冲刷线以下不小于1.0m。当河底有冲刷可能时，应用石料进行铺砌。为了保持桥台的稳定，一般均需设下部支撑梁。支撑梁应设于铺砌层或冲刷线以下，中距宜为2～3m。采用钢筋混凝土构件时，其截面尺寸不宜小于0.2m（横）×0.3m（竖），四角应设置直径不小于12mm的钢筋。为了节省钢筋，也可用素混凝土或块石砌筑，其截面尺寸不宜小于0.4m×0.4m。支撑梁按基础长度的中线对称布置，如果基础能嵌入风化岩层15～25cm时，可不设支撑梁。

(2) 埋置式桥台

图3-24 T形截面轻型桥台台身（尺寸单位：cm）

埋置式桥台是将台身埋在锥形护坡中，只露出台帽在外以安置支座及上部构造（图3-25）。这样，桥台所受的土压力大为减小，桥台的体积也会相应减小。但是，由于台前护坡是用片石作表面防护的一种永久性设施，存在着有被洪水冲毁而使台身裸露的可能，故设计时必须慎重地进行强度和稳定性验算。

埋置式桥台不需要侧墙，仅附有短小的钢筋混凝土耳墙。台帽部分的内角到护坡表面的距离不应小于0.5m，否则应在台帽两侧设置挡板，用以挡住护坡的填土，并防止土、雪等涌入支承平台上。耳墙与路堤衔接，伸入路堤的长度一般不小于0.5m。

埋置式桥台实质上属于一种实体重力式桥台，它的工作原理是靠台身后倾使重心落在基底截面的形心之后，以平衡台后填土的倾覆力矩，减少恒载产生的偏心距，但应注意后倾斜度要适当。下部台身和基础可用浆砌块石，上部台身、台帽及耳墙为钢筋混凝土，其中台帽和耳墙都配有钢筋。这种桥台稳定性好,可用于高达 10m 和 10m 以上的高桥台。

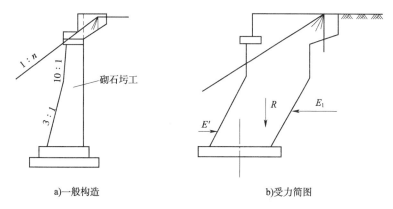

图 3-25 埋置式桥台

埋置式桥台的缺点是,由于护坡伸入到桥孔,压缩了河道,或者为了不压缩河道,就要适当增加桥长。

3. 框架式桥台

框架式桥台是一种配合桩基础的轻型桥台,适用于地基承载力较低,台身较高,跨径较大的桥梁。其常用的构造形式有双柱式(图 3-26)、四柱式、肋板式(图 3-27)、构架式及半重力式等。

4-薄壁轻型桥台

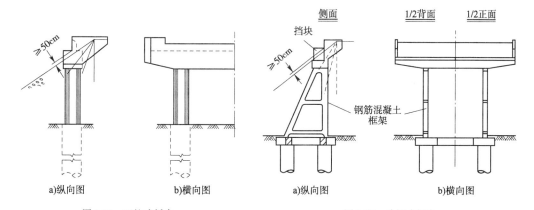

图 3-26 双柱式桥台　　图 3-27 肋板式桥台

双柱式(或四柱式)桥台一般在填土高度小于 5m 时采用。为了减少桥台水平位移,也可先填土后钻孔。填土高度大于 5m 时,采用墙式或构架式,墙厚一般为 0.4~0.8m,设少量钢筋。半重力式构造与墙式相同,墙较厚,不设钢筋。

肋板及半重力式桥台常用钻孔灌注桩作基础,桩径一般为 0.6~1.0m,桩数根据受力情况结合地基承载力确定。

框架式桥台均采用埋置式,台前设置溜坡,为满足桥台与路堤的连接,在台帽上部设置耳墙,必要时在台帽前方两侧设置挡板。

4. 组合桥台

将桥台本身作为主要承受桥跨结构传来的竖向力和水平力,而台后的土压力由其他结构来承受,这种形式的桥台称组合式桥台。

(1)锚定(拉)板式桥台

锚定(拉)板式桥台有分离式和结合式两种形式。分离式是台身与锚定(拉)板、挡土结构分开,台身主要承受上部结构传来的竖向力和水平力,由锚定(拉)板承受台后土压力。锚定(拉)板结构由锚定(拉)板、立柱、拉杆和挡土板组成[图3-28a)]。桥台与挡土板之间预留空隙(上端做伸缩缝,下端与基础分离),使桥台与挡土板互不影响,各自受力明确,但结构复杂,施工不方便。结合式锚定(拉)板桥台的构造[图3-28b],它的挡土板与桥台结合在一起,台身兼作立柱和挡土板,假定作用在台身的所有水平力均由锚定板的抗拔力来平衡,台身仅承受竖向荷载。结合式结构简单,施工方便,工程量较省,但受力不很明确。若对桥台顶位移量计算不准,可能会影响施工和营运。

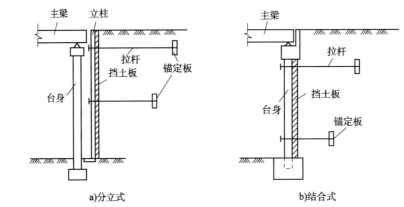

图3-28 锚定(拉)板式桥台构造

锚定板可用混凝土或钢筋混凝土制作,试验结果表明,采用矩形为好。为便于机械化填土作业,锚定板的层数一般不宜多于两层。立柱和挡土板通常采用钢筋混凝土,锚定板的位置以及拉杆等结构均要通过计算确定。

(2)过梁式和框架式组合桥台

桥台与挡土墙用梁组合在一起的桥台称过梁式组合桥台。当梁与桥台、挡土墙刚接时,则形成框架式组合桥台(图3-29)。

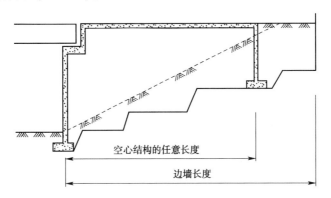

图3-29 框架式组合桥台

框架的长度及过梁的跨径,由地形及土方工程比较确定。组合式桥台越长,梁的材料用量就越多,而桥台及挡土墙的材料数量相应会有所减少。

(3)桥台—挡土墙组合桥台

由轻型桥台支承上部结构,台后设挡土墙承受土压力,台身与挡土墙分离,上端做伸缩缝,使受力明确。当地基比较好时,也可将桥台与挡土墙放在同一个基础之上(图3-30)。这种组合式桥台可以不压缩河床,但构造较复杂,是否经济需通过比较确定。

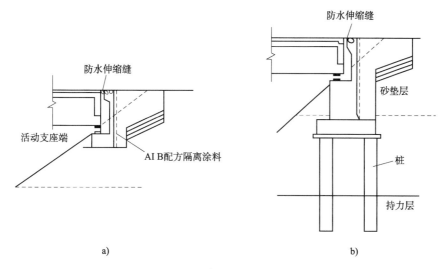

图 3-30 桥台—挡土墙组合桥台

(4)后座式组合桥台

图3-31所示组合桥台由台身和后座两部分组成,台身主要承受竖向力和部分水平力,后座主要承受水平推力。后座多采用重力式U形桥台。台身与后座之间设构造缝,构造缝必须严格按要求施工,既不能约束后座桥台的垂直位移,又不能使前面部分受力后产生较大的塑性变形。水平推力由台后土压力和摩阻力来平衡(或者部分平衡),若推力很大不足以平衡时,则按桥台与土壤共同变形来承受水平力。这种结构形式的桥台适用于覆盖层较厚的地质情况,或单向推力较大的拱桥。它能大大减少主体台身的基础工程量,稳定可靠,不会产生很大的水平、竖直位移。

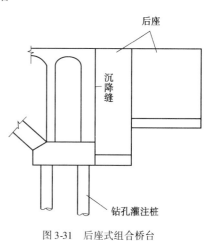

图 3-31 后座式组合桥台

第二节 桥梁墩台设计与计算

一、桥墩设计与计算

(一)桥墩上的作用及作用效应组合

在墩台设计计算过程中,应根据墩台的受力与工作阶段,给出可能同时作用的效应组合,以确定出最不利的受力状态。

1. 桥墩上的作用

(1)上部结构重力

桥梁上部结构重力包括桥面系、主梁及其他附属物,其传至墩台的计算值,由桥梁支座反力计算确定。

(2)桥墩自重及土重

对于墩台在水下和土中部分自重的计算方法,要根据地基土的性质加以考虑,自重包括在基础襟边上的土重。

(3)水的浮力

在《公路桥涵设计通用规范》(JTG D60—2015)中,关于水的浮力,对不同的土质和不同的计算内容有不同的规定。基础底面位于透水性地基上的桥梁墩台,当验算稳定性时,应考虑设计水位的浮力;当验算地基承载力时,可仅考虑低水位的浮力,或不考虑水的浮力;基础嵌入不透水性地基的桥梁墩台时,可不考虑水的浮力;作用在桩基承台底面的浮力,应考虑全部底面积。对桩嵌入不透水地基并灌注混凝土封闭者,不应考虑桩的浮力,在计算承台底面浮力时应扣除桩的截面积;当不能确定地基是否透水时,应以透水或不透水两种情况与其他作用结合,取其最不利者。

(4)汽车荷载冲击力

钢桥、钢筋混凝土及预应力混凝土桥、圬工拱桥等上部构造和钢支座、板式橡胶支座、盆式橡胶支座及钢筋混凝土柱式墩台,应计算汽车的冲击作用。汽车荷载的冲击力标准值为汽车荷载标准值乘以冲击系数 μ,μ 的取值可查阅《公路桥涵设计通用规范》(JTG D60—2015)。

(5)汽车荷载制动力

汽车荷载的制动力是桥梁墩台承受的主要纵向水平力之一,当汽车荷载在桥上制动或减速时,在车轮与桥面之间产生相互作用力,此时桥面受到方向与车辆行进方向相同的力,称为制动力,汽车荷载制动力按同向行驶的汽车荷载(不计冲击力)计算,并应按规范的规定,以使桥梁墩台产生最不利纵向力的加载长度进行纵向折减。在计算梁式桥墩台时,制动力可移至支座中心(铰或滚轴中心)或滑动支座、橡胶支座、摆动支座的底座面上。

(6)流水压力

作用在桥墩上的流水压力,可按《公路桥涵设计通用规范》(JTG D60—2015)的有关规定计算。流水压力的合力作用点,假定在设计水位以下0.3倍水深处,即假定河底的流速为零,作用力的分布呈倒三角形。

位于涌潮河段的桥墩台,应考虑因涌潮潮差产生的水压力和涌潮对桥墩的拍击力。由于涌潮现象机理十分复杂,在设计计算前须对涌潮在桥位出现的规律及对结构物的作用力大小和计算图式进行研究分析。

(7)冰压力

严寒地区位于有冰棱河流或水库中的桥梁墩台,应根据当地冰棱的具体情况及墩台形状计算冰压力。冰压力包括竖向和水平向作用力,主要是水平向作用力。竖向力是由冰层水位升降而对桥梁墩台产生的作用;水平向作用力包括因风和水流作用于大面积冰层而产生的静压力、冰堆整体推移产生的静压力、河流流冰产生的动压力等。冰压力合力应作用在计算结冰水位以下0.3倍冰厚处。

(8)波浪力

位于外海、海湾、海峡的桥梁结构,必要时,下部结构设计时应考虑波浪力的作用影响,宜开展专题研究确定波浪力的大小。

(9)船只或漂流物的撞击力

船只或漂流物的撞击力,对于桥梁墩台虽出现的概率不大,但危害性很大。对于通航河道或有漂流物的河流中的墩台,设计时应考虑船只或漂流物的撞击力。

内河船舶的撞击作用点,假定为计算通航水位线以上2m的桥墩宽度或长度的中点。海轮船舶撞击作用点需视实际情况而定。

有漂流物的水域中的桥梁墩台,设计时应考虑漂流物的撞击作用,其横桥撞击力设计值可查阅《公路桥涵设计通用规范》(JTG D60—2015),漂流物的撞击作用点假定在计算通航水位线上桥墩宽度的中点。

(10)地震力

在地震区建造的桥梁,地震力是一项十分重要且危害性大的作用,在进行墩台设计计算时要进行抗震验算和必要的防护构造措施设计。

桥梁下部结构在地震时可能会出现的震害有:受到地震力后,墩台和基础截面强度延性和稳定性不够,以致发生结构开裂、折断、位移而引起落梁;地基土液化使墩台下沉、产生位移、倾斜,桥梁损坏;引道、岸坡滑移下沉致使墩台损坏,危及上部结构等。因此,深入研究地震力对桥梁下部结构的作用力、作用方式,在结构设计和地基处理方面进行抗震验算是不可缺少的,桥梁的抗震设计计算和设防可参照《公路桥梁抗震设计细则》(JTG/T B02-01—2008)有关规定进行。

2. 作用布置与作用效应组合

进行桥梁墩台计算时,预先很难确定哪一种作用组合最不利。通常需要对各种可能的作用进行组合计算,以满足各种不同的要求。在墩台的计算中,还需考虑按顺桥向(与行车的方向平行)和横桥向分别进行,故在作用效应组合时也需按纵向及横向分别计算。

在所有作用中,车辆荷载的变动对作用效应组合起着支配作用。在桥墩计算中,一般需验算墩身截面的强度、作用在墩身截面上合力的偏心距及桥墩的稳定性等。因此,需根据不同的验算内容选择各种可能的最不利作用效应组合。

1)简支梁桥桥墩计算作用布置及作用效应组合

(1)作用布置

第一种作用布置:按桥墩在顺桥向承受最大竖向荷载布置[图3-32a)]。

将作用纵向布置在相邻的两孔桥跨上,这时可得到作用在桥墩上最大的汽车竖向荷载,但偏心较小。它是用来验算顺桥向墩身强度和地基最大承载力的,因此除了有关的永久作用外,应在相邻两孔都布满汽车和人群荷载,同时还可能作用着其他纵向力,如制动力和温度作用、纵向风荷载、船只或漂浮物的撞击作用和汽车撞击作用等。

第二种作用布置:按桥墩在顺桥向承受最大偏心和最大弯矩布置[图3-32b)]。

它是用来验算顺桥向墩身承载力和偏心距、地基承载力和偏心距以及桥墩的稳定性,因此除永久作用外,应在相邻两孔的一孔上布置汽车和人群荷载,若为不等跨时,则在较大跨径的一孔布置汽车和人群荷载,同时还可能作用着其他纵向力,如制动力和温度作用、支座摩阻力、纵向风荷载、船只或漂浮物的撞击作用和汽车撞击作用等。当汽车荷载只在一孔桥跨上布置时,竖向荷载较小,而水平荷载引起的弯矩大,可能使墩身截面产生很大的合力偏心距,或者此时桥墩的稳定性也是最不利的。

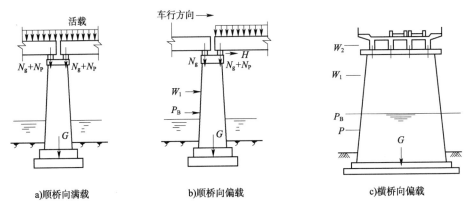

图 3-32 桥墩荷载组合图式

第三种作用布置:按桥墩在横桥向承受最大偏心和最大弯矩布置[图 3-32c)]。

它是用来验算横桥向墩身承载力和偏心距、地基承载力和偏心距以及桥墩的稳定性,因此除永久作用外,桥跨上的汽车荷载及人群荷载可按照与流水压力等产生同向偏心进行布载。此时,桥墩在横桥向可能会产生过大的合力偏心距或弯矩,对桥墩横桥向截面的强度和稳定性不利。

(2)作用效应组合

①顺桥向作用效应组合(双孔布置和单孔布置分别组合)主要有:

上部结构重力 + 计算截面以上桥墩重力 + 浮力。

上部结构重力 + 计算截面以上桥墩重力 + 浮力 + 汽车荷载 + 人群荷载。

上部结构重力 + 计算截面以上桥墩重力 + 浮力 + 汽车荷载 + 人群荷载 + 纵向风力 + 支座摩阻力(或制动力 + 温度影响力)。

上部结构重力 + 计算截面以上桥墩重力 + 浮力 + 汽车荷载 + 人群荷载 + 船只撞击作用或漂浮物撞击作用。

上部结构重力 + 计算截面以上桥墩重力 + 浮力 + 汽车荷载 + 人群荷载 + 汽车撞击作用。

②横桥向(以双车道为例)作用效应组合主要有:

上部结构重力 + 计算截面以上桥墩重力 + 浮力 + 双孔双行汽车荷载 + 双孔单边人群荷载 + 横向风荷载 + 水压力或冰压力。

上部结构重力 + 计算截面以上桥墩重力 + 浮力 + 双孔单行汽车荷载 + 双孔单边人群荷载 + 横向风荷载 + 水压力或冰压力。

上部结构重力 + 计算截面以上桥墩重力 + 浮力 + 双孔双行汽车荷载 + 双孔单边人群荷载 + 船只撞击作用或漂浮物撞击作用。

上部结构重力 + 计算截面以上桥墩重力 + 浮力 + 双孔双行汽车荷载 + 双孔单边人群荷载 + 汽车撞击作用。

上部结构重力 + 计算截面以上桥墩重力 + 浮力 + 双孔单行汽车荷载 + 双孔单边人群荷载 + 船只撞击作用或漂浮物撞击作用。

上部结构重力 + 计算截面以上桥墩重力 + 浮力 + 双孔单行汽车荷载 + 双孔单边人群荷载 + 汽车撞击作用。

2）拱桥桥墩的作用布置及作用效果组合

（1）作用布置

第一种作用布置：按桥墩在顺桥向承受最大竖向力布置。

它是用来验算墩身承载力和偏心距、地基承载力和偏心距，即除永久作用外，相邻两孔都布满汽车荷载和人群荷载，同时还可能作用着其他纵向力，如制动力、纵向风荷载、温度作用、拱圈材料收缩和徐变作用、船只撞击作用和汽车撞击作用；当相邻两孔为等跨时，则由上部结构重力、温度作用和拱圈材料收缩和徐变作用引起的拱座水平推力和弯矩相抵消。

第二种作用布置：按桥墩在顺桥向承受最大偏心和最大弯矩的布置。

它是用来验算顺桥向墩身承载力和偏心距、地基承载力和偏心距以及桥墩的稳定性，即除永久作用外，只在一孔上布置汽车和人群荷载，若为不等跨，则在较大跨径的一孔布置汽车和人群荷载，同时还可能作用着其他纵向力，如制动力、温度作用、纵向风荷载、拱圈材料收缩作用、船只或漂浮物的撞击作用和汽车撞击作用等，见图3-33。

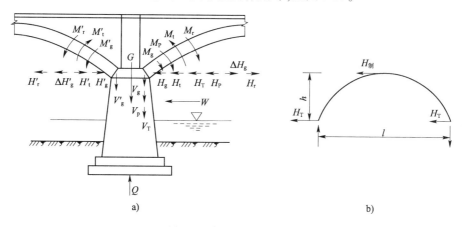

图3-33 拱桥桥墩上的作用

图中符号意义如下：

G——桥墩自重；

Q——水的浮力（仅在验算稳定时考虑）；

V_g、V'_g——相邻两孔拱脚处因结构自重产生的竖向反力；

V_p——与车辆活载产生的H_p最大值相对应的拱脚竖向反力，可按支点反力影响线求得；

V_T——由桥面处制动力$H_制$引起的拱脚竖向反力，即$V_T = \dfrac{H_制 h}{l}$，其中h为桥面至拱脚的高度，l为拱的计算跨径；

H_g、H'_g——不计弹性压缩时在拱脚处由结构自重引起的水平推力；

ΔH_g、$\Delta H'_g$——由结构自重产生弹性压缩所引起的拱脚水平推力；

H_p——在相邻两孔中较大的一孔上由车辆活载所引起的拱脚最大水平推力；

H_T——制动力引起在拱脚处的水平推力，按两个拱脚平均分配计算，$H_T = \dfrac{H_{制}}{2}$；

H_t、H'_t——温度变化引起在拱脚处的水平推力（图示方向为温度上升，降温时则方向相反）；

H_r、H'_r——拱圈材料收缩引起的拱脚水平拉力；

M_g、M'_g——结构自重引起的拱脚弯矩；

M_p——由车辆活载引起的拱脚弯矩，由于它是按 H_p 达到最大值时的活载布置计算，故产生的拱脚弯矩很小，可以忽略不计；

M_t、M'_t——温度变化引起的拱脚弯矩；

M_r、M'_r——拱圈材料收缩引起的拱脚弯矩；

W——墩身纵向风力。

第三种作用布置：桥墩在横桥向承受最大偏心和最大弯矩。

在横桥方向可能作用于桥墩上的外力有风荷载、流水压力、冰压力、船只或漂浮物撞击作用、汽车撞击作用或地震作用等。但对于公路拱桥，横桥方向的受力验算一般不控制设计，除非桥的长宽比特别大，或者受到地震作用、冰压力和船只撞击力作用时才考虑。

（2）作用效应组合

公路桥涵结构设计应按承载能力极限状态和正常使用极限状态进行作用效应组合，取其最不利效应组合进行设计。

公路桥涵结构按承载能力极限状态设计时，通常应采用永久作用的设计值与可变作用设计值相组合的基本组合和永久作用标准值与可变作用某种代表值、一种偶然作用设计值效应相组合的偶然组合两种作用效应组合。

公路桥涵结构按正常使用极限状态设计时，通常应根据不同的设计要求，采用永久作用标准值与汽车荷载频遇值、其他可变作用准永久值相组合的频遇组合和永久作用标准值与可变作用准永久值相结合的准永久组合两种效应组合。

根据桥墩上的作用布置情况，按照两种极限状态的作用效应组合，桥墩在顺桥向作用效应组合（双孔布置和单孔布置分别组合）主要有：

上部结构重力 + 计算截面以上桥墩重力 + 浮力 + 混凝土收缩和徐变作用。

上部结构重力 + 计算截面以上桥墩重力 + 浮力 + 混凝土收缩和徐变作用 + 汽车荷载 + 人群荷载。

上部结构重力 + 计算截面以上桥墩重力 + 浮力 + 混凝土收缩和徐变作用 + 汽车荷载 + 人群荷载 + 纵向风荷载 + 制动力 + 温度影响力。

上部结构重力 + 计算截面以上桥墩重力 + 浮力 + 混凝土收缩和徐变作用 + 汽车荷载 + 人群荷载 + 船只撞击作用或漂浮物撞击作用。

上部结构重力 + 计算截面以上桥墩重力 + 浮力 + 混凝土收缩和徐变作用 + 汽车荷载 + 人群荷载 + 汽车撞击作用。

需要强调的是,以上各种作用效应组合均应考虑《公路桥涵设计通用规范》(JTG D60—2015)中有关作用安全系数、容许偏心距和稳定系数等的规定。

(二)重力式桥墩设计计算

重力式桥墩计算可按以下步骤进行:

(1)根据构造要求和经验拟定各部分尺寸。

(2)计算作用在桥墩上的作用。

(3)进行作用布置与作用效应组合,并选取截面,计算各截面的内力。

(4)验算墩身截面承载力和偏心距。

(5)验算地基承载力和偏心距。

(6)验算桥墩倾覆和滑动稳定性。

除此之外,还应结合施工情况进行必要的施工验算。如拱桥在施工过程中可能产生的单向水平推力,可使砌体强度和基底土的承载能力提高,使倾覆和滑动稳定性系数降低。

1. 桥墩尺寸拟定

(1)墩帽尺寸拟定

重力式桥墩墩帽尺寸主要是根据满足布置支座和构造要求而确定。对于墩帽的最小尺寸可按下式确定:

顺桥向的墩帽宽度 b(图3-4):

$$b \geqslant f + \frac{a}{2} + \frac{a'}{2} + 2c_1 + 2c_2 \tag{3-1}$$

式中:f——桥墩上相邻两跨支座的中心距;对于简支梁桥,$f = l_b - l$;

a、a'——桥跨结构支座垫板顺桥向宽度;

c_1——顺桥向支座垫板至墩身边缘最小距离;见表3-1及图3-4;

c_2——檐口宽度,50~100mm;

l_b——桥跨结构标准跨径;

l——桥跨结构计算跨径。

横桥向的墩帽最小宽度 B:

$$B = 两侧主梁间距 + 支座横向宽度 + 2c_1 + 2c_2$$

式中:c_1、c_2意义同前式。

(2)墩身尺寸拟定

由于重力式桥墩墩身一般比较庞大,其墩身尺寸主要是根据构造要求而确定,然后对强度及稳定性等进行必要的校核。

$$墩身顶部尺寸 = 墩帽尺寸 - c_2(墩帽檐口宽度)$$
$$墩身任意截面尺寸 = 墩身顶部尺寸 + 2Hi$$

式中:H——任意截面至墩顶高度;

i——墩身坡度。

2. 墩身截面的作用效应计算

对于梁桥和拱桥的重力式桥墩的作用效应计算,虽然在作用效应组合的内容上稍有不同,但是就某个截面而言,这些作用效应都可以合成为竖向的和水平方向的合力 $\sum N$、$\sum H$

以及绕该截面 x-x 轴、y-y 轴的总弯矩 $\sum M_x$ 和 $\sum M_y$,见图 3-34,然后对墩身进行承载力验算。

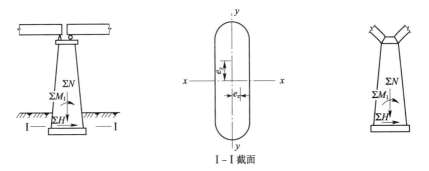

a)梁桥桥墩纵向受力示意图　　b)桥墩平面偏心受压示意图　　c)拱桥桥墩纵向受力示意图

图 3-34　墩身截面强度验算

3. 墩身截面承载力和偏心验算

桥墩验算截面的选择,对矮桥桥墩,因墩身尺寸一般较大,各截面承载力往往都能满足要求,所以通常只验算墩身底截面即可;对高桥桥墩,其危险截面不一定在墩身底截面,应多选几个截面进行验算,一般可相距 2~3m 取一截面。

(1)墩身截面承载力验算

重力式墩台主要采用圬工材料建造,一般为偏心受压构件,截面承载力的设计验算采用极限状态法。在不利效应组合作用下,验算桥墩各控制截面的作用效应组合设计值(内力)应小于或等于构件承载力的设计值,用方程式表示为:

$$\gamma_0 S \leq R(f_d, a_d) \tag{3-2}$$

当砌体受压构件,在表 3-2 规定的受压偏心距限值范围内的承载力应按下列公式计算:

$$\gamma_0 N_d < \varphi A f_{cd} \tag{3-3}$$

上述式中:S——作用效应组合设计值,按《公路桥涵设计通用规范》(JTG D60—2015)的规定计算;

　　$R(\cdot)$——构件承载力设计值函数;

　　f_d——材料强度设计值;

　　a_d——几何参数设计值,可采用几何参数标准值 a_k,即设计文件规定值;

　　γ_0——结构重要性系数,对于《公路圬工桥涵设计规范》(JTG D61—2005)规定的一级、二级、三级设计安全等级分别取用 1.1、1.0、0.9;

　　N_d——轴向力设计值;

　　A——构件截面面积,对于组合截面按强度比换算;

　　f_{cd}——砌体或混凝土轴心抗压强度设计值,对于组合截面应采用标准层轴心抗压强度设计值;

　　φ——构件轴向力的偏心矩 e 和长细比 β 对受压构件承载力的影响系数。

砌体偏心受压构件承载力影响系数 φ,按下列公式计算:

$$\varphi = \cfrac{1}{\cfrac{1}{\varphi_x} + \cfrac{1}{\varphi_y} - 1} \tag{3-4}$$

$$\varphi_x = \frac{1 - \left(\frac{e_x}{x}\right)^m}{1 + \left(\frac{e_x}{i_y}\right)^2} \cdot \frac{1}{1 + \alpha\beta_x(\beta_x - 3)\left[1 + 1.33\left(\frac{e_x}{i_y}\right)^2\right]} \quad (3-5)$$

$$\varphi_y = \frac{1 - \left(\frac{e_y}{y}\right)^m}{1 + \left(\frac{e_y}{i_x}\right)^2} \cdot \frac{1}{1 + \alpha\beta_y(\beta_y - 3)\left[1 + 1.33\left(\frac{e_y}{i_x}\right)^2\right]} \quad (3-6)$$

式中：φ_x、φ_y——分别为 x 方向和 y 方向偏心受压构件承载力影响系数；

x、y——分别为 x 方向、y 方向截面重心至偏心方向的截面边缘的距离，见图 3-35；

e_x、e_y——轴向力在 x 方向、y 方向的偏心距，$e_x = M_{yd}/N_d$，$e_y = M_{xd}/N_d$，其值不应超过表 3-2 及图 3-36 所示在 x 方向、y 方向的规定值，其中 M_{yd}、M_{xd} 分别为绕 x 轴、y 轴的弯矩设计值；

m——截面形状系数，对于圆形截面取 2.5；对于 T 形或 U 形截面取 3.5；对于箱形截面或矩形截面（包括两端设有曲线形或圆弧形的矩形墩身截面）取 8.0；

i_x、i_y——弯曲平面内的截面回转半径，$i_x = \sqrt{\frac{I_x}{A}}$，$i_y = \sqrt{\frac{I_y}{A}}$；$I_x$、$I_y$ 分别为截面绕 x 轴、y 轴的惯性矩，A 为截面面积；

α——与砂浆强度等级有关的系数，当砂浆强度等级大于或等于 M5 或为组合构件时，α 为 0.002，当砂浆强度为 0 时，α 为 0.013；

β_x、β_y——构件在 x 方向、y 方向的长细比，按下式计算，当 β_x、β_y 小于 3 时取 3。

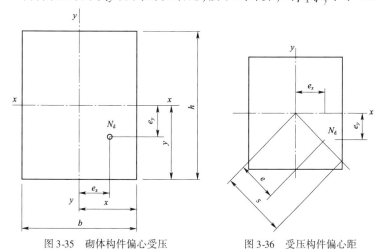

图 3-35 砌体构件偏心受压　　图 3-36 受压构件偏心距

受压构件偏心距限制 表 3-2

作用组合	偏心距限制值
基本组合	≤0.6s
偶然组合	≤0.7s

注：1. 混凝土结构单向偏心的受拉一边或双向偏心的各受拉一边，当设有不小于截面面积 0.05 的纵向钢筋时，表内规定值可增加 0.1s。

2. 表中 s 值为截面或换算截面重心轴至偏心方向截面边缘的距离（图 3-36）。

计算砌体偏心受压构件承载力的影响系数 φ 时,构件长细比 β_x、β_y 按下列公式计算:

$$\begin{cases} \beta_x = \dfrac{\gamma_\beta l_0}{3.5 i_y} \\ \beta_y = \dfrac{\gamma_\beta l_0}{3.5 i_x} \end{cases} \tag{3-7}$$

式中:γ_β——不同砌体材料构件的长细比修正系数,按表 3-3 的规定采用;
l_0——构件计算长度,按表 3-4 的规定取用。

长细比修正系数 γ_β 表 3-3

砌体材料类别	γ_β
混凝土预制块砌体或组合构件	1.0
细料石、半细料石砌体	1.1
粗料石、块石、片石砌体	1.3

构件计算长度 l_0 表 3-4

构件及两端约束情况		l_0
直杆	两端固结	$0.5l$
	一端固结,一端为不移动的铰	$0.7l$
	两一端均为不移动的铰	$1.0l$
	一端固定,一端自由	$2.0l$

注:l 为构件支点间长度。

(2)墩身截面偏心验算

桥墩承受偏心受压荷载时,各验算截面在各种作用效应组合下偏心距:

$$\begin{cases} e_x = \dfrac{\sum M_{yd}}{\sum N_d} \\ e_y = \dfrac{\sum M_{xd}}{\sum N_d} \end{cases} \tag{3-8}$$

式中:e_x、e_y——竖向力在 x 方向、y 方向的偏心距,其值不应超过表 3-2 的规定。

当竖向力的偏心距 e 超过表 3-2 的偏心距限值时,构件承载力应按下列公式计算:

$$\text{单向偏心 } \gamma_0 N_d \leqslant \varphi \dfrac{A f_{tmd}}{\dfrac{Ae}{W} - 1} \tag{3-9}$$

$$\text{双向偏心 } \gamma_0 N_d \leqslant \varphi \dfrac{A f_{tmd}}{\dfrac{Ae_x}{W_y} + \dfrac{Ae_y}{W_x} - 1} \tag{3-10}$$

式中:N_d——轴向力设计值;
A——构件截面面积,对于组合截面应按弹性模量比换算为换算截面面积;
W——单向偏心时,构件受拉边缘的弹性抵抗矩,对于组合截面应按弹性模量比换算为换算截面弹性抵抗矩;

W_x、W_y——双向偏心时,构件 x 方向受拉边缘绕 y 轴的截面弹性抵抗矩和构件 y 方向受拉边缘绕 x 轴的截面弹性抵抗矩,对于组合截面应按弹性模量比换算为换算截面弹性抵抗矩;

f_{tmd}——构件受拉边层的弯曲抗拉强度设计值;

e——单向偏心时,轴向力偏心距;

e_x、e_y——双向偏心时,轴向力在 x 方向和 y 方向的偏心距;

φ——砌体偏心受压构件承载力影响系数或混凝土轴心受压构件弯曲系数。

如果承载力不满足要求,应重新验算墩身截面尺寸。

4. 基础底面土的承载力和偏心距的验算

(1)地基土的承载力验算

地基土的承载力一般按顺桥方向和横桥方向分别进行验算。当偏心荷载的合力作用在基底截面的核心半径 ρ 以内时,应按下式验算基底应力。

$$\sigma_{min}^{max} = \frac{N}{A} \pm \frac{M}{W} \leq [\sigma] \quad (3-11)$$

当设置在基岩上的桥墩基底上的合力偏心距超出核心半径 ρ 时,其基底的一边将会出现拉应力,由于不考虑基底承受拉应力,故需按基底应力重分布重新验算基底最大压应力(图3-37),其验算公式如下:

顺桥方向

$$\sigma_{max} = \frac{2N}{ac_x} \leq [\sigma] \quad (3-12)$$

横桥方向

$$\sigma_{max} = \frac{2N}{bc_y} \leq [\sigma] \quad (3-13)$$

式中:σ_{max}——应力重分布后基底最大压应力;

N——作用于基础底面合力的竖向分力;

a、b——横桥方向和顺桥方向基础底面积的边长;

$[\sigma]$——地基土的容许承载力,并按作用及使用情况计入容许承载力的提高系数;

c_x——顺桥方向验算时,基底受压面积在顺桥方向的长度,$c_x = 3\left(\frac{b}{2} - e_x\right)$;

c_y——横桥方向验算时,基底受压面积在横桥方向的长度,$c_y = 3\left(\frac{a}{2} - e_y\right)$;

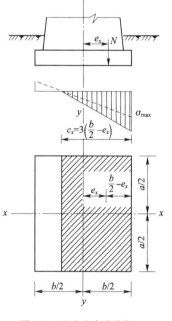

图 3-37 基底应力重分布

e_x、e_y——合力在 x 轴和 y 轴方向的偏心距。

(2)基底偏心距验算

为了使恒载基底应力分布比较均匀,防止基底最大压应力 σ_{max} 与最小压应力 σ_{min} 相差过大,导致基底产生不均匀沉降和影响桥墩的正常使用,故在设计时,应对基底合力偏心距加以限制,在基础纵向和横向,其计算的荷载偏心距 e_0 应满足下表要求。

$$\begin{cases} \rho = \dfrac{W}{A} \\ e_0 = \dfrac{\sum M}{N} \end{cases} \quad (3\text{-}14)$$

式中：ρ——墩台基础底面的核心半径；

W——墩台基础底面的截面模量；

A——墩台基础底面的面积；

N——作用于基底的合力的竖向分力；

$\sum M$——作用于墩台的水平力和竖向力对基底形心轴的弯矩。

5. 桥墩的整体稳定性验算

(1) 抗倾覆稳定验算

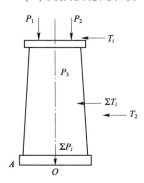

扩大基础的墩台需依最不利组合，并考虑水的浮力验算；一般只考虑桥墩在顺桥方向的稳定性。应分别按最高设计水位和最低水位的不同浮力进行组合。

墩台的抗倾覆稳定性验算可按下式进行：

$$K_1 = \dfrac{M_{稳}}{M_{倾}} \geqslant K_{01} \quad (3\text{-}15)$$

式中：K_1——抗倾覆稳定安全系数；

$M_{稳}$——稳定力矩，如图 3-38 所示，其计算公式为：

$$M_{稳} = y_1 \sum P_i$$

$\sum P_i$——作用在墩台上的竖向力总和；

y_1——墩台基础底面重心至偏心方向外缘(A)的距离；

$M_{倾}$——倾覆力矩，当车辆荷载布置在台后破坏棱体时产生的最大倾覆力矩，则 $M_{倾} = \sum P_i e_i + \sum T_i h_i$；

e_i——各竖向力到底面重心的距离；

h_i——各水平力到基础底面的力臂；

T_i——作用在墩台上的水平力；

K_{01}——抗倾覆稳定系数，对于只含恒载和活载的组合采用 1.5；另含其他荷载组合采用 1.3。

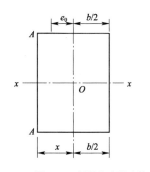

图 3-38 桥墩稳定性验算

(2) 抗滑移稳定验算

墩、台的抗滑移稳定验算，可按下式进行：

$$K_2 = \dfrac{f \sum P}{\sum T} \geqslant K_{02} \quad (3\text{-}16)$$

式中：f——基础底面与地基土之间的摩擦系数，其值为 0.25～0.7，无实测资料时可参照表 3-5 选用；

K_{02}——抗滑移稳定系数，采用 1.3。

基础底面与地基土之间的摩擦系数　　　　表 3-5

地基土分类	摩擦系数 f	地基土分类	摩擦系数 f
软塑性土	0.25	硬塑性土	0.30

续上表

地基土分类	摩擦系数 f	地基土分类	摩擦系数 f
砂性土、黏砂土、半干硬的黏土	0.30~0.40	软质类土	0.40~0.60
砂类土	0.40	硬质类土	0.60~0.70
碎石类土	0.50		

在墩台抗倾覆、抗滑移稳定性验算时,应分别按最高设计水位和最低水位的不同浮力进行组合。

6. 墩顶水平位移计算

墩顶过大的水平位移会影响桥跨结构的正常使用,对于高度超过20m的重力式桥墩,应验算顶端水平方向的弹性位移,并使其符合规定要求。墩台顶面水平位移的容许极限值为:

$$\Delta y \leqslant 0.5\sqrt{L}$$

式中:L——相邻墩台间的最小跨径,m,跨径小于25m时仍以25m计算;

Δy——墩台顶水平位移值,mm,它的数值应包括墩台水平方向的弹性位移和由于地基不均匀沉降而产生的水平位移值的总和。地基不均匀沉降所产生的水平位移值,可通过计算不均匀沉降引起的倾斜角求得。

计算时可认为墩台身相当于一个固定在基础顶面的悬臂梁,不考虑上部结构对墩、台顶位移的约束作用,而引起水平弹性位移的荷载为制动力、风力及偏心的竖向支反力等。由于将墩台视为固定在基础顶面的悬臂梁,完全忽略了上部结构对墩台顶的约束作用,所以结果偏大。

重力式墩帽一般可不进行验算,支座垫石下的局部承压应力与支座计算的有关内容相同。采用悬臂式墩帽的重力式墩,悬臂墩帽需配受力钢筋,悬臂部分按悬臂梁计算。有关施工时的特殊受力,可按实际情况验算。

(三)桩柱式桥墩的计算要点

桩柱式桥墩的计算包括盖梁和桩身两个部分。

1. 盖梁计算

(1)计算图式

桩柱式墩台通常按钢筋混凝土构件设计。在构造上,桩柱的钢筋伸入盖梁内,与盖梁的钢筋绑扎成整体,因此盖梁与桩柱刚结呈刚架结构。双柱式墩台,当盖梁的刚度与桩柱的线刚度比大于5时,为简化计算可以忽略节点不均衡弯矩的分配及传递,一般可按简支梁或悬臂梁进行计算和配筋。多根桩柱的盖梁可按连续梁计算,当盖梁计算跨径与梁高之比,对简支梁小于2,对连续梁小于2.5时,应作为深梁计算。当线刚度比小于5时,或桥墩承受较大横向力时,盖梁应作为横向刚架的一部分予以验算。

(2)外力计算

作用在盖梁上的作用主要考虑上部结构的结构重力支反力、盖梁自重及汽车和人群荷载。最不利活载加载,首先可根据所计算盖梁处上部结构支反力影响线确定活载最大支反力,其次再根据盖梁内力影响线决定活载最不利横向布置。

盖梁在施工过程中,荷载的不对称性很大,各截面将产生较大的内力,因此应根据当时的架桥施工方案,做出最不利荷载工况。构件吊装时,视具体情况,构件重力应乘以动力系数1.2。

(3)内力计算

公路桥梁桩柱式墩的盖梁通常采用双悬臂式,计算时控制截面选取在支点和跨中截面。为了得到活载最不利横向布置,可先做出控制截面的内力影响线,活载通过上部结构的支点间接传递至盖梁顶面,然后通过活载横向布置,就能得到活载最不利横向布置系数,并根据最大活载支反力便能获得最不利活载内力。在盖梁内力计算时,可考虑桩柱支承宽度对削减负弯矩尖峰的影响。桥墩台沿纵向的水平力及当盖梁在沿桥纵向设置两排支座时,上部结构活载的偏心力对盖梁将产生扭矩影响。

(4)配筋计算

盖梁的配筋验算方法与钢筋混凝土梁配筋类同,根据弯矩包络图配置受弯钢筋,根据剪力包络图配置斜筋和箍筋。在配筋时,还应计算各控制截面扭矩所需要的箍筋及纵向钢筋。

2. 桩身计算

桩墩一般分为刚性和柔性两种,刚性桩柱式桥墩计算方法同重力式桥墩,柔性桩柱式桥墩受力与桥梁整体结构类型有关,目前国内橡胶支座应用较普遍,这种支座在水平力作用下可有微小的水平位移,一般按在节点处设水平弹簧支承的计算图式进行计算。

(1)外力计算

桥墩桩柱的恒载有上部结构的结构重力反力、盖梁的重量,以及桩柱的自重;桩柱承受的活载按设计荷载进行不利加载计算,最后经作用效应组合,可求得最不利的荷载。桥墩的水平力有支座摩阻力和汽车制动力等。

桩柱式墩台的基础,应按桩基础计算有关内容,如计算桩的内力和桩的承载力等。对于单柱式墩,计算弯矩应考虑纵、横两个方向弯矩的组合。

(2)内力计算

随着计算机技术的普及与应用,目前桩柱计算广泛采用有限元法,按桩、土、柱、梁等上、下部结构联合计算,这是一种最合理、最准确、最为简便的方法。

对于柔性墩简支梁桥,一次迭代法和三推力方程法方便手算,也不太复杂,所以仍然应用较多。而集成刚度法和柔度传递法主要用于柔性墩连续梁桥计算。

(3)配筋验算

在最不利的作用效应组合之后,按钢筋混凝土偏心受压构件,先配筋再做强度等验算。

(4)墩顶位移计算

柔性墩必须验算墩顶位移(Δ)。

不考虑桩基变位影响时,墩顶位移一般由下列作用产生:上部结构传递下来的作用与墩顶的偏心力矩、水平力;沿墩高均布的风力;沿墩高呈梯形分布的水压力。

等截面墩身可按力学方法计算,变截面墩身一般采用近似计算。

计入桩基变位(水平位移Δ_0、转角φ_0),则桥墩顶总的水平位移为:$\Delta_总 = \Delta + \Delta_0 + \varphi_0 H$。

二、桥台设计与计算

(一)重力式桥台的计算

1. 桥台上的作用

桥台上的作用与桥墩计算中所用到的基本相同,只是在永久作用中要计入台后填土对台身的土侧压力。工程设计中,一般按主动土压力计算,其大小与压实程度有关。另外,对于桥台尚要考虑车辆荷载引起的土侧压力,而不需计及纵、横向风力,流水压力,冰压力,船只或漂浮物的撞击力等。

土体对结构物产生的侧向土压力有主动土压力、被动土压力和静止土压力的区别。桥台土压力计算时,采用哪种土压力,应根据桥台位移及压力传播方式而定。梁式桥台承受的水平压力主要是台后滑动土体(及滑动土体上的荷载)所产生的侧压力,它使桥台发生向河心的移动。因此,梁桥桥台的侧土压力,一般按主动土压力计算。当桥台刚度很大,不可能产生微量移动,滑动土体不可能形成时,可按静止土压力计算。《公路桥涵地基与基础设计规范》(JTG D63—2007)中的主动土压力计算采用库仑土压力公式,一般根据实例分析,认为按库仑土压力公式求得的主动土压力 E 值比较接近实际。若土质分层有变化,或水位影响各层计算数据时,应做分层计算。详细计算内容及计算公式请自行查阅《工程岩土》。

2. 作用效应组合

1) 梁桥桥台的作用布置及作用效应组合

(1) 作用布置(只考虑顺桥向)

①在桥跨结构上布置车辆荷载,温度下降,制动力向桥孔方向,并考虑台后土侧压力[图3-39a)]。

②在台后破坏棱体上布置车辆荷载,温度下降,并考虑台后土侧压力[图3-39b)]。

③在桥跨结构上和台后破坏棱体上都布置车辆荷载(当桥台尺寸较大时,还要考虑在桥跨结构上、台后破坏棱体上和桥台上同时布置活载的情况),温度下降,制动力向桥孔方向,并考虑台后土侧压力[图3-39c)]。

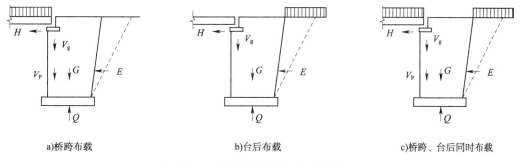

a)桥跨布载　　　　b)台后布载　　　　c)桥跨、台后同时布载

图 3-39　梁桥桥台作用布置组合图式

一般重力式桥台以第二种和第三种组合控制设计,但需根据具体情况进行分析比较后才能确定。

(2) 作用效应组合

根据上述的作用布置,可进行如下几种作用组合(只列出了第一和第二种情况):

①上部结构重力+计算截面以上桥台重力+浮力+土侧压力(此组合是验算地基受永久作用时的合理偏心距)。

②上部结构重力+计算截面以上桥台重力+浮力+作用在桥跨结构上的汽车荷载和人群荷载+土侧压力。

③上部结构重力+计算截面以上桥台重力+浮力+作用在桥跨结构上的汽车荷载和人

群荷载+土侧压力+制动力+温度作用。

④上部结构重力+计算截面以上桥台重力+浮力+作用在桥跨结构上的汽车荷载和人群荷载+土侧压力+支座摩阻力。

⑤上部结构重力+计算截面以上桥台重力+浮力+土侧压力（包括作用在破坏棱体上的汽车荷载所引起的土侧压力）。

⑥上部结构重力+计算截面以上桥台重力+浮力+土侧压力（包括作用在破坏棱体上的汽车荷载所引起的土侧压力）+支座摩阻力。

⑦上部结构重力+计算截面以上桥台重力+浮力+土侧压力（包括作用在破坏棱体上的汽车荷载所引起的土侧压力）+温度影响力。

2）拱桥桥台的作用效应布置及组合（只考虑顺桥向）

（1）作用布置（只考虑顺桥向）

①在台后破坏棱体上布置车辆荷载，制动力向桥跨方向，桥跨上无荷载，温度下降，并考虑台后土侧压力，使桥台有向桥跨方向偏移的趋势[图3-40a)]。

②在桥跨结构上布置车辆荷载，使拱脚水平推力H_p达到最大值，温度上升，制动力向路堤方向，并考虑台后土侧压力，使桥台有向路堤方向偏移的趋势[图3-40b)]。

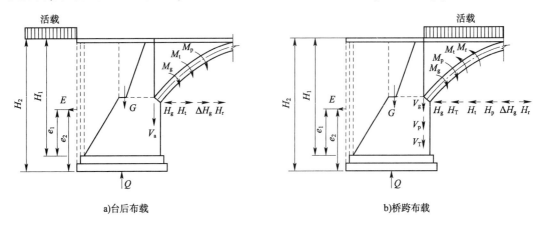

图3-40　拱桥桥台荷载组合图式

（2）作用效应组合

①上部结构重力+计算截面以上桥台重力+浮力+土侧压力+混凝土收缩作用（此组合是验算地基受永久作用时的合理偏心距）。

②上部结构重力+计算截面以上桥台重力+浮力+作用在桥跨结构上的汽车荷载和人群荷载+土侧压力+混凝土收缩作用。

③上部结构重力+计算截面以上桥台重力+浮力+作用在桥跨结构上的汽车荷载和人群荷载+土侧压力+混凝土收缩作用+向路堤方向的制动力+温度上升作用。

④上部结构重力+计算截面以上桥台重力+浮力+土侧压力（包括作用在破坏棱体上的汽车荷载所引起的土侧压力）+混凝土收缩作用。

⑤上部结构重力+计算截面以上桥台重力+浮力+土侧压力（包括作用在破坏棱体上的汽车荷载所引起的土侧压力）+混凝土收缩作用+温度下降作用。

3. 桥台强度、偏心和稳定性验算

桥台台身强度、基底承载力、偏心以及桥台稳定性验算和桥墩相同。当U形桥台两侧墙宽度不小于同一水平截面前墙全长的0.4倍时，桥台台身截面强度验算应把前墙和侧墙作为整体考虑其受力。否则，台身前墙应按独立的挡土墙进行验算。

（二）梁桥轻型桥台的计算特点

对于设有支撑梁的梁桥薄壁轻型桥台的受力特点，是利用桥跨结构和底部支撑梁作为桥台与桥台或者桥台与桥墩之间的支撑，以防止桥台受路堤的土侧压力而向河心方向移动，从而使结构构成四铰框架的受力体系。因此，对于这类桥台（例如一字形桥台）的计算主要包括三项内容：

(1) 将桥台视为在顺桥向纵向竖直平面内上下端铰支，承受竖向荷载和横向荷载作用的竖梁（简支梁），验算墙身圬工的截面承载力和抗剪承载力。

(2) 将桥台和翼墙（包括基础）视为横桥向竖直平面内弹性地基上的短梁，验算桥台在该平面内的弯曲承载力。

(3) 验算地基土承载力。

1. 桥台作为竖梁时的强度计算

通常取单位桥台宽度进行验算，其步骤为：

1）验算截面处的竖直力 N

包括以下三项：

(1) 桥跨结构恒载在单位宽度桥台上的支点反力 N_1。

(2) 单位宽度台帽的自重 N_2。

(3) 截面以上单位宽度台身的自重 N_3。

于是 $N = N_1 + N_2 + N_3$。

2）土压力计算

计算土压力时，对桥台的最不利作用效应组合是桥上无车辆荷载，台背填土破坏棱体上有车辆荷载。其作用分布如图3-41所示。

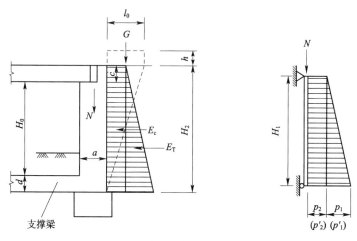

图3-41 轻型桥台作用组合图式

(1) 单位台宽由填土本身引起的土压力 E_T 呈三角形分布,其计算公式为:

$$E_T = \frac{1}{2}\gamma H_2^2 \tan^2\left(45° - \frac{\varphi}{2}\right) \tag{3-17}$$

(2) 单位台宽由车辆荷载引起的土压力 E_c 呈均匀分布,其计算公式为:

$$E_C = \gamma H_2 h \tan^2\left(45° - \frac{\varphi}{2}\right) \tag{3-18}$$

(3) 单位台宽的总土压力 E:

$$E = E_T + E_C \tag{3-19}$$

(4) 等代土层厚度 h:

$$h = \frac{\sum G}{B l_0 \gamma} \tag{3-20}$$

式中:γ——台后填土重度;

φ——土的摩擦角;

$\sum G$——布置在 $B \times l_0$ 面积内的车轮重;

B——桥台计算宽度;

l_0——台后填土的破坏棱体长度,计算公式见式(3-21)。

$$l_0 = H_2 \tan\left(45° - \frac{\varphi}{2}\right) \tag{3-21}$$

3) 台身内力计算

(1) 计算图式

台身按上下铰接的简支梁计算,如图 3-41 所示。对于有台背的桥台,因上部构造与台背间的缝隙已用砂浆或小石子混凝土填实,保证了有牢靠的支撑作用。因此,台身受弯的计算跨径为:

$$H_1 = H_0 + \frac{1}{2}d + \frac{1}{2}c \tag{3-22}$$

式中:H_0——桥跨结构与支撑梁间的净距;

d——支撑梁的高度;

c——桥台背墙的高度。

对于受剪的计算跨径则取 H_0。

(2) 内力计算

在计算截面弯矩 M 时,轴力 N 的影响忽略不计,而是放在强度验算中考虑。对于跨中截面弯矩为:

$$M = \frac{1}{8}P_2 H_1^2 + \frac{1}{16}P_1 H_1^2 \tag{3-23}$$

在台帽顶部截面的剪力为:

$$Q = \frac{1}{2}P_2' H_0 + \frac{1}{6}P_1' H_0 \tag{3-24}$$

在支撑梁顶面处的剪力为:

$$Q = \frac{1}{2}P_2' H_0 + \frac{1}{3}P_1' H_0 \tag{3-25}$$

式中：P_1、P_2——受弯计算跨径 H_1 处的土压力强度；

P_1'、P_2'——受剪计算跨径 H_0 处的土压力强度。

4）截面强度验算

按《公路圬工桥涵设计规范》（JTG D61—2005）有关公式进行跨中截面的抗压强度和支点截面的抗剪强度验算。

2. 桥台在本身平面内的弯曲验算

轻型桥台是一较长的平直薄墙，在竖向荷载作用下，本身平面内发生弯曲，弯曲的程度与地基的变形系数 α 有关（图 3-42）。

当桥台长度 $L>4/\alpha$ 时，把桥台当作支承在弹性地基上的无限长梁计算；当 $L<1.2/\alpha$ 时，把桥台当作支承在弹性地基上的刚性梁计算（即不考虑桥台在本身平面内发生弯曲）；当 $4/\alpha>L>1.2/\alpha$ 时，把桥台当作支承在弹性地基上的短梁计算。在一般情况下，轻型桥台的长度大多处于 $4/\alpha$ 和 $1.2/\alpha$ 之间，因此，这里仅介绍按短梁计算的公式。

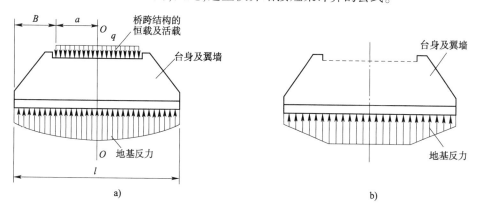

图 3-42 桥台在本身平面内弯曲的计算图式

设梁上作用着一段对称的均布荷载，则梁的最大弯矩产生在中点，其计算公式为：

$$M_{1/2}=\frac{q}{2\beta^2}\left(\frac{\mathrm{ch}\beta l-1}{\mathrm{sh}\beta l+\sin\beta l}\mathrm{ch}\beta a\sin\beta a+\frac{1-\cos\beta l}{\mathrm{sh}\beta l+\sin\beta l}\mathrm{sh}\beta a\cos\beta a-\mathrm{sh}\beta a\sin\beta a\right) \quad (3-26)$$

式中：l——基础长度；

a——桥台中心线至分布荷载边缘的距离；

β——特征系数，其计算公式见式（3-27）。

$$\beta=\sqrt[4]{\frac{k}{4EI}} \quad (3-27)$$

式中：k——土的弹性抗力系数，若无试验资料时，可参照表 3-6；

E、I——桥台的弹性模量和截面惯性矩。

非岩石类地基土的弹性抗力系数 k 值 表 3-6

土的分类	k（kN/m³）
流塑黏性土 $I_L\geq 1$，淤泥	100000 ~ 200000
软塑黏性土 $1>I_L\geq 0.5$，粉砂	200000 ~ 450000
硬塑黏性土 $0.5>I_L\geq 0$，细砂、中砂	450000 ~ 650000

续上表

土 的 分 类	$k(kN/m^3)$
坚硬,半坚硬黏性土 $I_L<0$,粗砂	650000~1000000
砾砂,角砾砂,圆砾砂,碎石,卵石	1000000~1300000
密实卵石夹粗砂,密实漂卵石	1300000~2000000

注:$1kg/cm^3 = 9.81 \times 10^3 kN/m^3$。

在计算中,认为桥台及基础自重不会引起地基梁的弯曲。当应用上式计算恒载引起的 M_1 时,q 只包括一个桥台承受的上部结构重(连同支撑梁及其上土重),此时荷载均布宽度 $2a$ 为在桥梁结构横桥向的宽度;当计算车辆荷载引起的 M_2 时,$2a$ 为外轮外边缘的间距。总弯矩 $M = M_1 + M_2$。当设有人行道时应另外考虑均布在两侧的人群荷载所产生的影响。在应用上式计算时,可按两种荷载均布宽度(人群荷载外边缘和外边缘、内边缘和内边缘之间)所算得的结果相减求得。最后进行内力组合和按《公路桥涵设计通用规范》(JTG D60—2015)有关公式进行强度验算。

3. 基底应力验算

桥台的基底应力为桥台本身自重引起的应力和桥跨结构的恒载及活载引起的应力之和。桥台自重引起的基底应力可按台墙因自重不致发生弯曲的假定计算。荷载引起的基底最大应力可按下式求得。

$$\sigma = \frac{q}{b}\left(\frac{ch\beta l + 1}{sh\beta l + \sin\beta l}sh\beta a\cos\beta a + \frac{1+\cos\beta l}{sh\beta l + \sin\beta l}ch\beta a\sin\beta a + 1 - ch\beta a\cos\beta a\right) \quad (3-28)$$

式中的 b 为基础宽度,其余符号同前。

拱桥轻型桥台在目前工程设计中应用较少,故不作介绍,需要时可参考有关资料进行。

第三节 认知桥梁基础

桥梁基础起着支承桥跨结构,保持体系稳定的作用,同时它也将上部结构、墩台自重及车辆荷载传递给地基,它是桥梁结构物的一个重要组成部分,通常我们把与地基接触的那部分结构物称之为基础。地基即基础下面受结构物影响的那部分地层,地基承受基础传递来的荷载,作为整个桥梁的载体。为了保证结构物安全和正常使用,要求地基与基础具有足够的强度、稳定性,同时,变形也应在容许范围之内。

从地基的层次和位置看,有持力层和下卧层之分(图3-43)。持力层即与浅基础底面相接触的那部分地层,直接承受基底压应力作用,持力层以下的地层称为下卧层,当下卧层承载力容许值小于持力层承载力容许值时,通常称该土层为软弱下卧层。

要保证建筑物的质量,首先必须保证有可靠的地基与基础,否则,整个建筑物就可能遭到损坏或影响正常使用。从实践来看,建筑工程质量事故往往是地

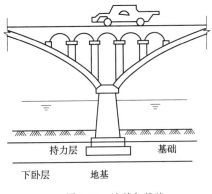

图3-43 地基与基础

基与基础的失稳、破坏造成的,究其原因也是多方面的:一方面,从客观上看,地基和基础属于隐蔽工程,施工条件差,并且一旦出现问题,很难发现,也很难处理、修复;另一方面,地基与基础在地下或水下,往往导致主观上的轻视;再者,地基和基础所占造价比重较大。因此,要求充分重视地基和基础的设计、施工质量,严格执行部颁公路桥涵设计、施工技术规范、标准。

一、地基与基础的类型

地基可分为天然地基和人工地基。直接修筑基础的天然地层称为天然地基;如天然地层土质过于软弱或有不良的工程地质问题,则需要经过人工加固或处理后才能修筑基础,这种地基称为人工地基。在一般情况下,应尽量采用天然地基。

基础的类型,可按基础的刚度、埋置深度、构造形式、施工方法及基础的材料来分类。目的在于了解各种类型基础的特点,以便在设计时,根据具体情况合理地加以选用。

1. 按基础的刚度分类

根据基础受力后的变形情况,分为刚性和柔性基础(图 3-44)。受力后,不发生挠曲变形的基础称为刚性基础,一般可用抗弯拉强度较差的圬工材料(如浆砌块石、片石混凝土等)做成。这种基础不

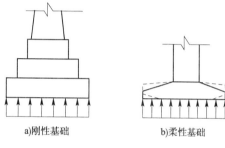

图 3-44 按基础的刚度分类

需要钢材,造价较低,但圬土体积较大,且支承面积受一定限制[图 3-44a)]。容许发生较大挠曲变形的基础称为柔性基础或弹性基础,通常须用钢筋混凝土做成。由于钢筋可以承受较大的弯拉应力和剪应力,所以当地基承载力较小时,采用这种基础可以有较大的支承面积[图 3-44b)]。在桥梁工程中,一般情况下,多数采用刚性基础。

2. 按埋置深度分类

基础根据埋置深度有浅基础(5m 以内)和深基础两种。

当浅层地基承载力较大时,可采用埋深较小的浅基础。浅基础施工方便,通常用明挖法从地面开挖基坑后,直接在基坑底面砌筑、浇筑基础,是桥梁基础首选方案。如果浅层土质不良,需将基础埋置于较深的良好土层上,这种基础称为深基础。深基础设计和施工较复杂,但具有良好的适应性和抗震性,因此,现在高等级公路上也普遍应用。常见的形式有沉井、管柱和桩基础。

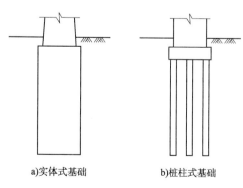

图 3-45 按基础的构造形式分类

3. 按构造形式分类

对桥梁基础来说,按构造形式可归纳为实体式和桩柱式两类。当整个基础都由圬工材料筑成时,称为实体式基础。其特点是基础整体性好,自重较大,所以对地基承载力要求也较高[图 3-45a)]。由多根基桩或小型管桩组成,并用承台联结成为整体的基础,称为桩柱式基础

[图 3-45b)],这种基础较实体式基础圬工体积小,自重较轻,对地基强度的要求相对较低。桩柱本身一般要用钢筋混凝土制成。

4. 按施工方法分类

如明挖法、沉井、沉箱、沉桩、沉管灌注桩、就地钻(挖)孔灌注桩等。明挖法最为简单,但只适用于浅基础施工。其他方法均用于深基础施工。

5. 按基础的材料分类

目前我国公路构造物基础大多采用混凝土或钢筋混凝土结构,少部分采用钢结构。在石料丰富地区,按照因地制宜、就地取材的原则,也常用砌石基础。只有在特殊情况下(如抢修、林区便桥),才采用临时的木结构。

二、刚性浅基础的构造

桥梁墩台的体积一般比较庞大,故其基础常用大块实体基础形式,采用块石或混凝土等圬工材料做成。基础平面形状常为矩形,基础平面尺寸,一般均较墩、台底面扩大,每边扩大的尺寸最小为 0.2~0.50m,这个扩大的尺寸称为襟边 C_1。襟边是指在基础顶面较所支撑的墩台身底面外形轮廓大出的一个距离,其作用是扩大基底面积,增加基础承载力,同时考虑到基础施工时工作条件较差,定位尺寸可能有所偏差,留有襟边后可作调整余地;另外也便于墩台施工时作为模板支架的支撑点。因此襟边大小必须视土质、基础厚度、埋置深度及施工方法而定。

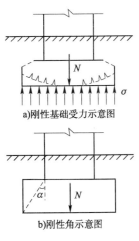

图 3-46 基础挠曲变形
a)刚性基础受力示意图
b)刚性角示意图

当基础底面为满足地基强度要求需要扩大时,则基础将超出墩(台)身外,这样在地基反力 σ 作用下,基础的悬出部分将受挠曲作用产生拉应力[图 3-46a)]。由于一般基础所用的圬工材料,其抗压强度大,而抗拉强度很小,为防止基础的悬出段因受挠曲作用开裂破坏,其悬出段长度应控制在一定范围内,这种基础则称为刚性基础。

刚性基础悬出段长度的控制,通常用压力分布角 α(又称为基础扩散角)来完成,α 角是自墩(台)身底的边缘与基底边缘的连线和竖直线间的夹角[图 3-46b)],使 $\alpha \leq \alpha_{max}$,其中 α_{max} 称为刚性角,刚性角 α_{max} 与基础圬工材料的强度等级有关。《公路圬工桥涵设计规范》(JTG D61—2005)考虑到在一般墩(台)基底反力的变化范围内,对各种圬工材料的刚性角作如下经验规定:

对于片石、块石、粗料石砌体,当用强度等级为 M5 的砂浆砌筑时 $\alpha_{max} \leq 30°$。

对于片石、块石、粗料石砌体,当用强度等级为 M5 以上砂浆砌筑时 $\alpha_{max} < 35°$。

混凝土浇筑时 $\alpha_{max} \leq 40°$。

因此,在设计刚性基础底面尺寸时,凡满足 $\alpha \leq \alpha_{max}$ 条件,即可认为基础刚度很大,它在荷载作用下的挠曲变形很小,不会受拉开裂破坏,基础本身强度可得到充分保证,可不予验算。若 $\alpha > \alpha_{max}$ 时,则不是刚性基础,一般称为柔性基础,应验算基础的弯曲拉应力和剪应力强度,并设置必要的钢筋。

当基础较厚时,可在纵横两个剖面上,都砌筑成台阶形,以减少基础自重,节省材料(图3-47)。

台阶形基础由于可节省材料,施工立模砌筑也比较方便,故采用较多。对于桥梁墩台基础,当基础高度 H 较大时,一般可分为 2~3 级等高的台阶,每一台阶高度 $h_i = 1~1.5\text{m}$,小桥有时可减为 0.6m;台阶宽度 c_i 通常可取与襟边 C_1 相同,即 $c_i = C_1$。基础顶面一般置于地面或最大冲刷线以下不小于 0.15m,这样有利于保护基础,且防止加大冲刷。

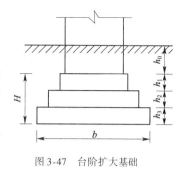

图 3-47 台阶扩大基础

三、桩基础的类型与构造

桩基础是常用的桥梁基础类型,是埋于地基土中的若干根桩及将所有桩连成一个整体的承台(或系梁)两部分所组成的一种基础形式[图3-48a)]。桩身可以全部或部分埋入地基土中,当桩身外露在地面上较高时,在桩之间还应加横系梁,以加强各桩之间的横向联系。若干根桩在平面排列上可成为一排或几排,所有桩的顶部由承台连成一整体。在承台上再修筑桥墩、桥台及上部结构。桩可以先预制好,再将其运至现场沉入土中;也可以就地钻孔(或人工挖孔),然后在孔中浇筑水泥混凝土或置入钢筋骨架后再浇灌混凝土而成桩。

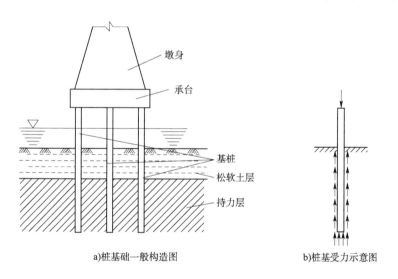

a)桩基础一般构造图   b)桩基受力示意图

图 3-48 桩基础

桩基础的作用是将承台以上结构物传来的外力通过承台,由桩传到较深的地基持力层中。承台将外力传递给各桩并箍住桩顶使各桩共同承受外力。各桩所承受的荷载由桩通过桩侧土的摩阻力及桩端土的抵抗力将荷载传递到地基土中[图3-48b)]。因此桩基础如设计正确,施工得当,则具有承载力高、稳定性好、沉降量小而均匀等特点。在深水河道中,桩基础可以借桩群穿过水流将荷载传到地基中,避免(或减少)水下工程,简化施工设备和技术要求,加快施工速度并改善劳动条件。当地基浅层土质不良时,它能穿越浅层土发挥地基深层土承载力的作用,以满足桥梁上部结构物荷载的要求。近代在桩基础的类型、沉桩机具和施工工艺以及桩基础理论和设计计算方法方面都有了很大的发展,不仅便于机械化施工和工厂化生产,而且能以不同类型的桩基础和施工方法适应不同的水文地质条件、荷载性质和上部结构特征。桩基础是一种深基础,主要适用于下列条件:

(1)荷载较大,地基上部土层软弱,适宜的地基持力层位置较深,采用浅基础或人工地基在技术上、经济上不合理时。

(2)河床冲刷较大,河道不稳定或冲刷深度不易计算正确,如采用浅基础施工困难或不能保证基础安全时。

(3)当地基计算沉降过大或结构物对不均匀沉降敏感时,采用桩基础穿过松软(高压缩性)土层,将荷载传到较坚实(低压缩性)土层,减少结构物沉降并使沉降较均匀。另外桩基础还能增强结构物的抗震能力。

(4)当施工水位或地下水位较高时。

以上情况也可以采用其他形式的深基础,但桩基础由于具有耗用材料少、自重轻、施工简便等优点,往往是优先考虑的深基础方案。总之,采用浅基础无法满足结构物对地基强度、变形和稳定性方面的要求时,常常采用桩基础。

当上层软弱土层很厚,桩底不能达到坚实土层时,就需要用较多、较长的桩来传递荷载,这时的桩基础稳定性较差,沉降量也较大;当覆盖层很薄时,桩的稳定性也有问题,就不一定是最佳的基础形式,这种情况下,应经过多方面的技术经济比较和研究,确定合理可行的方案。

1. 桩与桩基础的类型

桩基础绝大多数采用钢筋混凝土桩,个别情况用木桩和钢桩。桩和桩基础可按承台位置、沉入土中的施工方法、受力条件的不同和成桩方法而进行分类。

(1)桩基础按承台位置分类

桩基础按承台位置可分为高桩承台基础和低桩承台基础(图3-49)。

高桩承台基础的承台底面位于地面(或冲刷线)以上,低桩承台基础的承台底面位于地面(或冲刷线)以下。高桩承台基础的结构特点是基桩部分桩身埋入土中,部分桩身外露在地面以上(称为桩的自由长度);而低承台基础的基桩则全部埋入土中(桩的自由长度为零)。

高桩承台基础由于承台位置较高或设在施工水位以上,可减少墩台圬工数量,可避免或减少水下作业,施工较为方便。但高桩承台在水平力作用下,由于承台及基桩露出地面的一段自由长度周围无土体来共同承受水平外力,基桩的受力情况较为不利,桩身内力和位移都将大于在同样水平外力作用下的低桩承台,低桩承台的稳定性也较高桩承台要好。

随着科学技术的不断发展,由于大直径钻孔灌注桩的采用,桩的刚度、强度都较大,因而高桩承台在桥梁基础工程中也得到广泛应用。

(2)按施工方法分类

桩基础由于施工时采用的机具设备和工艺过程的不

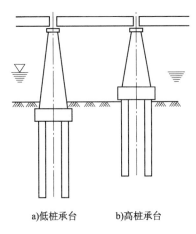

图3-49 高桩承台和低桩承台

同,桩的施工方法种类较多,通常主要的是钻(挖)孔法和打入法。

①钻(挖)孔灌注桩基础

用钻(冲)孔机械在主体中先钻成桩孔,然后在孔内放入钢筋骨架,灌注桩身混凝土而成钻孔灌注桩,最后在桩顶浇筑承台(或盖梁),称为钻孔灌注桩基础。它的特点是施工设备简单、操作方便,适用于各种砂性土、黏性土,也适用于碎、卵石类土层和岩层。但对于淤泥及可能发生流砂或有承压水的地基,施工较为困难,常常易发生塌孔或埋钻等情况。一般钻孔灌注桩入土深度由几米至几百米。依靠人工(用部分机械配合)在地基中挖出桩孔,然后与钻孔桩一样灌注混凝土成桩称为挖孔灌注桩。它的特点是不受设备和地形限制,施工简单。但只适用于无水或渗水量小的地层,对可能发生流砂或很厚的软黏土层地基施工较困难,需要加强孔壁支撑确保安全。它的特点是靠人工挖土,桩径较大,一般大于1.4m。

②沉桩基础

打入桩是通过锤击(或以高压射水辅助)将各种预先制好的桩(主要是钢筋混凝土实心桩或管桩,也有木桩或钢桩)打入地基内达到所需要的深度而成为桩基础。一般适用于桩径较小(直径在0.60m以下),地基土质为砂性土、塑性土、粉土、细砂以及松散的不含大卵石或漂石的碎卵石类土质。

在软塑性土质中也可以用重力将桩压入土中称为静力压桩。这种压桩施工方法免除了锤击打入的振动影响,是在软土地区,特别是在不允许有强烈振动的条件下建造桩基的一种适用的施工方法。

振动下沉桩是将大功率的振动打桩机安装在桩顶(预制的钢筋混凝土桩或钢管桩),利用振动力以减少土对桩的阻力,使桩沉入主体中。通常适用于桩径较大、土的抗剪强度振动时有较大降低的砂土等地基。

③管柱基础

将预制好的大直径(直径为1~5m)钢筋混凝土或预应力钢筋混凝土管柱(实质上是一种巨型的管柱,每节长度根据施工条件决定,一般采用4m、8m或10m,接头用法兰盘和螺栓连接),用大型的振动沉桩锤沿导向结构将桩沿垂直向振动下沉到基岩(一般以高压射水和吸泥机配合帮助下沉),然后在管柱内钻岩成孔,下放钢筋骨架笼,灌注混凝土,将管柱与岩层牢固连接形成管柱基础(图3-50)。管柱基础可以在深水及各种覆盖层条件下进行,没有水下作业和不受季节限制,但施工需要有振动沉桩锤、凿岩机、起重设备等大型机具,动力要求也高,在一般公路桥梁中很少采用。

此外,还有打入式灌注桩(即打入带有桩尖的套管成孔,然后边拔套管边灌注混凝土形成灌注桩)和爆扩桩(即成孔后用爆破方法扩大桩下端以提高桩底承载力)的施工方法,这两种方法在公路桥梁桩基础

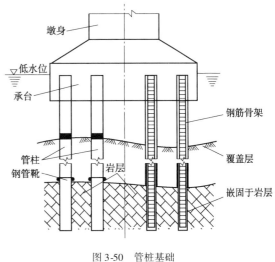

图3-50 管桩基础

中也很少采用。

(3) 按基础的受力条件分类

结构物荷载通过桩基础传递给地基。垂直荷载一般由桩底土层抵抗力和桩侧与土产生的摩阻力来支承;由于地基土的分层和其物理力学性质不同,桩的尺寸和设置在土中的方法不同,都会影响桩的受力状态。水平荷载一般由桩和桩侧土水平抗力来支承,而桩承受水平荷载能力与桩轴线方向及斜度有关。因此,根据桩的受力条件基桩可分为以下几种:

① 柱桩与摩擦桩

一根埋在土中的桩,在承受轴向荷载后,桩四周的土与桩侧间将产生摩擦力,同时桩尖处的土对桩还存在桩尖反力。因此,作用在桩上的轴向荷载应与桩侧摩阻力与桩尖反力之和相平衡(图3-51)。当桩尖支承在坚硬的岩层上时,荷载主要通过桩身直接传到桩尖下的岩层中去,这时桩侧摩阻力相对桩尖反力很小,可忽略不计,这种桩称为柱桩桩或支承桩;当桩完全埋于较软弱的分散土中时,荷载主要是通过桩侧与土之间的摩擦作用传到桩尖处面积较大的土层中去,这时桩侧摩阻力和桩尖反力均需考虑,这种桩称为摩擦桩。

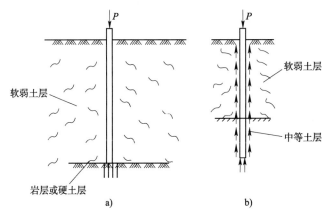

图3-51 柱桩和摩擦桩

柱桩承载力较大,较安全可靠,基础沉降也小,但如岩层埋置很深,就需要采用摩擦桩。柱桩和摩擦桩由于在土中的工作条件不同,它们与土共同作用特点也就不一样,因此在设计计算时所采用的方法和有关参数也不一样。

② 竖直桩和斜桩

按桩轴方向可分为竖直桩、单向斜桩和多向斜桩等(图3-52)。在桩基础中是否需要设置斜桩,确定怎样的斜度,应根据荷载的具体情况而定。一般结构物基础承受的水平力常较竖直力小得多,且现已广泛采用的大直径钻(挖)孔灌注桩具有一定的抗弯和抗剪强度,因此,桩基础常全部采用竖直桩。拱桥墩台等结构物桩基础往往需设斜桩以承受上部结构传来的较大水平推力,减小桩身弯矩、剪力和整个基础的侧向位移。

斜桩的桩轴线与竖直线所成倾斜角的正切不宜小于1/8,否则斜桩的作用就不大,且施工斜度误差将显著地影响桩的受力情况。目前为了适应拱台推力,有些拱台基础已采用倾斜角大于45°的斜桩。

(4) 按成桩方法分类

① 非挤土桩:在成桩过程中桩周土体基本不受挤压的桩。分为干作业法钻(挖)孔灌注

桩、泥浆护壁法钻孔灌注桩、套管护壁法钻孔灌注桩。

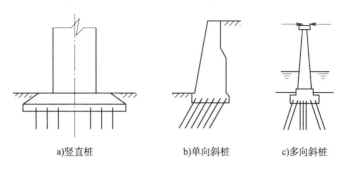

图 3-52 竖直桩和斜桩

②部分挤土桩：在成桩过程中，只引起部分挤土效应，桩周围土体受到一定程度的挠动。分为冲孔灌注桩、挤扩孔灌注桩、预钻孔沉桩、敞口预应力混凝土管桩等。

③挤土桩：在成桩过程中，造成大量挤土，使桩周围土体受到严重挠动，土的工程性质有很大改变的桩。分为沉桩（锤击、静压、振动沉入的预制桩）及闭口预应力混凝土管桩等。

在成孔过程中，对地基土应力有释放作用，这是灌注桩承载力比预制桩低的主要原因之一。

2. 桩与桩基础的构造

不同材料修筑的不同类型的桩基础具有不同的构造特点，为了保证桩的质量和桩基础正常工作能力，在设计桩基础时首先应满足其构造的基本要求。现将目前国内桥梁工程中最常用到的桩与桩基础的构造特点与要求简述如下。

1）各种基桩的构造

（1）就地灌注钢筋混凝土桩的构造

钻（挖）孔桩是采用就地灌注的钢筋混凝土桩，桩身常为实心断面，混凝土强度等级不低于 C20，对仅承受竖直力的桩基础可用 C15（但水下混凝土强度等级仍不应低于 C20）。钻孔桩设计直径一般为 0.80～1.50m，挖孔桩的直径或最小边宽度不宜小于 1.20m。桩内钢筋应按照内力和抗裂性的要求布设，长摩擦桩应该根据桩身弯矩分布情况分段配筋，短摩擦桩和柱桩也可按桩身最大弯矩通长均匀配筋，当按内力计算桩身不需要配筋时，应在桩顶 3～5m 内设置构造钢筋。为了保证钢筋骨架有一定的刚性，便于吊装及保证主筋受力后的纵向稳定，主筋不宜过细过少（直径不宜小于 14mm），每根桩不宜少于 8 根，主筋净距不宜小于 8cm，保护层厚度不宜小于 5cm。主筋若需焊接，焊接长度应符合规定：双面缝大于 5d（d 为钢筋直径），单面缝大于 10d。箍筋应适当加强，箍筋直径一般不小于 8mm，中距为 20～40cm。对于直径较大的桩或较长的钢筋骨架，可在钢筋骨架上每隔 2.0～2.5m 设置一道加劲箍筋（直径为 14～18mm），见图 3-53。钻（挖）孔桩的柱桩根据桩底受力情况如需要嵌入岩层时，嵌入深度应计算确定，并不得小于 0.5m。

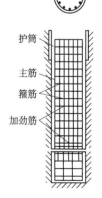

图 3-53 就地灌注钢筋混凝土桩

为了进一步发挥材料的潜力，节约水泥用量，大直径的空心钢筋混凝土就地灌注桩是今后发展的方向，目前有一些工程中已经采用。

（2）钢筋混凝土预制桩

沉桩（打入桩和振动下沉桩）采用预制的钢筋混凝土桩，有实心的圆柱和方桩（少数为矩形桩），有空心的管桩，另外还有管柱（用于管柱基础）。

钢筋混凝土方桩可以就地灌注预制。通常方桩横断面为 20cm×20cm～50cm×50cm，桩身混凝土强度等级不低 C25，桩身配筋应考虑制造、运输、施工和使用各阶段的受力要求配筋。主筋直径一般为 12～25mm，主筋净距不小于 5cm；箍筋直径为 6～8mm，其间距一般不大于 40cm（在两端处间距宜减小，一般为 5cm）。桩顶处，为了承受直接的锤击应设钢筋网加固，为了便于吊运，应在桩顶预设吊耳，一般由直径为 20～25mm 的圆钢制成，混凝土强度等级不低于 C25（图 3-54）。

管柱由预制工厂以离心式旋转机生产，有普通钢筋混凝土或预应力钢筋混凝土两种，直径为 400mm、550mm，管壁厚 80mm，混凝土强度等级为 C25～C40，每节管桩两端装有连接钢盘（法兰盘）以供接长。管柱实质上是一种大直径薄壁钢筋混凝土圆管节，在工厂分节制成，施工时逐节用螺栓接长，它的组成部分是法兰盘、主钢筋、螺旋筋，管壁混凝土不低于 C25，厚为 100～140mm，最下端的管柱具有钢刃脚，用薄钢板制成，我国常

图 3-54 预制钢筋混凝土方桩

采用的管柱直径为 1.50～5.80m，由钢筋混凝土或预应力钢筋混凝土制成，管柱入土深度大于 25m 时，一般采用预应力钢筋混凝土管柱。

预制钢筋混凝土桩柱的分节长度，应根据施工条件决定，并应尽量减少接头数量。接头强度不应低于桩身强度，并有一定的刚度以减少锤振能量的损失。接头法兰盘的平面尺寸不得突出管壁之外。

管柱具有自重轻、混凝土用料少及强度高等优点，但用钢量较大，离预制厂远的地区运输工作繁重，公路桥梁工程中很少采用。

2）桩的布置和间距

桩基础内基桩的布置应根据荷载、地基土质、基桩承载力等决定。采用大直径钻孔灌注桩的中小桥梁常用单排式[图 3-55a)]；在大型桥梁或水平推力较大时，则采用多排式（行列式或梅花式）[图 3-55b)、c)]。

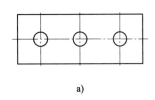 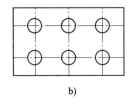 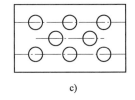

图 3-55 桩的平面布置

考虑桩与桩侧土的共同工作条件和施工的需要，钻（挖）孔桩的摩擦桩中心距不得小于 2.5 倍成孔直径，支撑或嵌固在岩层上的柱桩不得小于 2.0 倍的成孔直径（矩形桩为边长，下同），桩的最大中心距一般也不超过 5～6 倍桩径。打入桩的中心距不应小于桩径（或边长）的 3 倍，在软土地区还需适当增加。管柱的中心距一般为管柱外径的 2.5～3.0 倍（摩擦

桩)或2.0倍(柱桩)。

如设有斜桩,桩的中心距在桩底处不应小于桩径的3.0倍,在承台底面不小于桩径的1.5倍;若用振动法沉入砂土内的桩,在桩尖处的中心距不应小于桩径的4.0倍。

为了避免承台边缘距桩身过近而发生破裂,边桩外侧到承台边缘的距离,对于桩径小于或等于1m的桩不应小于0.5倍桩径且不小于250mm;对于桩径大于1m的桩不应小于0.3倍桩径并不小于500mm。

3)承台的构造,桩与承台的连接

承台的平面尺寸和形状应根据上部结构(墩台身)底部尺寸和形状以及基桩的平面布置而定,一般采用矩形和圆端形。

承台厚度应保证承台有足够的强度和刚度,公路桥梁墩台多采用钢筋混凝土或混凝土刚性承台(承台本身材料的变形远小于其位移),其厚度不宜小于1.5m。混凝土强度等级不宜低于C15。对于盖梁式承台和柱式墩台、空心墩台的承台应验算承台强度并设置必要的钢筋,承台厚度可不受上述限制。

桩和承台的连接,钻(挖)孔灌注桩现都采取将桩顶主筋伸入承台,桩身伸入承台长度一般为150~200mm(盖架式承台,桩身可不伸入)[图3-56a)、b)]。伸入承台的桩顶主筋可做成喇叭形,约与竖直线倾斜15°,若受构造限制,主筋也可不做成喇叭形。伸入承台的钢筋应符合结构规范的锚固长度,一般应不小于600mm,并设箍筋。对于不受轴向拉力的打入桩可不破桩头,将桩直接埋入承台内[图3-56c)]。桩顶直接埋入承台的长度,对于普通钢筋混凝土桩及预应力混凝土桩,当桩径(或边长)小于0.6m时不应小于2倍桩径或边长;当桩径为0.6~1.2m时,不应小于1.2m;当桩径大于1.2m时,埋入长度不应小于桩径。

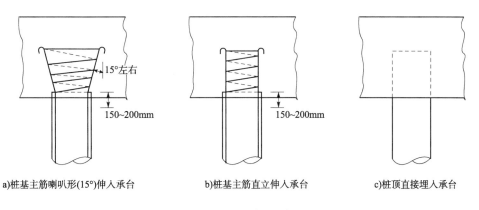

a)桩基主筋喇叭形(15°)伸入承台　　b)桩基主筋直立伸入承台　　c)桩顶直接埋入承台

图3-56　桩和承台的连接

承台的受力情况是比较复杂的,为了使承台受力较为均匀并防止承台因桩顶荷载作用发生破裂和断裂,应在承台底部桩顶平面上设置一层钢筋网[图3-57a)],纵桥向和横桥向每1m宽度内可采用钢筋截面积1200~1500mm²(此项钢筋直径常为14~18mm,应按规定锚固长度弯起锚固),钢筋网在越过桩顶钢筋处不应截断,并应与桩顶主筋连接。钢筋网也可根据基桩和墩台的布置,按带状布设[图3-57b)]。低桩承台有时也可不设钢筋网。

在桩之间如为了加强横向联系设有横系梁时,横系梁一般认为不直接承受外力,可不作内力计算,按横截面的0.1%配置构造钢筋。

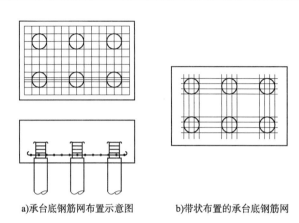

a)承台底钢筋网布置示意图　　b)带状布置的承台底钢筋网

图 3-57　承台底钢筋网

墩(台)身与承台边缘的襟边尺寸一般按刚性角要求确定。当边桩中心位于墩(台)身底面以外时,应验算承台襟边的强度。

四、沉井基础的类型与构造

沉井是一个无底无盖的井状结构(图 3-58),是以在井孔内不断除土,井体借自重克服外壁与土的摩阻力而不断下沉至设计高程,并经过封底、填心以后,使其成为桥梁墩台或其他结构物的基础(图 3-59)。

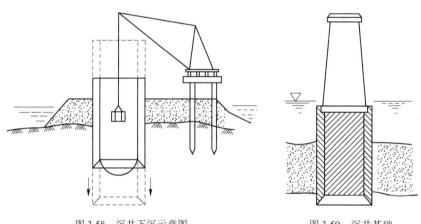

图 3-58　沉井下沉示意图　　　　图 3-59　沉井基础

沉井基础是实体基础的一种,沉井基础的特点是埋置深度可以很大,整体性强、稳定性好,有较大的承载面积,能承受较大的垂直荷载和水平荷载;下沉过程中,沉井作为坑壁围护结构,起挡土、挡水作用;施工中不需要很复杂的机械设备,施工技术也较简单。因此,沉井在桥梁工程中得到较为广泛的应用。在桥梁工程中使用的沉井平面尺寸较小,而下沉深度则较大。设置沉井的目的是将上部的重量和使用荷载传递到比较坚硬的土层中去,沉井下沉到设计高程后,井内空腔一般用片石圬工和混凝土等材料填塞。

但沉井施工期往往比桩基础长,有些情况,不宜采用沉井,如:土层中夹有孤石、大树干、沉船或被淹没的旧建筑物等障碍物时,将使沉井下沉受阻而很难克服;沉井在饱和细砂、粉砂和亚砂土层中采取排水挖土时,易发生严重的流砂现象,致使挖土下沉无法继续进行下去;基岩层面倾斜、起伏很大时,常致使沉井底部有一部分在岩层上,又有一部分仍支承在软土上,当基础受力后将发生倾斜。

根据经济合理、施工上可行的原则,一般在下列情况,可以采用沉井基础:

(1)上部荷载较大,而表层地基土的容许承载力不足,做扩大基础开挖工作量大,以及支撑困难,但在一定深度下有较好的持力层,采用沉井基础与其他基础相比较,经济上较为合理时。

(2)在山区河流中,虽然土质较好,但冲刷大,或河中有较大卵石不便桩基础施工时。

(3)岩层表面较平坦且覆盖层薄,但河水较深,采用扩大基础施工围堰有困难时。

1.沉井的类型

1)按使用材料分

制作沉井的材料,可按下沉的深度、受荷载的大小,结合就地取材的原则选定。

(1)混凝土沉井

混凝土的特点是抗压强度高,抗拉能力低,因此这种沉井宜做成圆形,并适用于下沉深度不大于4~7m的软土层中。

(2)钢筋混凝土沉井

这种沉井的抗拉及抗压能力较好,下沉深度可以很大(达数十米以上),当下沉深度不很大时,井壁上部用混凝土,下部(刃脚)用钢筋混凝土的沉井,在桥梁工程中得到较广泛的应用。当沉井平面尺寸较大时,可做成薄壁结构,沉井外壁采用泥浆润滑套,壁后压气等施工辅助措施就地下沉或浮运下沉。此外,钢筋混凝土沉井井壁隔墙可分段(块)预制,工地拼接,做成装配式。

(3)竹筋混凝土沉井

沉井在下沉过程中受力较大因而需配置钢筋,一旦完工后,它就不承受多大的拉力,因此,在南方产竹地区,可以采用耐久性差但抗拉力好的竹筋代替部分钢筋,我国南昌赣江大桥等曾用这种沉井。在沉井分节接头处及刃脚内仍用钢筋。

(4)钢沉井

用钢材制造沉井,其强度高、质量较轻、易于拼装、宜于做浮运沉井,但用钢量大,国内较少采用。

2)按平面形状分

沉井的平面形状,应与桥墩、桥台底部的形状相适应。公路桥梁中所采用的沉井,平面形状多为圆端形和矩形,也有用圆形的。根据平面尺寸的大小,沉井井孔又分单孔、双孔和多孔,双孔和多孔沉井中间设隔墙(图3-60)。

 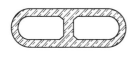

a)圆形　　　　b)圆端形　　　　c)正方形　　　　d)多孔矩形　　　　e)双孔矩形

图3-60　沉井平面形状

(1)圆形沉井

当墩身是圆形或河流流向不定以及桥位与河流主流方向斜交角度较大时,采用圆沉井可减小阻水、冲刷现象。圆形沉井中挖土较容易,没有影响机械抓土的死角部位,易使沉井较均匀地下沉;此外,在侧压力作用下,圆形沉井井壁受力情况好,主要是受压;在截面积和入土深度相同的条件下,与其他形状沉井比较,其周长最小,故下沉摩阻力较小。但墩台底面形状多为圆端形或矩形,故圆沉井的适应性较差。

(2)矩形沉井

矩形沉井对墩台底面形状的适应性较好,模板制作、安装都较简单。但采用不排水下沉时,边角部位的土不易挖除,容易使沉井因挖土不均匀而造成下沉倾斜的现象;与圆沉井比较,井壁受力条件较差,存在较大的剪力与弯矩,故井壁跨度受到限制;矩形沉井有较大的阻水特性,故在下沉过程中易使河床受到较大的局部冲刷。此外,在下沉中侧壁摩阻力也较大。

(3)圆端形沉井

这种沉井能更好地与桥墩平面形状相适应,故用得较多。除模板制作较复杂一些外,其优缺点介于前两种沉井之间,较接近于矩形沉井。

3)按沉井的立面形状分

按沉井的立面形状可分为竖直式、倾斜式及台阶式等(图3-61)。采用形式应视沉井通过土层性质和下沉深度而定,外壁竖直形式的沉井,在下沉过程中对沉井周围土体的扰动较小,可以减少沉井周围土方的坍塌,当沉井周围有构造物时,这一特点就很重要。另外这种沉井不易倾斜,井壁接长较简单,模板可重复使用。故当土质较松软,沉井下沉深度不大时,可以采用这种形式。倾斜式及台阶式井壁可以减少土与井壁的摩阻力,其缺点是施工较复杂,消耗模板多,同时沉井下沉过程中容易发生倾斜。在土质较密实,沉井下沉深度大,要求在不增加沉井本身重量的情况下沉至设计高程时,可采用这类沉井。倾斜式的沉井井壁坡度一般为 $1/40 \sim 1/20$,台阶式井壁的台阶宽度为 $100 \sim 200 \text{mm}$。

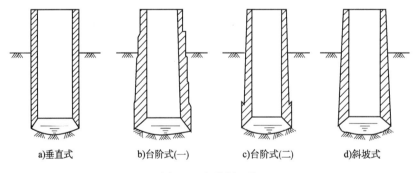

图3-61 沉井剖面形

a)垂直式 b)台阶式(一) c)台阶式(二) d)斜坡式

2.沉井基础的构造

一般沉井构造主要由井壁、刃脚、隔墙、井孔、凹槽、射水管、封底和盖板等组成(图3-62)。

(1)井壁

井壁是沉井的主体部分,其作用是:作为施工时的围堰,用以挡土、隔水;提供足够的重量,使沉井能克服阻力顺利下沉;沉至设计高程并经填心后,作为墩台基础。因此井壁必须有足够的结构强度,一般要根据施工时的受力条件,在井壁内配以竖向和水平向的受力钢筋;如受力不大,经计算也容许用部分竹筋代替钢筋,水平钢筋不宜在井壁转角处有接头。

浇筑沉井的混凝土强度等级不应低于C15。为了满足重量要求,井壁应有足够厚度,一般为0.8~1.2m,以便绑扎钢筋和浇筑混凝土。

(2)刃脚

沉井井壁下端形如刀刃状,故称为刃脚。其作用是在沉井自重作用下易于切土下沉,同时有支承沉井的作用。它是应力最集中的地方,必须有足够的强度。刃脚底面(踏面)宽度一般为0.1~0.2m,对软土可适当放宽。下沉深度大,且土质较硬时,刃脚底面应以型钢(角钢或槽钢)加强(图3-63),以防刃脚损坏。刃脚内侧斜面与水平面的夹角应大于45°。刃脚高度视井壁厚度、便于抽除垫木而定,一般在1.0m以上。由于刃脚在沉井下沉过程中受力较集中,宜采用C20以上混凝土制成。

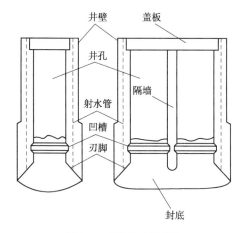

图3-62 沉井结构示意图

5-沉井基础施工

图3-63 刃脚构造(尺寸单位:m)

(3)隔墙

当沉井的长、宽尺寸较大时,应在沉井内设置隔墙,以加强沉井的刚度,使井壁的挠曲应力减小,因其不承受土压力,厚度一般小于井壁。在软土或淤泥质土中下沉时,隔墙底面应高出刃脚底面0.5m以上,避免沉井突然下沉或下沉速度过快。但在硬土或砂土层中下沉时,为防止隔墙底面受土的阻碍,隔墙底面应高出刃脚踏面1.0~1.5m。也可在刃脚与隔墙连接处设置帮助加强刃脚与隔墙的连接。如为人工挖土,在隔墙下端应设置过人孔,便于工作人员在井孔间往来。

(4)井孔

井孔是挖土和排土的工作场所和通道。井孔尺寸应满足施工要求,宽度(直径)不宜小于3m。井孔布置应对称于沉井中心轴,便于对称挖土使沉井均匀下沉。

(5)凹槽

凹槽设在井孔下端近刃脚处,其作用是使封底混凝土与井壁有较好的接合,封底混凝土底面的反力更好地传给井壁(如井孔全部填实的实心沉井也可不设凹槽)。凹槽深度为0.15~0.25m,高约1.0m。

(6)射水管

当沉井下沉深度大,穿过的土质又较好,估计下沉会产生困难时,可在井壁中预埋射水管组。射水管应均匀布置,以利于控制水压和水量来调整下沉方向。一般水压不小于 600kPa。

(7) 封底和盖板

沉井沉至设计高程进行清基后,便浇筑封底混凝土。混凝土达到设计强度后,可从井孔中抽干水并填满混凝土或其他圬工材料。如井孔中不填料或仅填以砂砾则须在沉井顶面筑钢筋混凝土盖板。封底混凝土底面承受地基土和水的反力,这就要求封底混凝土有一定的厚度(可由应力验算决定),其厚度根据经验也可取不小于井孔最小边长的1.5倍。封底混凝土顶面应高出刃脚根部不小于0.5m,并浇灌到凹槽上端。封底混凝土对岩石地基用C15,一般地基用C20。盖板厚度一般为1.5~2.0m。井孔充填的混凝土,强度等级不低于C10。

五、地下连续墙概述

地下连续墙(简称地下墙)是利用专用的挖槽设备,沿深基础或地下结构的周边,采用泥浆护壁的方法,在土中开挖一条具有一定宽度、长度和深度的深槽,然后安放钢筋笼,浇筑水下混凝土,形成一个单元的墙段。各单元墙段之间以各种特制的接头互相联结,逐步形成一道就地灌注的连续的地下钢筋混凝土墙(图3-64)。

6-地下连续墙构造及施工

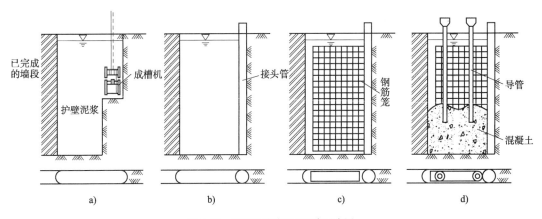

图3-64 地下连续墙施工工序示意图

地下连续墙也是一种特殊的桥梁基础形式。该施工技术于1950年最早出现在意大利实施的两项工程,即Santa Malia大坝下深达40m的防渗墙(截水止漏)以及Ven afro附近的储水池及引水工程中深达35m的防渗墙。以后,相继传入法国、德国、墨西哥、加拿大和日本等国,技术上得到不断的改进和发展,又被应用于深基坑施工中作为临时支护结构以替代板桩来防渗和挡土,并逐渐扩展到高层建筑的地下室、地下停车场、地下街道、地铁等地下建筑的外墙或侧壁结构。日本(1975年首都高速公路5号线)在原有地下连续墙的基础上,将墙用"接头"的技术成功地在平面上连接成一个封闭的矩形、八角形、井字形或圆形等不同结构形式的地下连续墙基础作为特殊的桥梁深基础形式,称为地下连续墙井箱基础。

我国于1958年开始,在北京密云水库白河主坝等水利工程中采用地下墙作为防渗墙。1976年后,逐渐推广到高层建筑地下室、地下停车场、地铁工程、矿山工程、码头、水处理设施等建设项目的施工中。1979年,上海基础工程公司应用地下连续墙,建造上海港船厂港池试验成功。1980年应用地下连续墙为上海钢铁一厂的一号高炉解决沉渣池工程。2001年建成的中行总行大厦地下室墙也采用0.8m厚的地下连续墙。我国20世纪90年代公路交通部门在修建虎门大桥时才开始其在深水基础领域的应用与研究,该桥西锚碇为重力式锚碇,采用外径61m、内径59.4m、壁厚0.8m的连续墙。其后在润扬长江公路大桥(2002年)神州第一大锚碇(6.8万t)的神州第一特大深基坑(69m×50m×50m)中采用 ϕ30.5m、壁厚1.4m、深30m的圆筒形连续墙。总的来说,与国外相比,尚有待发展。

1. 地下连续墙施工方法与其他施工方法相比具有的优点

(1)能适应各种地质条件,可穿过软土层、砂卵石层和进入风化岩层。目前我国除岩溶地区和承压水头很高的砂砾层难以采用以外,在其他土质中均可应用地下连续墙。其施工深度国内已超过80m,国外最深记录已达140m。不受高地下水位的影响,无须采取降水措施,可避免降水对邻近建筑的影响。

(2)可以减少工程施工对周围环境的影响,施工时噪声低,振动少。现在城市建设中对"建筑公害"的限制越来越严,地下连续墙的这一优点就更显突出。

(3)施工时可作为开挖基坑时的临时支挡结构,可以发挥其刚度大、整体性好的特点,当下部结构完成后又可作为地下主体结构的一部分,从而节约工程造价。同时,当其用于基坑支护时,变形较小,基坑周围地面沉降小,在建筑物、构筑物密集地区可以施工,对邻近建筑物、地面交通和地下设施影响较小,能够紧邻相近的建筑物及管线施工。我国的实践已证明,距离现有建筑物基础1m左右就可顺利施工,如天津市中心繁华商业区的天津百货大楼、华联商厦、滨江商厦等扩建工程的地下室均采用了地下连续墙。

(4)施工可以全盘机械化,工效高,施工速度快。劳动条件得到改善。

(5)作为一种连续整体结构,其适用范围广。由于其整体性,防水性能和耐久性均较好,且具有较大的强度和刚度,故除了可用作地下主体结构的一部分,或单独作为地下结构的外墙,抑或作为承重的深基础之外,还可作为防渗结构及隔震墙等。

2. 地下连续墙在房建基础工程中的适用条件

(1)处于软弱地基的深大基坑,周围又有密集的建筑群或重要地下管线,对周围地面沉降和建筑物的沉降要求有严格限制时,宜采用地下连续墙。

(2)围护结构亦作为主体结构的一部分,且对抗渗有严格要求时,宜用地下连续墙。

(3)采用逆作法施工,地上和地下结构同步施工时,宜采用地下连续墙。

3. 桥梁工程中深水基础的地下连续墙井箱基础与沉井基础和桩基础相比具有的特点

(1)从其承受荷载的特性来看,由于地下连续墙在施工时对周围土层的扰动比下沉沉井时要小,加上井箱内留有土芯,箱壁内外均有摩阻力,但基底处和地基接触的承载面积却比沉井的小,故是一种以摩阻力为主的摩擦型基础。因此在无明显坚硬持力层的情况下,地下连续墙井箱基础可以获得较大的承载力。

(2)地下连续墙井箱基础的刚度不仅比桩基础的大而且比沉井基础的也大。日本通过实测对比试验发现,在水平力作用下的地下连续墙井箱基础的位移和转角都较小。

4. 地下连续墙存在的不足和局限性

(1)弃土和废泥浆的处理问题,除增加工程费用外,如处理不当,还会造成新的环境污染。

(2)如施工不当或土层条件特殊,容易出现不规则超挖或槽壁坍塌,引起槽壁坍塌的原因有地下水位急剧上升、泥浆护壁液面急剧下降、有软弱疏松或砂性夹层,以及泥浆指标参数不当或已经变质等,而槽壁坍塌轻则引起墙体混凝土超方和结构尺寸超出允许的界限,重则引起相邻地面沉降、坍塌,危害临近建筑和地下生命管线的安全。

(3)与板桩、灌注桩及水泥搅拌桩相比,地下连续墙造价较高,对其选用必须经过技术比较、确认采用的合理性后才可采用。

(4)地下连续墙施工设备价格昂贵,施工技术比较复杂,对施工质量要求高,若施工管理不善,则效率低下,质量达不到要求,易发生施工事故,故该技术的推广受到一定的限制。

5. 地下连续墙的类型

(1)按墙的用途可分为临时挡土墙、用作主体结构一部分兼作临时挡土墙的地下连续墙、用作多边形基础兼作墙体的地下连续墙。

(2)按成墙方式可分为桩排式、壁板式、组合式。

(3)按挖槽方式大致可分为抓斗式、冲击式、回转式。

第四节 桥梁基础设计

一、刚性扩大基础设计

桥梁基础中最简单的方案,就是天然地基上的浅基础。与其他类型相比,其设计计算内容自然也要简单一些。但其设计中所考虑的一些基本问题,其他类型基础也涉及,因此掌握浅基础的设计计算原理,将有助于理解和掌握其他类型基础的设计计算原理和内容。

基础设计主要包括对地基做出评价,结合结构物和其他具体条件初步拟定基础的材料、埋置深度、类型及尺寸,然后通过验算,证实各项设计要求是否能得到满足,最后确定设计方案。

浅基础有刚性基础和柔性基础之分。将基础平面尺寸扩大以满足地基强度要求,这种刚性基础又称刚性扩大基础(图3-65),其平面形状常为矩形,其每边扩大的尺寸最小为0.20~0.50m,作为刚性基础,每边扩大的最大尺寸应受到材料刚性角的限制。当基础较厚时,可在纵横两个方向上都做成台阶形,以减少基础自重,节省材料。刚性基础结构比较简单,只需圬工材料,不需要钢材,它是桥涵、涵洞和房屋等建筑物常用的基础形式。

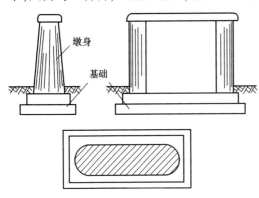

图3-65 刚性扩大基础

刚性扩大基础设计计算的一般步骤和内容为:

(1)确定结构物主要方案,包括基础类型与材料等。

(2)初步选定基础的埋置深度。

(3)初步拟定基础的形状和尺寸。

(4)验算地基强度(持力层和软弱下卧层)。

(5)验算基底的合力偏心距。

(6)验算基础抗滑动和抗倾覆稳定性。

(7)必要时验算基础的沉降。

验算中如发现某项设计要求得不到满足,或虽然满足,但尺寸或埋深显得过大而不经济时,则需适当修改基础尺寸或埋置深度,重复各项验算,直到各项要求全部满足且使基础尺寸较为合理为止。

(一)基础上的作用及作用效应组合

桥梁的地基与基础承受着整个建筑物的自重及所传递的各种作用,这些作用有各自不同的特征,且各种作用出现的概率也不同,因此需将作用效应按概率和时间进行分类,并将实际与可能同时出现的作用效应组合起来,作为设计计算的依据。

1. 对于浮力的处理

对于水下的土中结构物和地基土的浮力计算,从安全角度出发,基础工程设计时对浮力的计算可作如下处理:

(1)基础底面位于透水性地基上的桥梁墩台,当验算稳定时,应考虑设计水位的浮力;当验算地基应力时,可仅考虑低水位的浮力,或不考虑水的浮力。

(2)基础嵌入不透水性地基的桥梁墩台不考虑水的浮力。

(3)作用在桩基承台底面的浮力,应考虑全部底面积。对嵌入不透水地基并灌注混凝土封闭者,不应考虑桩的浮力,在计算承台底面浮力时应扣除桩的截面面积。

(4)当不能确定地基是否透水时,应以透水或不透水两种情况与其他作用组合,取其最不利者。

2. 作用效应组合

桥梁基础的作用效应组合与墩台的作用效应组合基本相同,此处不再赘述。

(二)基础埋置深度的选择

基础的埋置深度是指从设计地面到基础底面的距离。选择基础的埋置深度是地基基础设计中的重要步骤,实质上就是选择合适的地基持力层。基础埋置深度的大小,对桥梁工程的造价、工期、材料的消耗和施工技术等有很大影响。基础埋得太深,将会增加施工困难和造价;埋得太浅,又不能保证桥梁的稳定性。由于影响基础埋深的因素很多,设计时应当从实际出发,综合分析各方面的因素,合理选择。

1. 地基的工程地质条件

地基的地质条件是确定基础埋置深度的重要因素之一。在岩石地基上有较薄覆盖土层及风化层时,应该清除覆盖土和风化层后,将基础直接修建在新鲜岩面上;如岩石的风化层很厚,难以全部清除时,应根据其风化程度、冲刷深度及相应的容许承载力来确定。若岩层表面倾斜,为防止基础产生不均匀沉降而发生倾斜甚至断裂,不得将基础的一部分置于岩层上,而另一部分则置于土层上。

当基础埋置在非岩石地基上时,如受压层范围内为均质土,基础埋置深度既要满足冲刷、冻结等要求外,又要根据荷载大小,由地基土的承载力和沉降特性来确定;当地质条件复杂时,对大中型桥梁、结构物基础持力层的选定应通过较详细的计算或方案比较后确定。

2. 水文条件

地下水的情况与基础埋深也有密切关系。基础尽量做在地下水位以上,便于施工,如必须将基础埋在地下水位以下时,则应采取施工排水措施,保护地基不受扰动。

当基础位于河岸边时,为防止桥梁基础四周和基底下土层被水流掏空冲走以至倒塌,基础必须埋置在设计洪水的最大冲刷线以下一定的深度,以保证基础的稳定性。对小桥涵基础,应埋置于最大冲刷线以下至少1.0m;当河床上有铺砌层时,一般应设置在铺砌层顶面以下1.0m;大桥的墩台基础,当建造在岩石上且河流冲刷又较严重时,除应清除风化层外,还应根据基岩强度嵌入岩层一定深度,或采用其他锚固措施,使基础与岩石连成整体。大中桥基底埋置在最大冲刷线以下的安全值按规范规定采用。

位于河槽的桥台,当其最大冲刷深度小于桥墩总冲刷深度时,桥台基底的埋深应与桥墩基底相同。当桥台位于河滩时,对河槽摆动不稳定河流,桥台基底高程应与桥墩基底高程相同;在稳定河流上,桥台基底高程可按照桥台冲刷结果确定。

3. 上部结构的形式

上部结构的形式不同,对基础产生的位移要求也不同。对中小跨度的简支梁来说,这项因素对确定基础的埋置深度影响不大。但对超静定结构,即基础发生较小的不均匀沉降也会使内力产生一定变化,这样上部结构的形式也会影响基础埋置深度的选择。

4. 作用在地基上的荷载大小和性质

作用在地基上的荷载大小和性质问题也是一个涉及结构物安全、稳定的问题,跨度大的桥梁,传至基础的荷载就大,因此基础埋置就深。

结构物荷载的性质对基础埋置深度的影响也很明显。对于承受水平荷载的基础,必须有足够的埋置深度来获得土的侧向抗力,以保证基础的稳定性,减少结构物的整体倾斜,防止倾覆及滑移;对于承受上拔力的基础,如输电塔的基础,要求较大的基础埋深以提供足够的抗阻力;对承受动荷载的基础,则不宜选择饱和疏松的粉细砂作为持力层,防止这些土层液化而丧失承载力,造成地基失稳。

5. 当地的冻结深度

在寒冷地区,应该考虑由于季节性的冻结和融化对地基土引起的冻胀影响。对于冻胀性土,如土温在较长时间内保持在冻结温度以下,水分能从未冻结土层不断向冻结区迁移,引起地基的冻胀和隆起,这些都可能使基础遭受损坏。为了保证结构物不受地基土季节性冻胀的影响,除持力层选择在非冻胀性土层外,基础底面应埋置在天然最大冻结线以下深度。当上部结构为超静定结构时,基底应埋置在最深冻结线以下不小于0.25m;对于静定结构的基础一般也按此规定,但在最大冻结深度较深地区,为了减少埋置深度,经计算后也可将基底置于最大冻结线以上;桥墩和基底设置在不冻胀土层中时,基底埋深可不受冻结深度的限制。

6. 最小埋置深度

地基土在温度和湿度的影响下会产生一定风化作用,其性质是不稳定的,加上人类和动物活动以及植物的生长作用,也会破坏地表土层的结构,而影响其强度和稳定,所以为了保证地基和基础的稳定性,一般地表不能作为持力层。规范规定:涵洞基础,在无冲刷处(岩石地基除外),应设在地面或河床以下埋置不小于1m处;若有冲刷,基底埋深应在局部冲刷线以下不小于1m;如河床上有铺砌层时,基础底面宜设置在铺砌层顶面以下不小于1m。

除此之外,在确定基础埋置深度时,还应考虑相邻结构物的影响,如新结构物基础比原结构基础深,则施工挖土有可能影响原有基础的稳定。施工技术条件及经济分析等对基础埋深也有一定影响,这些因素也应考虑。上述影响基础埋深的因素不仅适用于天然地基上的浅基础,有些因素也适用于其他类型的基础(如沉井基础)。

(三)基础尺寸的拟定

基础类型、材料及埋置深度按有关要求初步拟定后,接下来按要求拟定基础尺寸。基础尺寸包括平面尺寸和立面尺寸两方面,拟定时一般要考虑上部结构的形式、荷载大小、基础埋置深度、地基允许承载力及墩台底面的形状和尺寸等因素。

1. 基础立面尺寸

考虑整个建筑物的美观,并保护基础不受外力破坏,基础一般要求不外露。规范规定墩台基础顶面不宜高于最低水位或地面的高程。在基础埋置深度也即基础底面高程已选定的情况下,基础顶面高程已确定,基础总高度即为顶面和底面高程之差。

基础较厚(超过1m)时,可将基础的剖面浇(砌)筑成台阶形,如图3-66所示,台阶数和台阶高度按基础总厚度和底面尺寸,视具体情况而定,混凝土基础每级台阶高度一般不小于50cm,砌石基础每级台阶高度一般不小于75cm,在一般情况下,大、中桥墩、台基础的高度为1.0~2.0m,分层不超过3层。

2. 基础平面尺寸

基础尺寸的拟定是基础设计中重要内容之一,拟定尺寸恰当,可以减少重复的计算工作。刚性浅基础的尺寸拟定包括基础的高度、平面尺寸和立面尺寸。

基础高度,一般要考虑墩台身结构形式,荷载大小,基础材料等来确定。具体做法:首先根据基础埋置深度的要求,确定基底高程;再按照水中基础顶面不高于最低水位,在季节性河流或旱地上的墩台基础顶面,不高出地面的基本原则,则可确定基顶高程。那么,基础底面埋置深度(h)与基础顶面埋置深度(h_0)之差,即为基础高度 $H = h - h_0$(图3-66)。在一般情况下,大、中桥墩、台基础的高度为1.0~2.0m。

基础的平面尺寸,应根据墩、台身底面形状而确定。虽然墩、台身底面形状以圆端形居多,但考虑到施工的方便,基础平面仍采用矩形。基础底面长、宽尺寸与基础高度关系如下:

$$\left.\begin{array}{l} a = l + 2H\tan\alpha \leq l + 2H\tan\alpha_{max} \\ b = d + 2H\tan\alpha \leq d + 2H\tan\alpha_{max} \end{array}\right\} \quad (3-29)$$

式中:a——基础长度(横桥向),m;
$\quad\quad b$——基础宽度(顺桥向),m;
$\quad\quad l$——墩、台身底截面长度,m;
$\quad\quad d$——墩、台身底截面宽度,m;
$\quad\quad H$——基础高度,m;
$\quad\quad \alpha$——墩、台底面边缘至基础底边缘的连线与垂线的夹角,度(°);

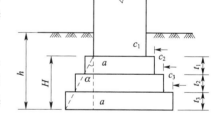
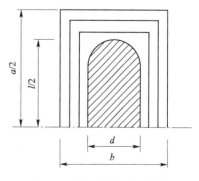

图3-66 扩大基础立面、平面图

$\alpha_{\max}$——基础材料的刚性角,度(°)。

基础底面形状应与顶面相配合,其合理的尺寸,一般要通过试算最后确定。先应根据荷载大小和地基强度,参照上述最小襟边宽度和刚性角所要求的最小和最大尺寸,从中初选一个底面尺寸,然后进行各项验算,根据验算结果,再做适当修改。如果采用最大尺寸还不能满足验算要求,那就应改用强度较大的圬工材料或加大基础的埋置深度。

(四)地基承载力

地基设计采用正常使用极限状态,所选定的地基承载力为地基承载力容许值。确定地基承载力容许值,有以下几种途径:

(1)借鉴邻近结构物的经验。

(2)利用理论公式计算。

(3)利用现场荷载试验成果或触探试验资料确定。

(4)按设计规范确定。

以上前3种方法在土力学课程中介绍过,这里着重介绍《公路桥涵地基与基础设计规范》(JTG D63—2007)提供的经验公式和数据确定地基承载力容许值的步骤。

1.确定土的分类名称

通常把一般地基土,根据塑性指数、粒径、工程地质特性等分为六类:岩石、碎石土、砂土、粉土、黏性土和特殊性岩土。

2.确定土的状态

土的状态是指土层所处的天然松密和稠度状况。碎石土的密实度分为松散、稍密、中密、密实状态;砂土的密实度可根据标准贯入锤击数分为松散、稍密、中密、密实状态;粉土的密实度应根据孔隙比划分为密实、中密和稍密状态;黏性土的软硬状态可根据液性指数分为坚硬、硬塑、可塑、软塑和流塑状态。

3.确定地基承载力基本容许值

地基承载力基本容许值$[f_{a0}]$可根据岩土类别、状态及其物理力学特性指标按表3-7和表3-8选用。

(1)一般岩石地基

一般岩石地基可根据强度等级、节理按表3-7确定承载力基本容许值$[f_{a0}]$。对于复杂的岩层(如溶洞、断层、软弱夹层、易溶岩石、软化岩石等)应按各项因素综合确定。

岩石地基承载力基本容许值$[f_{a0}]$(kPa) 表3-7

坚硬程度	节理发育程度		
	节理不发育	节理发育	节理很发育
坚硬岩、较硬岩	>3000	3000~2000	2000~1500
较软岩	3000~1500	1500~1000	1000~800
软岩	1200~1000	1000~800	800~500
极软岩	500~400	400~300	300~200

(2)碎石土地基

碎石土地基可根据其类别和密实程度按表3-8确定承载力基本容许值$[f_{a0}]$。

碎石土地基承载力基本容许值$[f_{a0}]$ 表3-8

土名	密实程度			
	密实	中密	稍密	松散
卵石	1200~1000	1000~650	650~500	500~300
碎石	1000~800	800~550	550~400	400~200
圆砾	800~6000	600~400	400~300	300~200
角砾	700~500	500~400	400~300	300~200

注:1.由硬质岩组织,填充砂土者取高值;由软质岩组成,填充黏性土者取低值。
2.半胶结的碎石土,可按密实的同类土的$[f_{a0}]$值提高10%~30%。
3.松散的碎石土在天然河床中很少遇见,需特别注意鉴定。
4.漂石、块石的$[f_{a0}]$值,可参照卵石、碎石适当提高。

(3)砂土地基

砂土地基可根据土的密实度和水位按表3-9确定承载力基本容许值$[f_{a0}]$。

砂土地基承载力基本容许值$[f_{a0}]$ 表3-9

土名及水位情况		密实度			
		密实	中密	稍密	松散
砾砂、粗砂	与湿度无关	550	430	370	200
中砂	与湿度无关	450	370	330	150
细砂	水上	350	270	230	100
	水下	300	210	190	—
粉砂	水上	300	210	190	—
	水下	200	110	90	—

(4)粉土地基

粉土地基可根据土的天然孔隙比e和天然含水率$w(\%)$按表3-10确定承载力基本容许值$[f_{a0}]$。

粉土地基承载力基本容许值$[f_{a0}]$ 表3-10

e	$w(\%)$					
	10	15	20	25	30	35
0.5	400	380	355	—	—	—
0.6	300	290	280	270	—	—
0.7	250	235	225	215	205	—
0.8	200	190	180	170	165	—
0.9	160	150	145	140	130	125

(5)老黏性土地基

老黏性土地基可根据压缩模量E_s按表3-11确定承载力基本容许值$[f_{a0}]$。

老黏性土地基承载力基本容许值$[f_{a0}]$ 表3-11

E_s(MPa)	10	15	20	25	30	35	40
$[f_{a0}]$(kPa)	380	430	470	510	550	580	620

注:当老黏性土$E_s<10$MPa时,承载力基本容许值$[f_{a0}]$按一般黏性土(表3-12)确定。

(6)一般黏性土地基

一般黏性土可根据液性指数I_L和天然孔隙比e按表3-12确定地基承载力基本容许值$[f_{a0}]$。

一般黏性土地基承载力基本容许值$[f_{a0}]$ 表3-12

e	I_L												
	0	0.1	0.2	0.3	0.4	0.5	0.6	0.7	0.8	0.9	1.0	1.1	1.2
0.5	450	440	430	420	400	380	350	310	270	240	220	—	—
0.6	420	410	400	380	360	340	310	280	250	220	200	180	—
0.7	400	370	350	330	310	290	270	240	220	190	170	160	150
0.8	380	330	300	280	260	240	230	210	180	160	150	140	130
0.9	320	280	260	240	220	210	190	180	160	140	130	120	100
1.0	250	230	220	210	190	170	160	150	140	130	120	110	—
1.1	—	—	160	150	140	130	120	110	100	90	—	—	—

注:1. 土中含有粒径大于2mm的颗粒质量超过总质量30%以上者,$[f_{a0}]$可适当提高。

2. 当$e<0.5$时,取$e=0.5$;当$I_L<0$时,取$I_L=0$。此外,超过表列范围的一般黏性土,$[f_{a0}]=57.22E_s^{0.57}$。

(7)新近沉积黏性土地基

新近沉积黏性土地基可根据液性指数I_L和天然孔隙比e按表3-13确定地基承载力基本容许值$[f_{a0}]$。

新近沉积黏性土地基承载力基本容许值$[f_{a0}]$ 表3-13

e	I_L		
	≤0.25	0.75	1.25
≤0.8	140	120	100
0.9	130	110	90
1.0	120	100	80
1.1	110	90	—

4. 确定修正后的地基承载力容许值

地基承载力的验算,应以修正后的地基承载力容许值$[f_a]$控制。该值系在地基原位测试或规范给出的各类岩土承载力基本容许值$[f_{a0}]$的基础上,经修正而得。修正后的地基承载力容许值$[f_a]$按式(3-30)确定。当基础位于水中不透水地层上时,$[f_a]$按平均常水位至一般冲刷线的水深每米再增大10kPa。

$$[f_a] = [f_{a0}] + k_1\gamma_1(b-2) + k_2\gamma_2(h-3) \quad (3-30)$$

式中:$[f_a]$——修正后的地基承载力容许值,kPa;

$[f_{a0}]$——地基承载力基本容许值,kPa,应首先考虑由载荷试验或其他原位测试取得,其值不应大于地基极限承载力的 $\frac{1}{2}$;对中小桥、涵洞,当受现场条件限制,或载荷试验和原位测试确有困难时,也可根据岩土类别、状态及其物理力学特性指标按表 3-7 ~ 表 3-13 选用;地基承载力基本容许值尚应根据基础宽度($b>2m$)、基底埋深($h>3m$)及地基土的类别按照式(3-30)进行修正;

b——基础底面的最小边宽,m,当 $b<2m$ 时,取 $b=2m$;当 $b>10m$ 时,取 $b=10m$;

h——基底埋置深度,m,自天然地面起算,有水流冲刷时自一般冲刷线起算;当 $h<3m$ 时,取 $h=3m$;当 $\frac{h}{b}>4$ 时,取 $h=4b$;

k_1、k_2——基底宽度、深度修正系数,根据基底持力层土的类别按表 3-14 确定;

γ_1——基底持力层土的天然重度,kN/m^3;若持力层在水面以下且为透水者,应取浮重度;

γ_2——基底以上土层的加权平均重度,kN/m^3;换算时若持力层在水面以下,且不透水时,不论基底以上土的透水性质如何,一律取饱和重度;当透水时,水中部分土层应取浮重度。

地基承载力宽度、深度修正系数 k_1、k_2　　表 3-14

系数	黏性土			粉土	砂土									碎石土			
	老黏性土	一般黏性土		新近沉积黏性土	—	粉砂		细砂		中砂		砂砾、粗砂		碎石、圆砾角砾		卵石	
		$I_L \geq 0.5$	$I_L < 0.5$			中密	密实	中密	密实	中密	密实	中密	密实	中密	密实	中密	密实
k_1	0	0	0	0	0	1.0	1.2	1.5	2.0	2.0	3.0	3.0	4.0	3.0	4.0	3.0	4.0
k_2	2.5	1.5	2.5	1.0	1.5	2.0	2.5	3.0	4.0	4.0	5.5	5.0	6.0	5.0	6.0	6.0	10.0

注:1. 对于稍密和松散状态的砂、碎石土,k_1、k_2 值可采用表列中密值的 50%。
2. 强风化和全风化的岩石,可参照所风化成的相应土类取值;其他状态下的岩石不修正。
3. 软土地基承载力容许值可按照下文确定。
4. 其他特殊性岩土地基承载力基本容许值可参照各地区经验或相应的标准确定。

5.软土地基承载力容许值

软土地基承载力容许值 $[f_a]$ 按下列规定确定:

(1)软土地基承载力基本容许值 $[f_{a0}]$ 应由载荷试验或其他原位测试取得。载荷试验和原位测试确有困难时,对于中小桥、涵洞基底未经处理的软土地基,承载力容许值 $[f_a]$ 可采用以下两种方法确定:

①根据原状土天然含水率 w,按表 3-15 确定软土地基承载力基本容许值 $[f_{a0}]$,然后按式(3-31)计算修正后的地基承载力容许值 $[f_a]$:

$$[f_a] = [f_{a0}] + \gamma_2 h \tag{3-31}$$

式中,γ_2、h 的意义同式(3-30)。

软土地基承载力基本容许值 $[f_{a0}]$　　表 3-15

天然含水率 $w(\%)$	36	40	45	50	55	65	75
$[f_{a0}]$(kPa)	100	90	80	70	60	50	40

②根据原状土强度指标确定软土地基承载力容许值$[f_a]$：

$$[f_a] = \frac{5.14}{m}k_P C_u + \gamma_2 h \tag{3-32}$$

$$k_P = \left(1 + 0.2\frac{b}{l}\right)\left(1 - \frac{0.4H}{blC_u}\right) \tag{3-33}$$

式中：m——抗力修正系数，可视软土灵敏度及基础长宽比等因素选用 1.5~2.5；

C_u——地基土不排水抗剪强度标准值，kPa；

k_P——系数；

H——由作用（标准值）引起的水平力，kN；

b——基础宽度，m，有偏心作用时，取 $b - 2e_b$；

l——垂直于 b 边的基础长度，m，有偏心作用时，取 $l - 2e_l$；

e_b、e_l——偏心作用在宽度和长度方向的偏心距；

其他符号意义同式(3-30)。

(2) 经排水固结方法处理的软土地基，其承载力基本容许值$[f_{a0}]$应通过载荷试验或其他原位测试方法确定；经复合地基方法处理的软土地基，其承载力基本容许值应通过载荷试验确定，然后按式(3-31)计算修正后的软土地基地基承载力容许值$[f_a]$。

6. 地基承载力容许值的提高

地基承载力容许值$[f_a]$应根据地基受荷阶段及受荷情况，乘以下列抗力系数 γ_R。

(1) 使用阶段

①当地基承受作用短期效应组合或作用效应偶然组合时，可取 $\gamma_R = 1.25$；但对承载力容许值$[f_a]$小于 150kPa 的地基，应取 $\gamma_R = 1.0$。

②当地基承受的作用短期效应组合仅包括结构自重、预加力、土重、土侧压力、汽车和人群效应时，应取 $\gamma_R = 1.0$。

③当基础建于经多年压实未遭破坏的旧桥基(岩石旧桥基除外)上时，不论地基承受的作用情况如何，抗力系数均可取 $\gamma_R = 1.5$；对$[f_a]$小于 150kPa 的地基，可取 $\gamma_R = 1.25$。

④基础建于岩石旧桥基上，应取 $\gamma_R = 1.0$。

(2) 施工阶段

①地基在施工荷载作用下，可取 $\gamma_R = 1.25$。

②当墩台施工期间承受单向推力时，可取 $\gamma_R = 1.5$。

(五) 地基与基础的验算

基础埋置深度和尺寸初步拟定后，是否符合各项设计要求，还必须通过具体验算加以确认。各项验算都应分别采用其最不利的荷载组合作为验算的依据，具体考虑方法，将在各项验算项目中再作介绍。

每一个验算项目均分纵向和横向验算两部分，不予叠加。但都要分别符合规定的要求。对多数桥梁基础来说，往往纵向验算控制设计，所以一般不进行横向验算，但当横向有较大的水平力作用时，则除了纵向验算外，还必须同时进行横向验算。例如，寒冷地区冬季河水冻结，春天河面开冻产生流冰时，对桥墩将产生很大的流冰压力，这时横向验算也可能控制设计。两个方向验算的方法均相同。

地基承载力验算,主要是使基底应力和下卧各土层中的应力不超过地基土的容许承载力,以保证基础不因其地基的承载力不足而危及桥跨结构的安全和使用,其验算包括基础底面下地基持力层承载力和受压层范围内软弱下卧层承载力验算。

1. 持力层承载力验算

持力层是直接与基底相接触的土层。持力层承载力验算的目的是保证基底压应力不超过地基的容许承载力,以保证持力层地基不发生破坏,具体要求是:$p_{\max} \leq \gamma_R [f_a]$。

计算由外力(包括基础自重)在基底产生的应力。基底应力分布,用弹性理论可解得较精确的结果,但计算烦琐。实际工作中常采用简化方法,按材料力学中心或偏心受压公式来计算基底应力。由于刚性扩大基础埋置深度较小,在计算中不考虑基础四周土的摩阻力和弹性抗力的作用。

(1)当基底只承受轴心荷载时:

$$p = \frac{N}{A} \leq [f_a] \tag{3-34}$$

式中:p——基底平均压应力,kPa;

N——作用短期效应组合在基底产生的竖向力,kN;

A——基础底面面积,m^2;

$[f_a]$——修正后的地基承载力容许值,kPa。

(2)基底单向偏心受压,承受竖向力 N 和弯矩 M 共同作用时,当基底合力偏心距 $e_0 = \frac{M}{N} \leq \rho$ 时,应符合下列条件:

$$p_{\max} = \frac{N}{A} + \frac{M}{W} \leq \gamma_R [f_a] \tag{3-35}$$

式中:$p_{\max}$——基底最大压应力,kPa;

M——作用短期效应组合产生于墩台的水平力和竖向力对基底重心轴的弯矩,kN·m,$M = \sum T_i h_i + \sum P_i e_i = N e_0$,其中 T_i 为水平力,h_i 为水平力作用点至基底的距离,P_i 为竖向力,e_i 为竖向力 P_i 作用点至基底形心的偏心距,e_0 为合力偏心距;

W——基础底面偏心方向面积抵抗距,如为矩形基底,$W = \frac{1}{6} ab^2 = \rho A$,$\rho$ 为基底核心半径;

γ_R——抗力系数,其规定见上述地基承载力容许值提高的说明。

对设置在基岩上的墩台基础,当基底合力偏心距超出核心半径($e_0 > \rho$)时,可仅按受压区计算基底最大压应力,不考虑基底承受拉力。基底为矩形截面的最大压应力按下式计算:

$$p_{\max} = \frac{2N}{3da} = \frac{2N}{3\left(\frac{b}{2} - e_0\right)a} \tag{3-36}$$

式中:b——偏心方向基础底面的边长;

a——垂直于 b 边基础底面的边长;

d——N 作用点至基底受压边缘的距离;

e_0——N 作用点距截面重心的距离。

(3)当基底双向偏心受压,承受竖向力 N 和绕 x 轴弯矩 M_x 与绕 y 轴弯矩 M_y 共同作用时,应符合下列条件:

$$p_{\max} = \frac{N}{A} + \frac{M_x}{W_x} + \frac{M_y}{W_y} \leq \gamma_R [f_a] \quad (3-37)$$

式中:M_x、M_y——作用于基底的水平力和竖向力绕 x 轴和 y 轴的对基底的弯矩;

W_x、W_y——基础底面偏心方向边缘绕 x 轴和 y 轴的面积抵抗距。

规范规定,地基进行竖向承载力验算时,传至基底或承台底面的作用效应,应按正常使用极限状态的短期效应组合采用;同时尚应考虑作用效应的偶然组合(不包括地震作用)。作用效应组合值应小于或等于相应的抗力——地基承载力容许值或单桩承载力容许值。当采用作用短期效应组合时,其中可变作用的频遇值系数均取 1.0,且汽车荷载应计入冲击系数。

应当指出,全国性规范无疑要照顾到各地变化极大的土质情况,所以按《公路桥涵地基与基础设计规范》(JTG D63—2007)方法确定地基容许承载力,一般具有较大的安全度。如遇特殊地基或重大结构物,宜在可能范围内,利用多种方法获得的结果,经过综合分析比较,选取比较可靠合理的容许承载力值,以便充分利用和发挥地基的潜力,从而达到更经济合理的目的。

2. 软卧下卧层承载力验算

当受压层范围内地基为多层土组成,且持力层以下有软弱下卧层(容许承载力小于持力层容许承载力的土层)时,还应验算软弱下卧层的承载力。

$$P_z = \gamma_1(h+z) + \alpha(p - \gamma_2 h) \leq \gamma_R [f_a]_{h+z} \quad (3-38)$$

式中:P_z——软弱地基或软土层的压应力;

h——基底的埋置深度,m;当基础受水流冲刷时,由一般冲刷线算起;当不受水流冲刷时,由天然地面算起;如位于挖方内,则由开挖后地面算起;

z——从基底到软弱地基或软土层地基顶面的距离,m,如图 3-67 所示;

γ_1——深度($h+z$)范围内各土层的换算重度,kN/m^3;

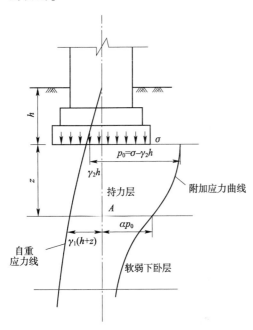

图 3-67 软弱下卧层压实力分布图

α——土中附加压应力系数,参见表 3-16;

p——基底压应力,kPa;当 $z/b > 1$ 时,p 采用基底平均压应力;当 $z/b \leq 1$ 时,p 按基底压应力图形采用距最大压应力点 $b/4 \sim b/3$ 处的压应力(对于梯形图形前后端压应力差值较大时,可采用上述 $b/4$ 点处的压应力值;反之,则采用上述 $b/3$ 处压应力值),以上 b 为矩形基底宽度;

$[f_a]_{h+z}$——软弱地基或软土层地基顶面土的承载力容许值。参照上述地基承载力容许值规范的方法计算。

$$[f_a]_{h+z} = [f_{a0}]_{h+z} + k_1\gamma_1(b-2) + k_2\gamma_2(h+z-3) \tag{3-39}$$

式中:$[f_{a0}]_{h+z}$——软弱下卧层地基承载力基本容许值,参考上述地基承载力内容根据软弱下卧层地基参数查规范确定。

桥涵基底中点下卧层附加压力系数 α 表3-16

z/b	l/b											
	1.0	1.2	1.4	1.6	1.8	2.0	2.4	2.8	3.2	3.6	4.0	5.0	≥10(条形)
0.0	1.000	1.000	1.000	1.000	1.000	1.000	1.000	1.000	1.000	1.000	1.000	1.000	1.000
0.1	0.980	0.984	0.986	0.987	0.987	0.988	0.988	0.989	0.989	0.989	0.989	0.989	0.989
0.2	0.960	0.968	0.972	0.974	0.975	0.976	0.976	0.977	0.977	0.977	0.977	0.977	0.977
0.3	0.880	0.899	0.910	0.917	0.920	0.923	0.925	0.928	0.928	0.929	0.929	0.929	0.929
0.4	0.800	0.830	0.848	0.859	0.866	0.870	0.875	0.878	0.879	0.880	0.880	0.881	0.881
0.5	0.703	0.741	0.765	0.781	0.791	0.799	0.810	0.812	0.814	0.816	0.817	0.818	0.818
0.6	0.606	0.651	0.682	0.703	0.717	0.727	0.737	0.746	0.749	0.751	0.753	0.754	0.755
0.7	0.527	0.574	0.607	0.630	0.648	0.660	0.674	0.685	0.690	0.692	0.694	0.697	0.698
0.8	0.449	0.496	0.532	0.558	0.578	0.593	0.612	0.623	0.630	0.633	0.636	0.639	0.642
0.9	0.392	0.437	0.473	0.499	0.520	0.536	0.559	0.572	0.579	0.584	0.588	0.592	0.596
1.0	0.334	0.378	0.414	0.441	0.463	0.482	0.505	0.520	0.529	0.536	0.540	0.545	0.550
1.1	0.295	0.336	0.369	0.396	0.418	0.436	0.462	0.479	0.489	0.496	0.501	0.508	0.513
1.2	0.257	0.294	0.325	0.352	0.374	0.392	0.419	0.437	0.449	0.457	0.462	0.470	0.477
1.3	0.229	0.263	0.292	0.318	0.339	0.357	0.384	0.403	0.416	0.424	0.431	0.440	0.448
1.4	0.201	0.232	0.260	0.284	0.304	0.321	0.350	0.369	0.383	0.393	0.400	0.410	0.420
1.5	0.180	0.209	0.325	0.258	0.277	0.294	0.322	0.341	0.356	0.366	0.374	0.385	0.397
1.6	0.160	0.187	0.210	0.232	0.251	0.267	0.294	0.314	0.329	0.340	0.348	0.360	0.374
1.7	0.145	0.170	0.191	0.212	0.230	0.245	0.272	0.292	0.307	0.317	0.326	0.340	0.355
1.8	0.130	0.153	0.173	0.192	0.209	0.224	0.250	0.270	0.285	0.296	0.305	0.320	0.337
1.9	0.119	0.140	0.159	0.177	0.192	0.207	0.233	0.251	0.263	0.278	0.288	0.303	0.320
2.0	0.108	0.127	0.145	0.161	0.176	0.189	0.214	0.233	0.241	0.260	0.270	0.285	0.304
2.1	0.099	0.116	0.133	0.148	0.163	0.176	0.199	0.220	0.230	0.244	0.255	0.270	0.292
2.2	0.090	0.107	0.122	0.137	0.150	0.163	0.185	0.208	0.218	0.230	0.239	0.256	0.280
2.3	0.083	0.099	0.113	0.127	0.139	0.151	0.173	0.193	0.205	0.216	0.226	0.243	0.269
2.4	0.077	0.092	0.105	0.118	0.130	0.141	0.161	0.178	0.192	0.204	0.213	0.230	0.258
2.5	0.072	0.085	0.097	0.109	0.121	0.131	0.151	0.167	0.181	0.192	0.202	0.219	0.249
2.6	0.066	0.079	0.091	0.102	0.112	0.123	0.141	0.157	0.170	0.184	0.191	0.208	0.239
2.7	0.062	0.073	0.084	0.095	0.105	0.115	0.132	0.148	0.161	0.174	0.182	0.199	0.234
2.8	0.058	0.069	0.079	0.089	0.099	0.108	0.124	0.139	0.152	0.163	0.172	0.189	0.228

续上表

z/b	l/b											
	1.0	1.2	1.4	1.6	1.8	2.0	2.4	2.8	3.2	3.6	4.0	5.0	≥10（条形）
2.9	0.054	0.064	0.074	0.083	0.093	0.101	0.177	0.132	0.144	0.155	0.163	0.180	0.218
3.0	0.051	0.060	0.070	0.078	0.087	0.095	0.110	0.124	0.136	0.146	0.155	0.172	0.208
3.2	0.045	0.053	0.062	0.070	0.077	0.085	0.098	0.111	0.122	0.133	0.141	0.158	0.190
3.4	0.040	0.048	0.055	0.062	0.069	0.076	0.088	0.100	0.110	0.120	0.128	0.144	0.184
3.6	0.036	0.042	0.049	0.056	0.062	0.068	0.080	0.090	0.100	0.109	0.117	0.133	0.175
3.8	0.032	0.038	0.044	0.050	0.056	0.062	0.072	0.082	0.091	0.100	0.107	0.123	0.166
4.0	0.029	0.035	0.040	0.046	0.051	0.056	0.066	0.075	0.084	0.090	0.095	0.113	0.158
4.2	0.026	0.031	0.037	0.042	0.048	0.051	0.060	0.069	0.077	0.084	0.091	0.105	0.150
4.4	0.024	0.029	0.034	0.038	0.042	0.047	0.055	0.063	0.070	0.077	0.084	0.098	0.144
4.6	0.022	0.026	0.031	0.035	0.039	0.043	0.051	0.058	0.065	0.072	0.078	0.091	0.137
4.8	0.020	0.024	0.028	0.032	0.036	0.040	0.047	0.054	0.060	0.067	0.072	0.085	0.132
5.0	0.019	0.022	0.026	0.030	0.033	0.037	0.044	0.050	0.056	0.062	0.067	0.079	0.126

注：l、b 为矩形基础边缘的长边和短边，m；z 为基底至下卧层土面的距离，m。

3. 基底合力偏心距验算

墩台基础的设计计算，必须控制基底合力偏心距，其目的是尽可能使基底应力分布比较均匀。以避免基底两侧应力相差过大，使基础产生较大的不均匀沉降，墩台发生倾斜，影响正常使用。故在计算中应对基底合力偏心距 e_0 加以控制，并满足《公路桥涵地基与基础设计规范》（JTG D63—2007）的规定，见表3-17。

墩台基底的合力偏心距容许值 $[e_0]$　　表3-17

作用情况	地基条件	合力偏心距	备注
墩台仅承受永久作用标准值效应组合	非岩石地基	桥墩 $[e_0] \leq 0.1\rho$	拱桥、刚构桥墩台，其合力作用点应尽量保持在基底重心附近
		桥台 $[e_0] \leq 0.75\rho$	
墩台承受作用标准值效应组合或偶然作用（地震作用除外）标准值效应组合	非岩石地基	$[e_0] \leq \rho$	拱桥单向推力墩不受限制，但应符合《公路桥涵地基与基础设计规范》（JTG D63—2007）表4.4.3规定的抗倾覆稳定系数
	较破碎~极破碎岩石地基	$[e_0] \leq 1.2\rho$	
	完整、较完整岩石地基	$[e_0] \leq 1.5\rho$	

基底以上外力作用点对基底重心轴的偏心距 e_0 按下式计算：

$$e_0 = \frac{M}{N} \leq [e_0] \tag{3-40}$$

式中：M、N——作用于基底的竖向力和所有外力（竖向力、水平力）对基底截面重心的弯矩。

基底承受单向或双向偏心受压的 ρ 值可按下式计算：

$$\rho = \frac{e_0}{1 - \dfrac{p_{\min}A}{N}} \tag{3-41}$$

$$p_{\min} = \frac{N}{A} - \frac{M_x}{W_x} - \frac{M_y}{W_y} \qquad (3\text{-}42)$$

式中：$p_{\min}$——基底最小压应力，当为负值时表示拉应力；

e_0——N 作用点距截面重心的距离。

4. 基础稳定性验算

基础稳定性验算包括基础的抗倾覆稳定性验算和基础抗滑动稳定性验算。

（1）桥梁墩台基础的抗倾覆稳定，验算如图 3-68 所示，按下式计算：

$$k_0 = \frac{s}{e_0} \qquad (3\text{-}43)$$

$$e_0 = \frac{\sum P_i e_i + \sum H_i h_i}{\sum P_i} \qquad (3\text{-}44)$$

式中：k_0——墩台基础抗倾覆稳定性系数；

s——在截面重心至合力作用点的延长线上，自截面重心至验算倾覆轴的距离，m；

e_0——所有外力的合力 R 在验算截面的作用点对基底重心轴的偏心距；

P_i——不考虑其分项系数和组合系数的作用标准值组合或偶然作用（地震除外）标准值组合引起的竖向力，kN；

e_i——竖向力 p_i 对验算截面重心的力臂，m；

H_i——不考虑其分项系数和组合系数的作用标准值组合或偶然作用（地震除外）标准值组合引起的水平力，kN；

h_i——水平力对验算截面的力臂，m。

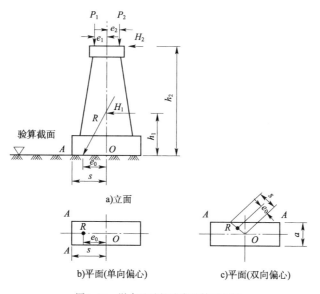

图 3-68 墩台基础的稳定验算示意图

O-截面重心；R-合力作用点；A-A-验算倾覆轴

注：1. 弯矩应视其绕验算截面重心轴的不同方向取正负号。

2. 对于矩形凹缺的多边形基础，其倾覆轴应取基底截面的外包线。

（2）桥涵墩台基础的抗滑稳定性系数 K_c 按下式计算：

$$k_c = \frac{\mu \sum P_i + \sum H_{iP}}{\sum H_{ia}} \tag{3-45}$$

式中：k_c——桥涵墩台基础的抗滑动稳定性系数；

$\sum P_i$——竖向力总和；

$\sum H_{iP}$——抗滑稳定水平力总和；

$\sum H_{ia}$——滑动水平力总和；

μ——基础底面与地基土之间的摩擦系数，通过试验确定；当缺少实际资料时，可参照表 3-18 采用。

注：$\sum H_{iP}$ 和 $\sum H_{ia}$ 分别为两个相对方向的各自水平力总和，绝对值较大者为滑动水平力 $\sum H_{ia}$，另一为抗滑稳定力 $\sum H_{iP}$；$\mu \sum P_i$ 为抗滑动稳定力。

基底摩擦系数　　　　　　　表 3-18

地基土分类	μ	地基土分类	μ
黏土（流塑~坚硬）、粉土	0.25	软岩（极软岩~较软岩）	0.40~0.60
砂土（粉砂~砾砂）	0.30~0.40	硬岩（较硬岩~坚硬岩）	0.60~0.70
碎石土（松散~密实）	0.40~0.50		

验算墩台抗倾覆和抗滑动的稳定性时，稳定性系数不应小于表 3-19 的规定。

抗倾覆和抗滑动的稳定性系数　　　　　　　表 3-19

作用组合		验算项目	稳定性系数
使用阶段	永久作用（不计混凝土收缩及徐变、浮力）和汽车、人群的标准值效应组合	抗倾覆 抗滑动	1.5 1.3
	各种作用（不包括地震作用）的标准值效应组合	抗倾覆 抗滑动	1.3 1.2
施工阶段作用的标准值效应组合		抗倾覆 抗滑动	1.2

5. 基础沉降验算

基础的沉降验算包括沉降量、相邻基础沉降差、基础由于不均匀沉降而发生的倾斜等。基础的沉降主要由竖向荷载作用下土层的压缩变形引起。沉降量过大将影响结构物的正常使用和安全，应加以限制。在确定一般土质的地基容许承载力时，已考虑了这一变形的因素，所以修建在一般土质条件下的中、小型桥梁基础，只要满足地基强度要求，地基（基础）的沉降也就满足要求。但对于下列情况，则必须验算基础的沉降。

（1）修建在地质情况复杂、地层分布不均或强度较小的软黏土地基及湿陷性黄土的基础。

（2）修建在非岩石地基上的拱桥，连续梁桥等超静定结构的基础。

（3）当相邻基础下地基土强度有显著不同或相邻跨度相差悬殊而必须考虑其沉降时。

（4）对于跨线桥、跨线渡槽要保证桥（槽）下净空高度时。

对于公路桥梁,基础上结构重力和土重作用对沉降影响是主要的,汽车等活载作用时间短暂,对沉降影响小,所以在沉降计算中不予考虑。

计算基础沉降时,传至基础底面的作用效应应按正常使用极限状态下作用长期效应组合采用。该组合仅为直接施加于结构上的永久作用标准值(不包括混凝土收缩及徐变作用、基础变位作用)和可变作用准永久值(仅按汽车荷载和人群荷载)引起的效应。

【例3-1】 某河流的地质、水文和土层承载力等资料如图3-69所示,试根据资料确定基础埋置深度。

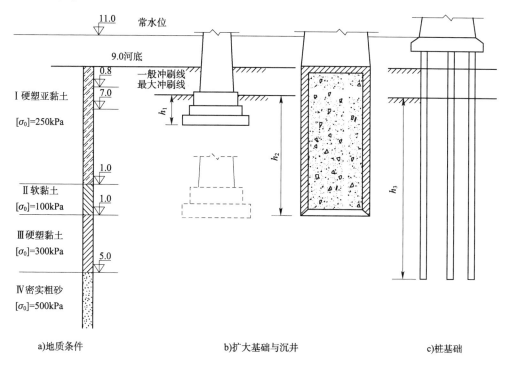

图3-69 基础埋深的不同方案

解:根据水文资料,可以看出土层第Ⅰ、Ⅲ、Ⅳ层均可以作为基础持力层,有如下三个不同方案可供选择:

方案一:以第Ⅰ层硬塑亚黏土作为持力层。在满足最大冲刷线深度要求的条件下尽量浅埋,若为小桥涵基础埋置深度可以超过冲刷线1m,最小埋深3m;若为大、中桥梁基础,由冲刷线以下埋深为1.5m或2.0m,因此,一般桥梁最小埋深为3.5m,重要桥梁基础最小埋深为4.0m。确定基础埋深后需要对持力层和下卧层的承载力进行验算,若承载力不能满足要求,可以考虑将基础埋置在第Ⅲ或第Ⅳ层。

方案二:将基础埋置在第Ⅲ层硬塑黏土中,冲刷线以下的最小埋置深度为8m,采用浅基础施工开挖量较大,需要考虑技术和经济的合理性。也可以采用沉井基础方案或桩基础方案,具体要根据技术经济比较选取较优方案。

方案三:采用桩基础,将桩端直接伸入第Ⅳ层密实粗砂层,以密实粗砂层作为桩基的持力层。实际确定时根据实际情况选定,原则上尽量选用浅基础。

【例3-2】 某水中基础(图3-70),其底面为4.0m×6.0m的矩形,埋置深度为3.5m,平均常水位到一般冲刷线的深度为 2.5m。持力层为黏土,它的天然孔隙比 $e = 0.7$,液性指数 $I_L = 0.45$,天然重度 $\gamma = 19.0 \text{kN/m}^3$。基底以上全为中密的粉砂,其饱和重度 $\gamma_f = 20.0 \text{kN/m}^3$。当承受作用短期效应组合时,试求持力层的地基承载力容许值。

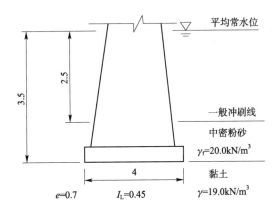

图 3-70 水中基础(尺寸单位:m)

解:持力层属一般黏性土,按其值 e、I_L,查表 3-12 得 $[f_{a0}] = 300 \text{kPa}$;查表 3-14 得宽、深度修正系数 $k_1 = 0$、$k_2 = 2.5$,由于持力层黏土的 $I_L = 0.45 < 1.0$,呈硬塑状态,可视为不透水,故考虑水深影响,按式(3-31)可算得:

$$[f_a] = [f_{a0}] + k_1 \gamma_1 (b-2) + k_2 \gamma_2 (h-3) + 10 h_w$$

$$= 300 + 0 + 2.5 \times 20 \times (3.5 - 3) + 10 \times 2.5 = 350 (\text{kPa})$$

注意:上式中因持力层不透水,故 $\gamma_2 = \gamma_1 = 20 \text{kN/m}^3$,$h_w$ 为平均常水位到一般冲刷线的深度。

持力层的地基承载力容许值为:

$$\gamma_R [f_a] = 1.25 \times 350 = 437.5 (\text{kPa})$$

【例 3-3】 某桥墩为混凝土实体墩,刚性扩大基础,作用短期效应组合产生作用力:支座反力为 840kN 及 930kN;桥墩及基础自重为 5480kN;设计水位以下墩身及基础浮力 1200kN;制动力 84kN;墩帽与墩身风力分为 2.1kN 和 16.8kN。结构尺寸及地质、水文资料如图 3-71 所示,基础宽 3.1m,长 9.9m。要求验算:

(1)地基承载力。
(2)基底合力偏心距。
(3)基础稳定性。

解:(1)地基承载力验算

①持力层承载力验算

持力层为中砂 $[f_{a0}] = 370 \text{kPa}$,宽度、深度修正系数 $k_1 = 2.0$,$k_2 = 4.0$;则修正后的地基承载力容许值 $[f_a]$ 为:

$$[f_a] = [f_{a0}] + k_1 \gamma_1 (b-2) + k_2 \gamma_2 (h-3)$$

$$= 370 + 2.0 \times (20.5 - 10) \times (3.1 - 2) + 4.0 \times (20.5 - 10) \times (4.1 - 3)$$

$$= 439.3 (\text{kPa})$$

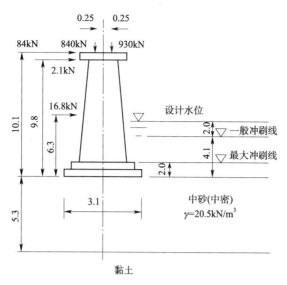

图 3-71 桥墩结构尺寸及地质、水文资料图(尺寸单位:m)

根据《公路桥涵设计通用规范》(JTG D60—2015)规定,基础底面位于透水性地基上的桥梁墩台,当验算稳定时,应考虑设计水位的浮力;当验算地基应力时,可仅考虑低水位的浮力,或不考虑水的浮力。

基底竖向力:
$$N = 840 + 930 + 5480 = 7250(\text{kN})$$

水平力:
$$T = 84 + 2.1 + 16.8 = 102.9(\text{kN})$$

基底重心轴弯矩 M:
$$M = 84 \times 10.1 + 2.1 \times 9.8 + 16.8 \times 6.3 + 930 \times 0.25 - 840 \times 0.25 = 997.32(\text{kN} \cdot \text{m})$$

基底最大压应力:
$$P_{\max} = \frac{N}{A} + \frac{M}{w} = \frac{7250}{3.1 \times 9.9} + \frac{997.32}{\frac{9.9 \times 3.1^2}{6}} = 299.11(\text{kPa})$$

因为作用短期效应组合,$P_{\max} = 299.11 \leqslant \gamma_R [f_a] = 1.25 \times 439.3$,所以持力层强度满足要求。

②软弱下卧层强度验算

下卧层为黏土,$I_L = 1.0$,$e_0 = 0.8$,查表得$[f_{a0}] = 150\text{kPa}$,小于持力层$[f_{a0}] = 370\text{kPa}$,故为软弱下卧层。

$I_L = 1.0 > 0.5$,宽度、深度修正系数$k_1 = 0$,$k_2 = 1.5$,则修正后的软弱下卧层的承载力为:
$$\begin{aligned}
[f_a] &= [f_{a0}] + k_1 \gamma_1 (b - 2) + k_2 \gamma_2 (h + z - 3) \\
&= 150 + 1.5 \times (20.5 - 10) \times (4.1 + 5.3 - 3) \\
&= 250.8(\text{kPa})
\end{aligned}$$

下卧层顶面应力为：
$$P_z = \gamma_1(h+z) + \alpha(p - \gamma_2 h)$$

其中γ_1为$(h+z)$范围内的重度，且为浮重度，故$\gamma_1 = 10.5 \text{ kN/m}^3$；$\gamma_2$为$h$范围内的重度，则$\gamma_2 = 10.5 \text{kN/m}^3$。

因$z/b = 5.3/3.1 = 1.71 > 1$，则基底平均压应力P为236.23 kPa，$l/b = 9.9/3.1 = 3.194$查表3-16，经内插$\alpha = 0.305$。

$$P_z = 0.5 \times (4.1 + 5.3) + 0.305 \times (236.23 - 10.5 \times 4.1) = 157.62(\text{kPa})$$

$P_z \leq 1.25[f_a]$，因此软弱下卧层满足要求。

（2）基底合力偏心距验算

基底合力偏心距$e_0 = M/N$，其中N为考虑了墩身和基础浮力作用影响，则：
$$N = 7250 - 1200 = 6050(\text{kN})$$
$$e_0 = 997.32 / 6050 = 0.16(\text{m})$$
$$\rho = 1/6 \times b = 1/6 \times 3.1 = 0.52(\text{m})$$

$e_0 = M/N \leq [e_0] = \rho$，满足要求。

（3）基础稳定性验算

①抗倾覆稳定性验算

$$k_0 = \frac{s}{e_0}$$

$$e_0 = \frac{\sum P_i e_i + \sum H_i h_i}{\sum P_i}$$

其中$s = b/2 = 3.1/2 = 1.55(\text{m})$，$e_0 = 997.32/6.50 = 0.16(\text{m})$，查表3-19，抗倾覆稳定性系数为1.3，则$k_0 = 1.55/0.16 = 9.69 > 1.3$，符合要求。

②抗滑动稳定性验算

$$k_c = \frac{\mu \sum P_i + \sum H_{iP}}{\sum H_{ia}}$$

其中$\sum P_i = 6050$ kN，$\sum H_{iP} = 0$，$\sum H_{ia} = 102.9$ kN，查表3-18得$\mu = 0.4$，查表3-19得抗滑动稳定性系数为1.2，则：$K_c = 0.4 \times 6050 / 102.9 = 23.52 > 1.2$，符合要求。

二、桩基础设计

天然地基上的浅基础一般造价较低，施工简单，因此在桥梁工程中应尽量优先采用。但当地基浅层土质不良，采用浅基础无法满足建筑对地基承载力、变形和稳定性方面的要求时，往往采用深基础。桩基础是一种常用的深基础类型，由埋于土中的若干根桩及将所有桩连成整体的承台（或盖梁）两部分组成（图3-72）。桩基中的桩通常称基桩，桩身可以全部或部分埋入地基土中，当桩身外露在地面上较高时，在桩之间还应加横系梁，以加强各桩之间的横向联系。桩可以先预制好，再将其运至现场沉入土中；也可以就地钻孔（或人工挖孔），然后在孔中浇筑水泥混凝土或放置入钢筋骨架后再浇灌混凝土而成桩。

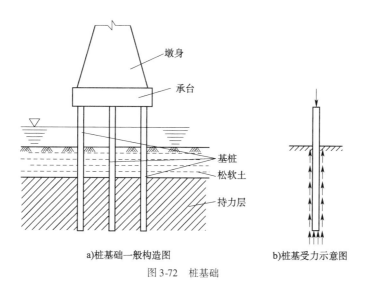

a) 桩基础一般构造图　　b) 桩基受力示意图

图 3-72　桩基础

在设计桩基础时首先应从分析单桩入手,确定单桩容许承载力,然后结合桩基础的结构和构造形式进行基桩受力分析计算,从而确定桩基础的承载力。

(一)单桩容许承载力的确定

单桩容许承载力是指单桩在荷载作用下,地基土和桩本身的强度和稳定性均能得到保证,变形也在容许范围之内,以保证结构物的正常使用所能承受的荷载。一般情况下,桩受到轴向力、横轴向力及弯矩作用,因此单桩容许承载力包括单桩的轴向容许承载力和横轴向容许承载力,但通常桩主要承受轴向力,所以本节主要研究单桩轴向容许承载力的确定,简要介绍单桩横向容许承载力和负摩阻力问题。

1. 单桩轴向容许承载力的确定

单桩轴向容许承载力的确定方法有:静载试验法、经验公式(规范法)、静力触探法、动力公式及按桩身材料确定单桩轴向容许承载力等方法。

1)用静载试验确定单桩容许承载力

静载试验法即在现场对一根沉入设计深度的桩在桩顶逐级施加轴向荷载,直至桩达到破坏状态为止,并在试验过程中测量每级荷载下的桩顶沉降,根据沉降与荷载及时间的关系,分析确定单桩轴向容许承载力。

静载试验可在现场做试桩或利用基础中已筑好的基桩进行试验。试桩数目应不少于基桩总数的2%,且不应少于2根;试桩的施工方法以及试桩材料和尺寸、入土深度均应与设计桩相同。

(1)试验装置

锚桩法试验装置是常用的一种加荷装置,主要设备由锚梁、横梁和油压千斤顶组成(图3-73)。锚桩可根据需要布设4~6根,锚桩的入土深度等于或大于试桩的入土深度。锚桩与试桩的间距应大于试桩桩径的3倍,以减小对试桩的影响。桩顶沉降常用百分表或位移计量测。观测装置的固定点(如基准桩)应与试、锚桩保持适当的距离,见表3-20。

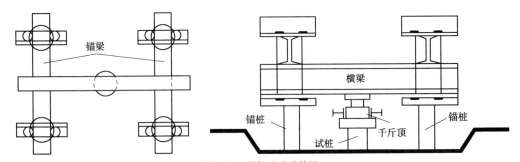

图 3-73 锚桩法试验装置

观测装置的固定点与试桩、锚桩的最小距离　　　表 3-20

锚 桩 数 目	观测装置的固定点与试桩、锚桩的最小距离（m）	
	与试桩	与锚桩
4	2.4	1.6
6	1.7	1.0

（2）测试方法

试桩加载应分级进行，每级荷载为极限荷载预估值的 1/15～1/10；有时也采用递变加载方式，开始阶段每级荷载取极限荷载预估值的 1/5～1/2.5，终了阶段取 1/15～1/10。

测读沉降时间，在每级加荷后的第一小时内，每隔 15min 测读一次，以后每隔 30min 测读一次，至沉降稳定为止。沉降稳定的标准，通常规定为：对砂性土为 30min 内不超过 0.1mm；对黏性土为 1h 内不超过 0.1mm。待沉降稳定后，方可施加下一级荷载。循此加载观测，直至桩达到破坏状态，终止试验。

当出现下列情况之一时，一般认为桩已达破坏状态，所相应施加的荷载即为破坏荷载：

①桩的沉降量突然增大，总沉降量大于 40mm，且本级荷载下的沉降量为前一级荷载下沉降量的 5 倍以上。

②总位移量大于或等于 40mm，本级荷载加上后 24h 桩的沉降未趋稳定。

（3）极限荷载和轴向容许承载力的确定

破坏荷载求得以后，可将其前一级荷载作为极限荷载，单桩轴向受压承载力容许值等于极限荷载除以安全系数（一般取 2）。

对于大块碎石类、密实砂类土及硬黏性土，总沉降量值小于 40mm，但荷载已大于或等于设计荷载与设计规定的安全系数乘积时，可取终止加载时的总荷载为极限荷载。

根据试验测得资料所做成的试桩曲线来分析，确定试桩的破坏荷载。可以在静载试验绘制的 P-S 曲线上，以曲线出现明显下弯转折点所对应的作用荷载作为极限荷载，但有时 P-S 曲线的转折点不明显，此时极限荷载就难以确定，需借助其他方法辅助判定，例如绘制各级荷载下的沉降—时间（S-t）曲线或用对数坐标绘制 $\lg P$-$\lg S$ 曲线，可能使转折点显得明确些。

采用静载试验法确定单桩容许承载力比较符合实际情况，是较可靠的方法，但需要较多的人力物力和较长的试验时间，工程投资较大，因此《公路桥涵地基与基础设计规范》(JTG D63—2007)规定,对于:桩的入土深度远超过常用桩;地质情况复杂,难以确定桩的承载力;有其他特殊要求的桥梁用桩的大桥、特大桥,应通过静载试验确定单桩容许承载力。

2)按经验公式(规范法)确定单桩轴向容许承载力

《公路桥涵地基与基础设计规范》(JTG D63—2007)规定了以经验公式计算单桩轴向容许承载力的方法。根据大量的静载试验资料,经过理论分析和统计整理,规范给出了不同类型的桩,按土的类别、状态、埋置深度等条件下有关土的阻力的经验系数和数据,列出了公式。这种方法具有一定理论根据和实践基础,可在一般桥梁基础设计中直接应用。

(1)摩擦桩

摩擦桩单桩轴向受压承载力容许值等于桩侧总摩阻力容许值与桩端总承载力容许值之和。

由于沉桩与灌注桩的施工方法和埋在土中的条件不同,由试验所得的桩侧摩阻力和桩尖承载力的数据也不同,所以计算式也有所区别,分述如下:

①钻(挖)孔灌注桩

$$[R_\mathrm{a}] = \frac{1}{2}u\sum_{i=1}^{n}q_{ik}l_i + A_\mathrm{p}q_\mathrm{r} \tag{3-46}$$

$$q_\mathrm{r} = m_0\lambda\big[[f_{a0}] + k_2\gamma_2(h-3)\big] \tag{3-47}$$

式中:$[R_\mathrm{a}]$——单桩轴向受压承载力容许值,kN,桩身自重与置换土重(当自重计入浮力时,置换土重也计入浮力)的差值作为荷载考虑;

u——桩身周长,m;

A_p——桩端截面面积,m^2,对于扩底桩,取扩底截面面积;

n——桩所穿过的土层数;

l_i——对低桩承台,为承台底面以下桩所穿过的各层土的厚度,m;对高桩承台,为局部冲刷线以下桩所穿过的各土层的厚度,m,扩孔部分不计;

q_{ik}——与 l_i 对应的各土层和桩侧的摩阻力标准值,kPa,宜采用单桩摩阻力试验确定,当无试验条件时按表3-21选用;

q_r——桩端处土的承载力容许值,kPa,当持力层为砂土、碎石土时,若计算值超过下列值,宜按下列值采用:粉砂1000kPa;细砂1150kPa;中砂、粗砂、砾砂1450kPa;碎石土2750kPa;

$[f_{a0}]$——桩端处土的承载力基本容许值,可查地基承载力表确定,kPa;

h——桩端的埋置深度,m,对有冲刷的基桩,由一般冲刷线起算;对无冲刷的桩基,埋深由天然地面线或实际开挖后的地面线算起,h 的计算值不大于40m,当大于40m时,按 $h=40m$ 计算;

k_2——容许承载力随深度的修正系数,可按桩端尖处持力层土类查表确定;

γ_2——桩端以上各层土的加权平均重度,kN/m^3,若持力层在水位面以下且不透水时,不论桩端以上土的透水性如何,一律用饱和重度;当持力层透水时则水中部分土层取浮重度;

λ——修正系数,见表3-22;

m_0——清底系数,按表 3-23 选用。

钻孔桩桩侧土的摩阻力标准值 q_{ik}　　表 3-21

土　类		q_{ik}(kPa)	土　类		q_{ik}(kPa)
中密炉渣、粉煤灰		40~60	中砂	中密	45~60
黏性土	流塑 $I_L > 1$	20~30		密实	60~80
	软塑 $0.75 < I_L \leq 1$	30~50	粗砂、砾砂	中密	60~90
	可塑、硬塑 $0 < I_L \leq 0.75$	50~80		密实	90~140
	坚硬 $I_L \leq 0$	80~120	圆砾、角砾	中密	120~150
粉土	中密	30~55		密实	150~180
	密实	55~80	碎石、卵石	中密	160~220
粉砂、细砂	中密	35~55		密实	220~400
	密实	55~70	漂石、块石		400~600

注:挖孔桩的摩阻力标准值可参照本表采用。

修 正 系 数 λ 值　　表 3-22

桩端土情况	l/d		
	4~20	20~25	>25
透水性土	0.7	0.70~0.85	0.85
不透水性	0.65	0.65~0.72	0.72

清 底 系 数 m_0 值　　表 3-23

t/d	0.3~0.1	m_0	0.70~1.0

注:1. t、d 为桩端沉渣厚度和桩的直径。

2. $d < 1.5\text{m}$ 时,$t \leq 300\text{mm}$;$d > 1.5\text{m}$ 时,$t \leq 500\text{mm}$;且 $0.1 < t/d < 0.3$。

②沉桩的承载力容许值

$$[R_a] = \frac{1}{2}\left(u\sum_{i=1}^{n}\alpha_i l_i q_{ik} + \alpha_r A_p q_{rk}\right) \tag{3-48}$$

式中:$[R_a]$——单桩轴向受压承载力容许值,kN,桩身自重与置换土重(当自重计入浮力时, 置换土重也计入浮力)的差值作为荷载考虑;

　　　u——桩身周长,m;

　　　n——桩所穿过的土层数;

　　　l_i——承台底面或局部冲刷线以下各层土的厚度;

　　　q_{ik}——与 l_i 对应的各土层和桩侧的摩阻力标准值,kPa,宜采用单桩摩阻力试验确定,当无试验条件时按表 3-24 选用;

　　　q_{rk}——桩端处土的承载力标准值,宜采用单桩试验确定或通过静力触探试验测定, 当无试验条件时按表 3-25 选用;

　　　α_i、α_r——分别为振动沉桩对各土层桩侧摩阻力和桩端承载力的影响系数,按表 3-26 采用,对于锤击静压沉桩其值均取为 1.0。

沉桩桩侧土的摩阻力标准值 q_{ik}　　　　表 3-24

土类	状态	q_{ik}(kPa)	土类	状态	q_{ik}(kPa)
黏性土	$1 \leq I_L \leq 1.5$	15~30	粉细砂	稍密	20~35
	$0.75 \leq I_L < 1$	30~45		中密	35~65
	$0.5 \leq I_L < 0.75$	45~60		密实	65~80
	$0.25 \leq I_L < 0.5$	60~75	中砂	中密	55~75
	$0 \leq I_L < 0.25$	75~85		密实	75~90
	$I_L < 0$	85~95	粗砂	中密	70~90
粉土	稍密	20~35		密实	90~105
	中密	35~65			
	密实	65~80			

注：表中土的液性指数 I_L 系按 76g 平衡锥测定的数值算得。

沉桩桩端处土的承载力标准值 q_{rk}　　　　表 3-25

土类	状态	桩端承载力标准值 q_{rk}(kPa)		
黏性土	$1 \leq I_L$	1000		
	$0.65 \leq I_L < 1$	1600		
	$0.35 \leq I_L < 0.65$	2200		
	$I_L < 0.35$	3000		
—	—	桩尖进入持力层的相对深度		
		$1 > \dfrac{h_c}{d}$	$4 > \dfrac{h_c}{d} \geq 1$	$\dfrac{h_c}{d} \geq 4$
粉土	中密	1700	2000	2300
	密实	2500	3000	3500
粉砂	中密	2500	3000	3500
	密实	5000	6000	7000
细砂	中密	3000	3500	4000
	密实	5500	6500	7500
中、粗砂	中密	3500	4000	4500
	密实	6000	7000	8000
圆砾石	中密	4000	4500	5000
	密实	7000	8000	9000

注：表中 h_c 为桩端进入持力层的深度（不包括桩靴），d 为桩的直径或边长。

系数 α_i、α_r 值　　　　表 3-26

桩径或边长 d(m)	土类			
	黏土	亚黏土	亚砂土	砂土
$d \leq 0.8$	0.6	0.7	0.9	1.1

续上表

桩径或边长 d(m)	土类			
	黏土	亚黏土	亚砂土	砂土
$0.8 < d \leqslant 2.0$	0.6	0.7	0.9	1.0
$d > 2.0$	0.5	0.6	0.7	0.9

(2)柱桩(支承桩)

支承在基岩上或嵌入基岩内的钻(挖)孔桩、沉桩的单桩轴向受压承载力容许值$[R_a]$由嵌岩段总侧阻力、总端阻力和桩周土总侧阻力三部分组成,按下式计算:

$$[R_a] = c_1 A_P f_{rk} + u \sum_{i=1}^{m} c_{2i} h_i f_{rk_i} + \frac{1}{2} \zeta_s u \sum_{i=1}^{n} l_i q_{ik} \tag{3-49}$$

式中:$[R_a]$——单桩轴向受压承载力容许值,kN,桩身自重与置换土重(当自重计入浮力时,置换土重也计入浮力)的差值作为荷载考虑;

c_1——根据清孔情况、岩石破碎程度等因素而定的端阻发挥系数,按表3-27采用;

A_P——桩端截面面积,m^2,对于扩底桩,取扩底截面面积;

f_{rk}——桩端岩石饱和单轴抗压强度标准值,kPa,黏土质岩取天然湿度单轴抗压强度标准值,当f_{rk}小于2MPa时按摩擦桩计算(f_{rk_i}为第i层的f_{rk}值);

c_{2i}——根据清孔情况、岩石破碎程度等因素而定的侧端阻发挥系数,按表3-27采用;

u——各土层或各岩层部分的桩身周长,m;

h_i——桩嵌入各岩层部分的厚度,m,不包括强风化岩和全风化岩;

m——岩层的层数,不包括强风化岩和全风化岩;

ζ_s——覆盖层土的侧阻力发挥系数,根据桩端f_{rk}确定:当2MPa$\leqslant f_{rk}$<15MPa时,ζ_s = 0.8,当15MPa$\leqslant f_{rk}$<30MPa时,ζ_s = 0.2;

l_i——各土层的厚度;

q_{ik}——桩侧第i层土的侧阻力标准值,kPa,宜采用单桩摩阻力试验值,当无试验条件时,对于钻(挖)孔桩按表3-21选用,对于沉桩按表3-24采用;

n——土层的层数,强风化和全风化岩层按土层考虑。

系数 c_1、c_2 值   表3-27

岩石层情况	c_1	c_2
完整、较完整	0.6	0.05
较破碎	0.5	0.04
破碎、极破碎	0.4	0.03

注:1. 当入岩深度小于或等于0.5m时,c_1乘以0.75的折减系数,$c_2 = 0$。

2. 对于钻孔桩,系数c_1、c_2值应降低20%采用;桩端沉渣厚度t应满足以下要求:d<1.5m时,$t \leqslant 50$mm;d>1.5m时,$t \leqslant 100$mm。

3. 对于风化层作为持力层的情况,c_1、c_2应分别乘以0.75的折减系数。

(3)考虑桩身材料确定单桩轴向容许承载力

$$[R_a] = \frac{0.9\varphi(f_{cd}A + f'_{sd}A'_s)}{\gamma_0} \tag{3-50}$$

式中：$[R_a]$——钢筋混凝土桩轴向容许承载力，MN；

A——构件毛截面面积，当纵向钢筋配筋率大于3%时，A应改用$A_n = A - A'_s$；

A'_s——全部纵向钢筋的截面面积；

γ_0——结构重要性系数；

φ——纵向弯曲系数，可从表3-28中查得，一般对高桩承台中的桩需考虑，对低桩承台中的桩可不考虑纵向弯曲，即取$\varphi = 1$。高承台中桩的l可参照表3-29确定，桩嵌入承台深度符合规定时，可认为是刚性嵌制（固接），否则作为铰接，桩底一般视桩尖土的密实情况而定；

f_{cd}——混凝土轴心抗压强度设计值，按混凝土强度等级查表3-30；

f'_{sd}——纵向钢筋抗压强度设计值，按表3-31采用。

钢筋混凝土轴心受压构件的纵向弯曲系数　　　　　　　　　　　　　　　　表3-28

l_0/b	≤8	10	12	14	16	18	20	22	24	26	28
$l_0/2r$	≤7	8.5	10.5	12	14	15.5	17	19	21	22.5	24
l_0/i	≤28	35	42	48	55	62	69	76	83	90	97
φ	1.0	0.98	0.95	0.92	0.87	0.81	0.75	0.70	0.65	0.60	0.56
l_0/b	30	32	34	36	38	40	42	44	46	48	50
$l_0/2r$	26	28	29.5	31	33	34.5	36.5	38	40	41.5	43
l_0/i	104	111	118	125	132	139	146	153	160	167	174
φ	0.52	0.48	0.44	0.40	0.36	0.32	0.29	0.26	0.23	0.21	0.19

注：1. 表中l_0为构件计算长度；b为矩形截面的短边尺寸；r为圆形截面的半径；i为截面最小回转半径$i = \sqrt{I/A}$（I为截面惯性矩，A为截面面积）。

2. 构件计算长度，当构件两端固定时取$0.5l$；当一端固定一端为不移动的铰时，取$0.7l$；当两端均为不移动的铰时取l；当一端固定一端自由时取$2l$；l为构件支点间长度。

高承台中桩的l值　　　　　　　　　　　　　　　　表3-29

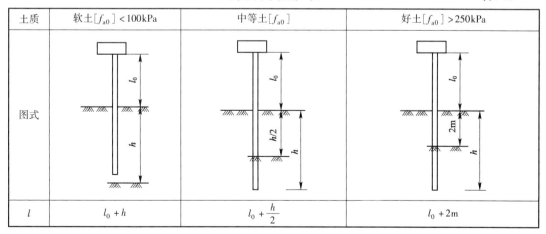

土质	软土$[f_{a0}] < 100$kPa	中等土$[f_{a0}]$	好土$[f_{a0}] > 250$kPa
图式			
l	$l_0 + h$	$l_0 + \dfrac{h}{2}$	$l_0 + 2$m

混凝土抗压强度设计值表　　　　　　　　　　　　　　　　表3-30

强度等级	C15	C20	C25	C30	C35	C40	C45	C50	C55	C60	C65	C70	C75	C80
f_{cd}	6.9	9.2	11.5	13.8	16.1	18.4	20.5	22.4	24.4	26.5	28.5	30.5	32.4	34.6

纵向钢筋抗拉、抗压强度设计值　　　　　表3-31

钢筋种类	R235 ($d=8\sim20mm$)	HRB335 ($d=6\sim50mm$)	HRB400 ($d=6\sim50mm$)	KL400 ($d=8\sim40mm$)
f_{sd}	195	280	330	330
f'_{sd}	195	280	330	330

2. 桩的负摩阻力简介

一般情况下,桩受轴向荷载作用后,桩相对于桩侧土体做向下位移,使土对桩产生向上作用的摩阻力,称正摩阻力[图3-74a)]。但是,当桩穿过软弱可压缩土层时,由于地表面有较大的荷载作用(如桥头填土及路堤),或地下水下降,或上层属次固结状态等情况,均会引起桩侧体土下沉(固结),若桩侧土体下沉量大于桩受荷后的沉降(包括桩身压缩和柱底下沉),则桩侧土相对于桩向下位移,使土对桩产生向下作用的摩阻力,即称其为负摩阻力[图3-74b)]。

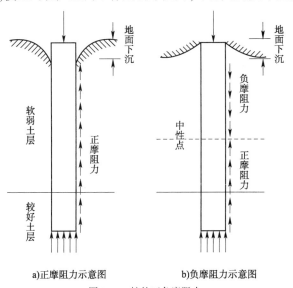

a)正摩阻力示意图　　　b)负摩阻力示意图

图3-74　桩的正负摩阻力

由于桩身表面发生负摩阻力,将使桩侧土的部分重力传递给桩,因此,负摩阻力不但不能成为桩承载力的一部分,反而变成施加在桩上的外荷载,加大桩基沉降,这在桩基设计中应予以注意。桩的负摩阻力产生的原因有:

(1)在桩基础附近地面有大面积堆载,引起地面沉降,对桩产生负摩阻力,对于桥头路堤高填土的桥台桩基础,地坪大面积堆放重物的车间、仓库建筑的桩基础,均要特别注意负摩阻力问题。

(2)土层中抽取地下水或其他原因,地下水位下降,使土层产生自重固结下沉。

(3)桩穿过欠固结土层(如填土)进入硬持力层,土层产生自重固结下沉。

(4)桩数很多的密集群桩打桩时,使桩周土中产生很大的超孔隙水压力,打桩停止后桩周土的再固结作用引起下沉。

(5)在黄土、冻土中的桩,因黄土湿陷、冻土融化产生地面下沉。

从上述可见,当桩穿过软弱高压缩性土层而支承在坚硬的持力层上时,最易发生桩的负摩阻力问题。在确定桩的承载力和桩基设计中应予以注意。为降低和克服桩的负摩阻力,以下措施在桩基设计时可予以考虑：

(1) 对于填土场地，应保证填土的密实度，且要待填土地面沉降基本稳定后才成桩。

(2) 对于地面大面积堆载的建筑物，采取预压等处理措施，减少地面堆载引起的地面沉降。

(3) 桩周换土法，在松砂或其他粗粒土内设置桩基，可在打好桩后，挖去桩周的粗粒土，换成摩擦角小的土。

(4) 涂层法，在桩上涂具有黏弹性质的特殊沥青或聚氯乙烯作滑动层，也可涂抹 1.8~2mm 的合成树脂作为保护层，这种方法可以有效地降低负摩阻力和材料消耗，施工费用可节约 20%。

(5) 预钻孔法，用钻机在桩位预先钻孔，然后将桩扦入并在桩的周围灌入膨润土，此法可用在不适于深层法的地层条件，在黏土地层中效果较好。

(二) 桩的内力和位移计算

桩基础上的作用荷载首先是通过承台传给桩，然后再由桩传递给地基。承台传递给基桩桩顶的作用力包括轴向力、横向力和弯矩。桩在受力后要发生变形，包括轴向变形和桩的挠曲所引起的横向变位。由于埋入土中的桩受到桩侧土的约束，所以桩在发生横向变位时，将受桩侧土横向抗力的作用。在计算时一般将作用于桩上的力分轴向受力和横向受力两部分，分别加以验算。在考虑横向受力问题时，首先要明确桩侧土的横向抗力的分布规律，这个问题比较复杂，目前一些计算方法如 K 法、C 法和 m 法，都对横向抗力的分布做了一些简化的假定。它们的共同点是运用了弹性地基梁的计算原理，区别是对影响土横向抗力分布的地基系数做了不同的假定。下面先说明有关的基本概念，再介绍目前应用较广的 m 法的具体计算。

1. 基本概念

1) 土的横向抗力及地基系数

桩基础在轴向荷载、横向荷载和力矩作用下产生竖向位移、水平位移和转角，桩的竖向位移引起桩侧摩阻力和桩端阻力，桩身的水平位移及转角使桩挤压桩侧土体，桩侧土对桩产生的约束称土的横向抗力 σ_{zx}。横向抗力 σ_{zx} 起抵抗外力和稳定桩基础的作用，假定土的横向抗力符合文克尔假设，将桩作为弹性构件考虑，当桩受到水平外力作用后，桩土协调变形，任一深度 z 处所产生的桩侧土水平抗力与该点水平位移 x_z 成正比，即：

$$\sigma_{zx} = Cx_z \tag{3-51}$$

式中：σ_{zx}——横向抗力，kN/m^2；

C——地基系数，kN/m^3，表示单位面积土在弹性限度内产生单位变形时所需加的力；

x_z——深度 z 处桩的横向位移，m。

地基系数是反映地基土抗力性质的指标，当桩的横向位移一定时，C 值越大，土的横向抗力越大。C 的大小不仅与土的类别及其性质有关，而且也随着深度而变化。由于实测的客观条件和分析方法不尽相同等原因，所采用的 C 值随深度的分布规律也各有不同。常采用的地基系数分布规律为如图 3-75 所示的几

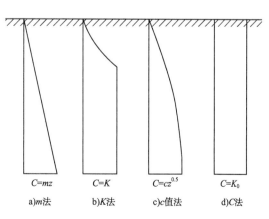

图 3-75 地基系数的几种分布形式

种形式,相应产生的几种基桩内力和位移计算方法如下:

(1)m法,假定地基系数C值随深度成正比例地增长,即$C = mz$[图3-75a)],m称为地基比例系数(kN/m^4)。

(2)K法,假定在桩身挠曲曲线第一挠曲零点以上地基系数C随深度增加呈凹形抛物线变化;在第一挠曲零点以下,地基系数$C = K(kN/m^3)$不再随深度变化而为常数[图3-75b)]。

(3)c值法,假定地基系数C随着深度成抛物线规律增加,即$C = cz^{0.5}$[图3-75c)]。

(4)C法又称"张有龄法",假定地基系数C沿深度为均匀分布,不随深度而变化,即$C = K$(kN/m^3)为常数[图3-75d)]。

现只介绍目前应用较广的m法。

2)单桩、单排桩和多排桩

计算基桩内力先应该根据作用在承台底面的外力N、H、M计算出作用在每根桩顶的荷载P_i、Q_i和M_i值,然后才能计算各桩在荷载作用下的各截面的内力与位移。桩基础按其作用力H与基桩的布置方式之间的关系可归纳为单桩、单排桩及多排桩两类来计算各桩顶的受力。

(1)单桩或与横向外力作用方向相垂直的单排桩[图3-76a)、b)]。对于单桩来说,上部荷载全由它承担。对于单排桩,桥墩作纵向验算时,若作用于承台底面中心的荷载为N、H、M,当N在承台横桥向无偏心时,则可以假定各荷载是平均分配在各桩上,即:

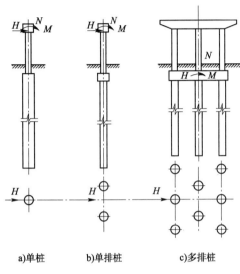

图3-76 单桩、单排桩、多排桩

$$P_i = \frac{N}{n}$$

$$Q_i = \frac{H}{n}$$

$$M_i = \frac{M}{n} \quad (3\text{-}52)$$

(2)多排桩或顺横向外力作用方向的单排桩[图3-76c)]。多排桩指在水平外力作用平面内有一根以上桩的桩基础,这类桩基础属于一个超静定的结构或平面刚架,其内力分析和变位计算需用超静定方法求解。

3)桩的计算宽度

桩在水平外力作用下,除了桩身范围内桩侧土受挤压外,在桩身宽度以外一定范围内的土体也会受到一定程度的影响,且对不同截面形状的桩,土受到的影响范围大小不同。在计算各种不同情况下桩侧的实际作用范围时,用桩的计算宽度b_1来代替桩的设计宽度(直径),根据规范桩的计算宽度如下:

(1)当$d \geq 1.0 m$时

$$b_1 = kk_f(d+1) \quad (3\text{-}53\text{-}1)$$

(2) 当 $d < 1.0$m 时
$$b_1 = kk_f(1.5d + 0.5) \quad (3\text{-}53\text{-}2)$$

式中：b_1——桩的计算宽度，m，$b_1 \leqslant 2d$；

d——桩径或垂直于水平外力作用方向桩的宽度；

k_f——形状换算系数，视水平作用面（垂直于水平力作用方向）而定，圆形或圆端截面 $k_f = 0.9$；矩形截面 $k_f = 1.0$；对圆端形与矩形组合截面 $k_f = (1 - 0.1a/d)$（图3-77）；

k——平行于水平力作用方向的桩间相互影响系数，单排桩 $k = 1.0$，多排桩见《公路桥涵地基基础设计规范》（JTG D63—2007）。

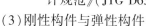

图3-77 计算圆端形与矩形组合截面 k_f 示意图

(3) 刚性构件与弹性构件

m 法计算中常将埋入土中的桩分为刚性构件和弹性构件。在水平外力作用下，如果桩只发生转动和位移，不产生变形，这种桩属于刚性构件；如果桩本身出现挠曲变形，则这种桩属于弹性构件。桩身是否出现挠曲变形，主要与桩长、截面形状、尺寸、桩的刚度等因素有关。m 法计算中引入基础变形系数 α 来反映这些因素对桩变形的影响：

$$\alpha = \sqrt[5]{\frac{mb_1}{EI}} \quad (3\text{-}54)$$

式中：b_1——桩的计算宽度，m；

E——桩的弹性模量，MPa；

I——桩的截面惯矩，m^4；

m——地基系数，MN/m^4。

若桩柱底面置于地面或局部冲刷线以下的深度为 l，根据经验，当 $\alpha l \leqslant 2.5$ 时，将桩视为刚性构件，一般沉井、大直径管柱及其他实体深基础都属于这一类；当 $\alpha l > 2.5$ 时，则将桩视为弹性构件。一般沉桩与灌注桩多属这一类，根据不同的构件，可采用不同公式计算变位、内力和土的横向抗力，本节只研究弹性构件。

2. m 法弹性单排桩内力和位移计算

当一根计算宽度为 b_1 的弹性桩埋在土中，桩顶若与地面平齐（$z = 0$），且已知桩顶作用有水平荷载 Q_0 和力矩 M_0 时，桩将发生挠曲，桩侧土将产生横向抗力 σ_{zx}（图3-78），得桩的挠曲微分方程为：

$$EI\frac{d^4x}{dz^4} = -q = -\sigma_{zx}b_1 = -mzx_zb_1$$

整理后可得：

$$\frac{d^4x}{dz^4} + \alpha^5 zx_z = 0 \quad (3\text{-}55)$$

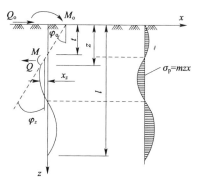

图3-78 桩的挠曲与土的横向抗力

式中：b_1——桩的计算宽度；

x_z——桩在深度 z 处的横向位移（即桩的挠度）；

α——桩的变形系数，$\alpha = \sqrt[5]{\dfrac{mb_1}{EI}}$。

根据边界条件求解获得桩身任意截面上的变位(水平位移 x_z 及转角 φ_z)和内力(弯矩 M_z 及剪力 Q_z)公式。

$$\begin{cases} x_z = \dfrac{Q_0}{\alpha^3 EI}A_x + \dfrac{M_0}{\alpha^2 EI}B_x \\[4pt] \varphi_z = \dfrac{Q_0}{\alpha^2 EI}A_\varphi + \dfrac{M_0}{\alpha EI}B_\varphi \\[4pt] M_z = \dfrac{Q_0}{\alpha}A_m + M_0 B_m \\[4pt] Q_z = Q_0 A_Q + \alpha M_0 B_Q \end{cases} \tag{3-56}$$

式中,A_x、B_x、A_φ、B_φ、A_m、B_m、A_Q、B_Q 为无量纲系数,均为 αl 和 αz 的函数,有关手册已将其制成表格,以供查用。Q_0,M_0 是桩在地面或局部冲刷线处的横向荷载,可按下式求得:

$$\begin{cases} Q_0 = Q_i \\ M_0 = M_i + Q_i l_0 \end{cases} \tag{3-57}$$

式中:Q_i、M_i——作用于桩顶上的横向荷载;
$\qquad l_0$——桩顶到地面或局部冲刷线处的长度。

当桩顶露出地面或局部冲刷线的长度为 l_0 时,可进一步导出桩顶的水平位移 x_1 和转角 φ_1:

$$\begin{cases} x_1 = \dfrac{Q}{\alpha^3 EI}A_{x1} + \dfrac{M}{\alpha^2 EI}B_{x1} \\[4pt] \varphi_1 = -\left(\dfrac{Q}{\alpha^2 EI}A_{\varphi 1} + \dfrac{M}{\alpha EI}B_{\varphi 1}\right) \end{cases} \tag{3-58}$$

式中:　　　Q、M——作用于桩顶上的剪力和弯矩;
$\qquad A_{x1}$、$A_{\varphi 1}$、B_{x1}、$B_{\varphi 1}$——无量纲系数,为 αz 和 αl_0 的函数。

以上对桩的内力和位移的符号作如下规定:Q 和 x 以顺 x 轴正方向为正值;φ 以逆时针方向为正值;M 以使左侧纤维受拉时为正值,反之则为负。

(三)桩基础设计计算步骤

设计桩基础应根据荷载的性质与大小、上部结构的形式与使用要求、地质和水文资料以及材料供应和施工条件等,确定适宜的桩基础类型和各组成部分的尺寸,保证承台、基桩和地基在承载力、变形和稳定性方面,满足安全和使用上的要求,并应同时考虑技术和经济上的可能性和合理性。桩基础的设计方法与步骤一般是先根据所收集的必要设计资料,拟定出设计方案(包括选择桩基础类型、桩长、桩径、桩数及桩的布置、承台位置与尺寸等),然后进行基桩和承台强度、稳定、变形检验,经过计算、比较、修改直至符合各项要求,最后确定较佳的设计方案。

桩基础设计应遵循下列设计原则:
(1)设计前进行必要的基本情况调查。
(2)认真选定适用、简便可行而又可靠的设计方法,认真测定和选用有代表性且可靠的原始参数。
(3)确定桩的设计承载力时应考虑不同结构物的容许沉降量。

(4)设计桩基时应遵循和执行有关技术规范的规定,但规范不是法律,在某些特殊情况下可以灵活对待和处理。

1. 桩基础类型的选择

选择桩基础类型时应根据设计要求和现场的条件,同时要考虑到各种类型桩和桩基础具有的不同特点,注意扬长避短,给予综合考虑选定。

(1)承台底面高程的考虑

承台底面的高程应根据桩的受力情况,桩的刚度和地形、地质、水流、施工等条件确定。承台低稳定性较好,但在水中施工难度较大,因此可用于季节性河流,冲刷小的河流或岸滩上墩台及旱地上其他结构物基础。当承台埋于冻胀土层中时,为了避免由于土的冻胀引起桩基础的损坏,承台底面应位于冻结线以下不少于0.25m。对于常年有流水、冲刷较深,或水位较高,施工排水困难,在受力条件允许时,应尽可能采用高桩承台。承台如在水中、在有流冰的河道,承台底面应位于最低冰层底面以下不少于0.25m;在有其他漂流物或通航的河道,承台底面也应适当放低,以保证基桩不会直接受到撞击。

(2)端承桩和摩擦桩的考虑

端承桩与摩擦桩的选择主要根据地质和受力情况确定。端承桩基础承载力大,沉降量小,较为安全可靠,因此当基岩埋深较浅时应考虑采用端承桩。若适宜的岩层埋置较深或受到施工条件的限制不宜采用柱桩时,则可采用摩擦桩,但在同一桩基础中不宜同时采用柱桩和摩擦桩,同时也不宜采用不同材料、不同直径和长度相差过大的桩,以避免桩基产生不均匀沉降或丧失稳定性。

当采用端承桩时,除桩底支承在基岩上外,如覆盖层较薄,或水平荷载较大时,还需将桩底端嵌入基岩中一定深度成为嵌岩桩,以增加桩基的稳定性和承载能力。为保证嵌固牢靠,嵌入新鲜岩层最小深度不应小于0.5m,若新鲜岩层埋藏较深,微风化层、弱风化层厚度较大,需计算其嵌入深度。

(3)单排桩和多排桩的考虑

单排桩与多排桩的确定主要根据受力情况,并与桩长、桩数的确定密切相关。多排桩稳定性好,抗弯刚度较大,能承受较大的水平荷载,水平位移小,但多排桩的设置将会增大承台的尺寸,增加施工困难,有时还影响航道;单排桩与此相反,能较好地与柱式墩台结构形式配用,可节省圬工,减小作用在桩基的竖向荷载。因此,当桥跨不大、桥高较小时,或单桩承载力较大,需用桩数不多时常采用单排排架式基础。公路桥梁自采用了具有较大刚度的钻孔灌注桩后,选用盖梁式承台双柱或多柱式单排墩台桩柱基础也较广泛,对较高的桥台、拱桥桥台、制动墩和单向水平推力墩基础则常需用多排桩。在桩基受有较大水平力作用时,无论是单排桩还是多排桩,若能选用斜桩或竖直桩配合斜桩的形式则将明显增加桩基抗水平力的能力和稳定性。

(4)施工方式的选择

设计阶段拟定桩基施工方式时,打入桩、振动下沉桩、钻(挖)孔灌注桩、管柱基础等桩型的选择应根据地质情况、上部结构要求和施工技术设备条件等确定。

(5)承台尺寸的拟定

承台尺寸拟定应根据受力情况,按照有关设计规范和施工规范,拟定其平面尺寸和立面尺寸,承台厚度一般为 1.0~2.5m,承台底面尺寸的拟定,要求扩展角不超过刚性角。

2. 桩材料、桩径、桩长的拟定和单桩容许承载力的确定

(1)桩材料的拟定

桥梁墩台桩基础目前一般用钢筋混凝土桩;在一些重要工程中也可采用钢桩;在盛产木材地区修筑或抢修桥梁以及建造施工便桥时也可采用木桩。

(2)桩径拟定

桩基础类型确定后,桩的横截面(即桩径)就可根据各类桩的特点与常用尺寸,并考虑工程地质情况和施工条件选择确定。预制桩的截面规格对于方桩为 20cm×20cm~50cm×50cm;管径为 1~5m;若用钻孔桩,则设计直径常用规格为 0.8m、1.0m、1.25m 和 1.5m 等。

(3)桩长拟定

桩长确定的关键在于选择桩底持力层,设计时可先根据地质条件选择适宜的桩底持力层初步确定桩长,并应考虑施工的可能性(如打桩设备能力或钻进的最大深度等)。

设计时一般总希望把桩底置于岩层或坚实的土层上,以得到较大的承载力和较小的沉降量。如在施工条件容许的深度内没有坚实土层存在,应尽可能选择压缩性较低、强度较高的土层作为持力层,要避免把桩底坐落在软土层上或离软弱下卧层的距离太近,以免桩基础发生过大的沉降。

对于摩擦桩,有时桩底持力层可能有多种选择,此时确定桩长与桩数两者相互牵连,遇此情况,可通过试算比较,选用较合理的桩长。摩擦桩的桩长不应拟定太短,因为桩长过短则达不到设置桩基把荷载传递到深层或减小基础下沉量的目的,且必然增加很多桩数、扩大了承台尺寸,也影响施工的进度。此外,为保证发挥摩擦桩桩底土层支承力,桩底端部应插入桩底持力层的深度(插入深度与持力层土质、厚度及桩径等因素有关)一般不宜小于1m。

(4)单桩轴向受压承载力容许值的确定

桩径、桩长确定后,应根据地质资料确定单桩容许承载力,进而估算桩数和进行桩基验算。单桩轴向受压承载力容许值的确定,对于一般性桥梁和结构物,或在各种工程的初步设计阶段可按经验(规范)公式计算;而对于大型、重要桥梁或复杂地基条件还应通过静载试验或其他方法,并做详细分析比较,较准确合理地确定。

3. 确定基桩的根数及其在平面的布置

(1)桩的根数估算

一个基础所需桩的根数可根据承台底面上的竖向荷载和单桩容许承载力估算,估算的桩数是否合适,应待验算各桩的受力状况后确定。

(2)桩的间距确定

考虑桩与桩侧土的共同作用条件和施工的需要,对桩的间距(即桩轴线中心距离)应有一定的要求。

锤击、静压沉桩,在桩端处的中心距不应小于桩径(或边长)的 3 倍,对于软土地基宜适当增大;振动法沉入砂土内的桩,在桩端处的中心距不小于桩径(或边长)的 4 倍。桩在承台底面处的中心距不小于桩径(或边长)的 1.5 倍。钻(挖)孔桩的摩擦桩中心距不得小于桩径的 2.5 倍,支撑或嵌固在基岩中的钻(挖)孔桩中心距不应小于桩径的 2.0 倍。钻(挖)孔扩底灌注桩中心距不应小于 1.5 倍扩底直径或扩底直径加 1.0m,且取较大者。

为了避免承台边缘距桩身过近而发生破裂,并考虑桩顶位置允许的偏差,边桩外侧到承台边缘的距离,对于桩径小于或等于1.0m的桩不应小于0.5倍桩径,且不小于250mm;对于桩径大于1.0m的桩不应小于0.3倍桩径,并不小于500mm(盖梁不受此限)。

(3)确定桩的平面布置

桩数确定后,可根据桩基受力情况选用单排桩桩基或多排桩桩基。桩的排列形式考虑到:一般墩(台)基础,多以纵向荷载控制设计,控制方向上桩的布置应尽可能使各桩受力相近,且考虑施工的可能和方便。当荷载偏心较大时,承台底面的应力分布呈梯形,若$\sigma_{max}/\sigma_{min}$值比较大,宜用不等距排列,两侧密,中间疏;若$\sigma_{max}/\sigma_{min}$值不大,宜用等距排列;而非控制方向上一般均采用等距排列。当作用于桩基的弯矩较大时,宜尽量将桩布置在离承台形心较远处,采用外密内疏的布置方式,以增大基桩对承台形心或合力作用点的惯性矩,提高桩基的抗弯能力。相邻桩的间距不宜过大,间距大,承台平面尺寸和重量相应增大;间距小,摩擦桩桩尖处应力重叠现象严重,加大基础的沉降。

4.桩基础设计方案检验

根据上述原则所拟定的桩基础设计方案应进行检验,即对桩基础的强度、变形和稳定性进行必要的验算,以验证所拟定的方案是否合理、是否要修改,从而选出最佳的设计方案。为此,应计算基础及其组成部件(基桩与承台)在与验算项目相应的最不利作用效应组合下所受到的作用力及相应产生的内力与位移,做下列各项验算。

1)验算桩的受力

(1)单桩轴向承载力检验

$$N_{max} + G \leqslant \gamma_R [R_a] \qquad (3-59)$$

式中:N_{max}——作用于桩顶上的最大轴向力;

G——桩重,地面或局部冲刷线以下的桩身自重等于这段桩身自重与置换土重之差;

$[R_a]$——单桩轴向受压承载力容许值;

γ_R——单桩轴向受压承载力的抗力系数,根据桩的受荷情况按表3-32确定。

单桩轴向受压承载力的抗力系数　　　　表3-32

受荷阶段	作用效应组合		抗力系数
使用阶段	短期效应组合	永久作用与可变作用组合	1.25
		结构自重、预加力、土重、土侧压力和汽车、人群组合	1.00
	作用效应偶然组合(不含地震作用)		1.25
施工阶段	施工荷载效应组合		1.25

(2)验算桩身截面强度或考虑配筋

判断基桩属于弹性构件还是刚性构件,验算桩身截面强度考虑配筋参照《结构设计原理》。钢筋混凝土的桩,其配筋可采用偏心受压构件承载力计算公式进行计算,如桩内弯矩较小,桩内配筋按构造配筋即可满足要求。

在单桩轴向力验算中如果不能满足式(3-59)的要求,则应增加桩数n或调整桩的平面布置,减少N_{max}值;也可以加大桩的截面尺寸,重新确定桩数、桩长和布置,直到符合验算要求为止。

2）承台强度的验算

承台强度验算包括：桩顶处局部压应力，承台抗弯、抗剪强度及桩对承台的冲剪等内容，可参阅结构设计原理教材及有关内容。

3）群桩基础承载力和沉降量的检验

群桩基础是根据桩在传力时的扩散作用，将桩基础视为宽为 b，长为 a，包括范围 $cdef$ 内的实体刚性基础，桩尖平面作为基底，从而验算地基轻度和沉降变形（图3-79）。

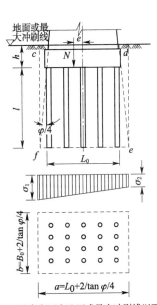 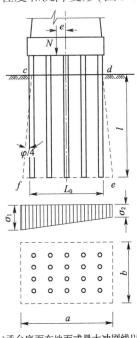

a）承台底面在地面或最大冲刷线以下　　b）承台底面在地面或最大冲刷线以上

图3-79　群桩基础作为整体基础

《公路桥涵地基基础设计规范》（JTJ D63—2007）规定9根桩及9根以上的多排摩擦桩群桩在桩端平面内桩距小于6倍桩径时，群桩作为整体基础验算桩端平面处土的承载力。当桩端平面以下有软弱下卧层或软弱地基时，还应验算该土层的承载力。

当桩基为端承桩或在桩端平面内桩的间距大于桩径（或边长）的6倍时，桩基的总沉降可取单桩的总沉降。在其他情况下，墩台基础采用分层总和法计算群桩的沉降量，并应计入桩身压缩量。

4）计算墩台顶的水平位移

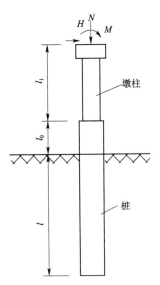

图3-80　截面不同的桩柱

《公路桥涵地基基础设计规范》（JTJ D63—2007）规定需作墩台顶水平位移验算，在荷载作用下，墩台水平位移值的大小，除了墩台本身材料受力的变形外，还包括基桩的水平位移及转角。若桥墩墩顶即桩顶，可直接用公式计算出桩顶位移 x_1 ［式（3-58）］，墩顶位移 $\Delta = x_1$；若桩顶上有截面不同于桩身的墩（台）柱（图3-80），则可按下式计算墩（台）顶的水平位移：

$$\Delta = x_1 - \varphi_1 l_1 + \Delta_0 \tag{3-60}$$

式中:x_1、φ_1——桩顶的水平位移和截面转角,按式(3-58)计算得;

l_1——墩(台)顶到桩顶的高度;

Δ_0——墩柱部分由弹性挠曲所引起的墩顶水平位移,一般按桩顶处为固定端的悬臂梁计算。

针对图3-80受力情况,由材料力学计算挠度公式,Δ_0可为:

$$\Delta_0 = \frac{Hl_1^3}{3E_1 I_1} + \frac{Ml_1^2}{2E_1 I_1} \tag{3-61}$$

式中:E_1、I_1——墩柱的弹性模量和截面惯性矩。

在荷载作用下,墩台顶水平位移Δ不应超过规定的容许值$[\Delta]$,即$\Delta \leq [\Delta] = 0.5\sqrt{L}$(cm),其中$L$为桥孔跨径(以m计)。

(四)桩基础设计计算步骤与程序

综合上述,桩基础设计是一个系统工程,包含着方案设计与施工图设计。为取得良好的技术与经济效果,有时(特别是大桥或特大桥)应做几种方案比较或对已拟订方案修正使施工图设计成为方案设计的实施和保证。为阐明桩基础设计与计算的过程,现以图3-81来说明。

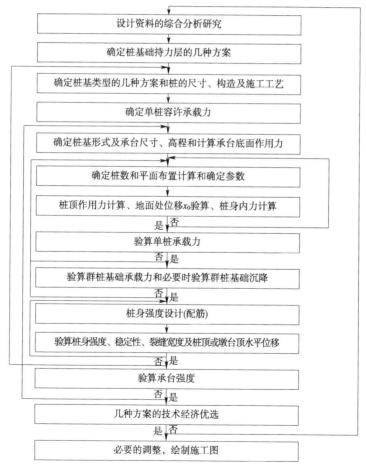

图3-81 桩基础设计计算步骤与程序示意框图

【例3-4】 某桥台基础采用钻孔灌注桩基础,设计桩径1.20m,采用冲抓锥成孔,桩穿过土层情况如图3-82所示,桩长$L=20m$,桩身材料重度$25kN/m^3$,试按土的阻力求单桩轴向承载力。

解: 由式(3-46)、式(3-47)可知:

$$[R_a] = \frac{1}{2}u\sum_{i=1}^{n}q_{ik}l_i + A_p q_r$$

$$q_r = m_0\lambda\{[f_{a0}] + k_2\gamma_2(h-3)\}$$

桩身周长:

$$U = \pi \times 1.2 = 3.77(m)$$

桩的截面面积:

$$A = \frac{\pi \times 1.2^2}{4} = 1.13(m^2)$$

桩穿过各土层厚:$l_1=10m$,$l_2=10m$。桩侧土的摩阻力标准值查表3-8,淤泥$I_L=1.1>1$处于流塑状态,取$q_{1k}=28kPa$;黏土$I_L=0.3$属于硬塑状态,取$q_{2k}=68kPa$。桩端处黏土的承载力容许值$[f_{a0}]$按$I_L=0.3$,$e=0.75$的黏土可查表得$[f_{a0}]=305kPa$,$k_2=2.5$。桩尖埋置深度应从一般冲刷线算起,桩尖埋深为21.5m。清底系数按一般要求取$t/d=0.3$,查表3-10得$m_0=0.7$,假设$l/d=4\sim20$,λ值由桩底土不透水,查表3-9得$\lambda=0.65$,则:

$$[R_a] = \frac{1}{2}u\sum_{i=1}^{n}q_{ik}l_i + A_p q_r$$

$$= 0.5 \times 3.77 \times (10 \times 28 + 10 \times 68) + 0.7 \times 0.65 \times 1.13 \times$$

$$\left[305 + 2.5 \times \frac{11.5 \times 19 + 10 \times 19.5}{11.5 + 10} \times (21.5 - 3)\right]$$

$$= 2423.76(kN)$$

【例3-5】 案例3-1中,若桩长未知,已知单根桩桩顶所受的最大竖向力为$P=2619.36kN$,桩身重度按$25kN/m^3$,其他条件相同,试按土的阻力求桩长。

解: 由公式(3-18)反算桩长,该桩埋入最大冲刷线以下深度为l,一般冲刷线以下深度为h,则:

$$N = [R_a] = \frac{1}{2}u\sum_{i=1}^{n}q_{ik}l_i + A_p m_0 \lambda\{[f_{a0}] + k_2\gamma_2(h-3)\}$$

式中:N——一根桩受到的全部竖直荷载,kN;

其余符号同前,最大冲刷线以下桩重按桩身自重与置换土重的差值作为荷载考虑。

桩身周长:

$$U = \pi \times 1.2 = 3.77(m)$$

桩的截面面积:

$$A = \frac{\pi \times 1.2^2}{4} = 1.13(m^2)$$

桩每延米自重:

$$q = \frac{\pi \times 1.2^2}{4} \times 25 = 28.26(kN)$$

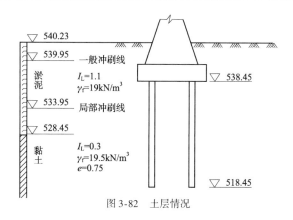

图 3-82 土层情况

置换土重：

$$\sigma = \frac{\pi \times 1.2^2}{4} \times (533.95 - 528.45) \times 19 + \frac{\pi \times 1.2^2}{4} \times 19.5 \times l = 118.13 + 22.04l$$

桩侧土的摩阻力标准值查表 3-8，淤泥 $I_L = 1.1 > 1$ 处于流塑状态，取 $q_{1k} = 28\text{kPa}$，黏土 $I_L = 0.3$ 属于硬塑状态，取 $q_{2k} = 68\text{kPa}$。桩端处黏土的承载力容许值 $[f_{a0}]$ 按 $I_L = 0.3$，$e = 0.75$ 的黏土可查表得 $[f_{a0}] = 305\text{kPa}$，$k_2 = 2.5$。桩尖埋置深度 h 应从一般冲刷线算起。清底系数按一般要求取 $t/d = 0.3$，查表 3-10 得 $m_0 = 0.7$，λ 值由 $l/d = 16.7$，桩底土不透水，查表 3-9 得 $\lambda = 0.65$，则：

$$P + l_0 q + lq - \sigma = \frac{1}{2} u \sum_{i=1}^{n} q_{ik} l_i + \lambda m_0 A \{ [f_{a0}] + k_2 \gamma_2 (h-3) \}$$

式中：l_0——局部冲刷线以上桩的长度，m。

故上式即为：

$$2619.36 + 28.26 \times 4.5 + 28.26l - 118.13 - 22.04l$$
$$= \frac{1}{2} \times 3.77 \times [10 \times 28 + (l - 5.5) \times 68] + 0.65 \times 0.7 \times 1.13 \times$$
$$\left[305 + 2.5 \times \frac{11.5 \times 19 + (l - 5.5) \times 19.5}{11.5 + l - 5.5} \times (3.0 + l) \right]$$

解得取 $l = 15.67\text{m}$，取 16m，故桩长 $L = 20.5\text{m}$，与假设相近，否则重新进行桩长计算。

三、沉井基础及地下连续墙设计简介

1. 沉井

沉井是深基础的一种类型，沉井在施工完毕后，由于它本身就是结构物的基础，就应按基础的要求进行各项验算；但在施工过程中，沉井是挡土、挡水的结构物，因而还要对沉井本身进行结构设计和计算。

作为预制构件，从底节沉井拆除垫木，至上部结构修筑完成开始使用以及营运过程中，沉井均受到不同外力的作用。因此，沉井的结构强度必须满足各阶段最不利受力情况的要求。针对沉井各部分在施工过程中的最不利受力情况，首先拟出相应的计算图式，然后计算截面应力，进行必要的配筋，以保证井体结构在施工各阶段中的强度和稳定，验算包括下沉的验算、底节的验算、刃脚受力的验算、井壁受力的验算以及封底和顶盖的验算。

施工完成，沉井作为整体深基础设计计算主要是根据拟定的沉井基础的尺寸及其他技术数据，按各种最不利的作用效应组合，分别验算基底应力、横向抗力、墩台顶面水平位移、稳定性等。

沉井基础的计算,根据其埋置深度可用两种不同的计算方法。当沉井埋置深度在最大冲刷线以下较浅即仅数米时,可以不考虑基础侧面上的横向抗力影响,而按浅基础设计计算规定,分别验算地基强度、沉井基础的稳定性和沉降,使它符合容许值的要求;当沉井基础埋置深度较大时,由于埋置在土体内较深,不可忽略沉井周围土体对沉井的约束作用,因此在验算地基应力、变形及稳定性时,需要考虑基础侧面土体弹性抗力的影响。

2. 地下连续墙

地下连续墙设计内容与该结构在施工与使用期间所发挥的作用相关,根据需要可对其水平承载力和竖向承载力加以计算,以确保结构在不同时期的安全与稳定。目前国内外对地下连续墙的研究,在施工技术的发展、入土深度的确定、基坑抗隆起和稳定性计算、墙侧土压力理论和位移计算等方面比较深入。对地下连续墙做竖向承重结构的研究,主要集中在地下连续墙竖向承载力的模型试验和现场承载力试验、承重地下连续墙与基础结构的沉降协调、荷载分担以及结构设计的初步研究。

地下连续墙的设计首先应考虑地下连续墙的应用目的和施工方法,然后决定结构的类型和构造,使它具有足够的强度和稳定性。

地下连续墙的设计必须使墙体具有足够的刚度和强度。地下墙作为挡土结构时的内力计算理论,是从钢板桩计算理论发展起来的,有的计算方法与板桩计算相似。

根据相关研究及工程实践,地下连续墙的竖向承载力的计算可采用桩基规范法和基床系数法进行。目前,我国计算地下连续墙多采用竖向弹性地基梁(或板)的基床系数法,即把地下连续墙入土部分视作弹性地基梁,采用文克尔假定计算,基床系数沿深度变化。

通过对地下连续墙挡土结构的墙体稳定,基坑稳定及抗渗稳定的验算,确定地下连续墙的入土深度,保证挡土墙的稳定性。主要采用以下验算方法:土压力平衡的验算、基坑底面隆起的验算,管涌的验算。有时也进行控制隆起位移量的墙体入土深度的计算。

地下连续墙的入土深度的确定是至关重要的,若深度太浅,将导致挡土结构物的失稳;而过深则不经济,也增加了施工困难,因此应通过上述验算确定。

地下连续墙作为承重结构,目前尚无详尽的设计规范。

第五节　初识施工图

归根结底,我们的最终目的是要完成桥梁的修建,跨越沟堑,保证道路的畅通,所有工作最终的成果就是可以拿到进行作业的施工图纸。那么怎么看懂纸上的线条,又怎样来完成桥梁的建设呢?需要一步一步来学习,这节我们先来看看怎么读懂纸上的桥梁设计图。

1. 桥梁工程图的基本组成

桥梁的类型很多,构造组成也各有不同,但是桥梁工程图的图示方法基本相同,只是结构详图的表现方式有所不同,一般根据结构构件使用材料而定。通常桥梁工程图是由桥位平面图、桥位地质断面图、桥梁总体布置图、构件结构图(构件详图)等组成。

桥梁工程图中桥位平面图、桥位地质断面图及桥梁总体布置图是控制桥梁位置、地质情况及桥梁结构系统的主要图样;为了进行制作施工,还必须根据总体布置图采用较大的比例画出构件结构图,例如主梁结构图、桥台结构图、桥墩图、桩基图和防撞护栏图等。

(1)桥位平面图

桥位平面图(图3-83)主要表明桥梁和路线连接的平面位置,通过实际地形测量绘出桥位处的道路、河流、水准点、地质钻孔位置、附近的地形和地物(如房屋、旧桥、旧路等),以便作为设计桥梁、施工定位的依据。

(2)桥位工程地质图

根据水文调查和勘探所得的地质水文资料,绘制桥位所在河床位置的工程地质图,称为桥位工程地质图,它包括桥位地质平面图和地质断面图(对于弯桥,则为沿桥纵轴线的展开剖面图)。桥位地质平面图反映桥位处地质的平面分布图情况,包括断层、滑坡、节理、层理产状及勘探布孔情况。地质纵断面图(图3-84)包括河床断面线,最高水位线和最低水位线,以便作为设计桥梁和计算土石方工程数量的根据。

(3)桥型总体布置图

桥梁总体布置图(图3-85)主要是表明桥梁的形式、跨径、孔数、总体尺寸、各主要部分的相互位置关系及高程、材料数量和总的技术说明等。桥梁总体布置图中还应表明桥位处的地质及水文资料和桥面设计高程、地面高程、纵坡及里程桩号,作为施工时确定墩台位置、安装构件和控制高程的依据。

(4)构件结构图

构件结构图是表达结构构件的布置、材料、形式、构造以及做法的图样,是现场施工的重要依据。无论哪种形式的桥梁,其构件结构图概括起来主要包括两类图样,一类是一般构造图(图3-86),用来表示构件的形状和大小,但不涉及构件内部钢筋的布置情况,另一类是钢筋构造图(又称钢筋结构图或钢筋布置图,见图3-87),主要表示构件内部钢筋的布置情况。

2.读图方法

读桥梁图的基本方法是形体分析的线面分析法。桥梁虽然是庞大而又复杂的建筑物,但它总是由许多构件所组成。如果我们了解了每一个构件的形状和大小,再通过总体布置图把它们联系起来,弄清彼此之间的关系,就不难了解整个桥梁的形状和大小。因此,读图时必须运用形体分析与线面分析法,把桥梁由大化小、由繁化简,各个击破,再由零到整,也就是先整体后局部,再由局部到整体的反复过程。

读图时,不能单看一个投影图,而是要平面图、立面图、侧面图联系起来看,再结合总图、详图、钢筋明细表及说明等,互相对照,直至弄清全部。

3.读图步骤

(1)看图纸的设计说明及标题栏和附注,了解桥梁名称、种类、主要技术指标、施工措施及注意事项、比例、尺寸单位等。

(2)看桥位平面图、桥位地质断面图,了解所建桥梁的位置、水文、地质状况。

(3)看总体布置图,弄清各个投影图的关系,如有剖面图、断面图,则要找出剖切线位置和观察方向。看图时,应先看立面图(包括纵剖面图),了解桥梁类型、孔数、跨径大小、墩台数目、总长、总高;了解河床断面及地质情况。再对照看平面图和侧面、横剖面等投影图,了解桥的宽度、人行道的尺寸和主梁的断面形式等。这样,对桥梁的全貌便有一个初步的了解。

(4)分别阅读各构件的构造图、大样图及钢筋图,理清构件的详细构造。

(5)了解桥梁各部分所使用的建筑材料,并阅读工程数量表、钢筋明细表及说明等。

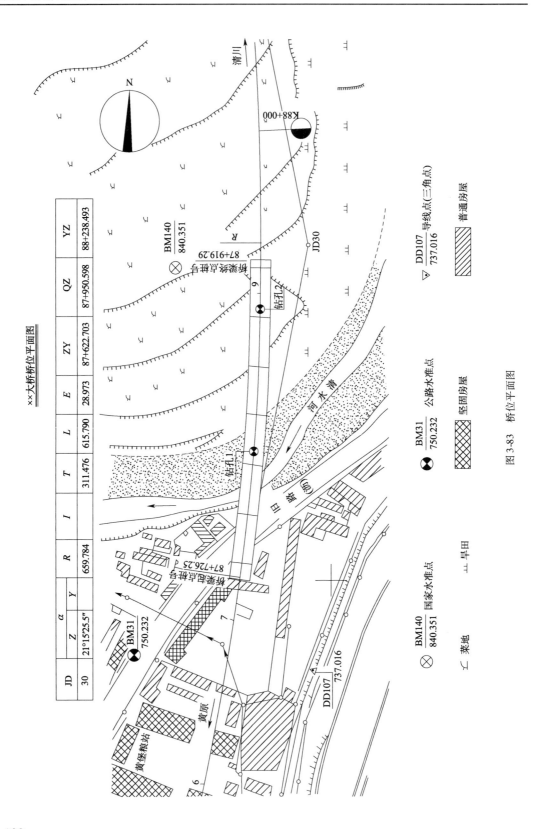

图 3-83 桥位平面图

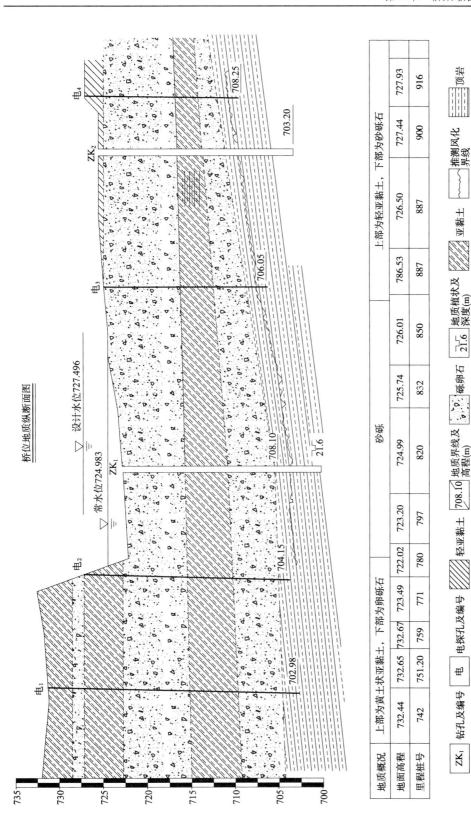

图 3-84 桥位地质纵断面图

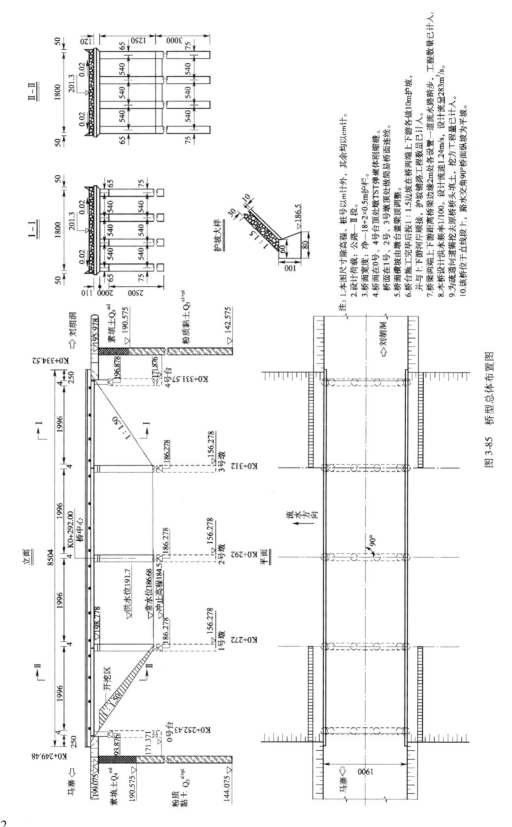

图 3-85 桥型总体布置图

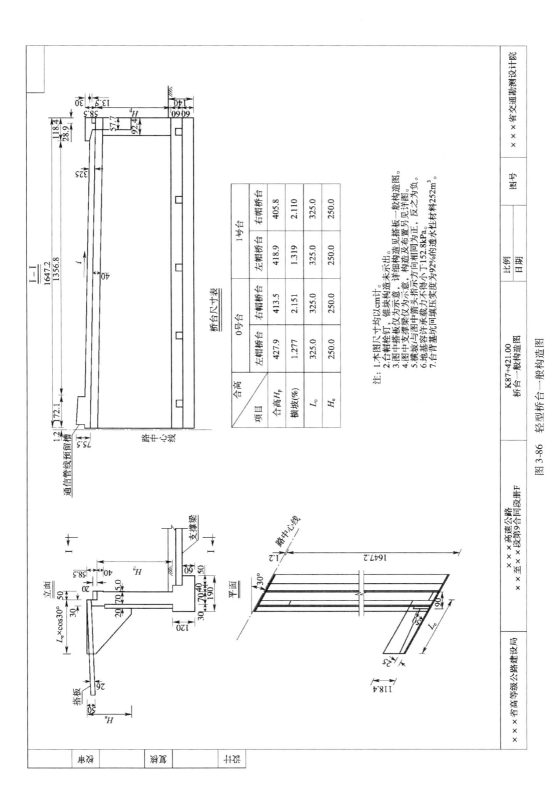

图 3-86 轻型桥台一般构造图

桥梁下部结构设计与施工

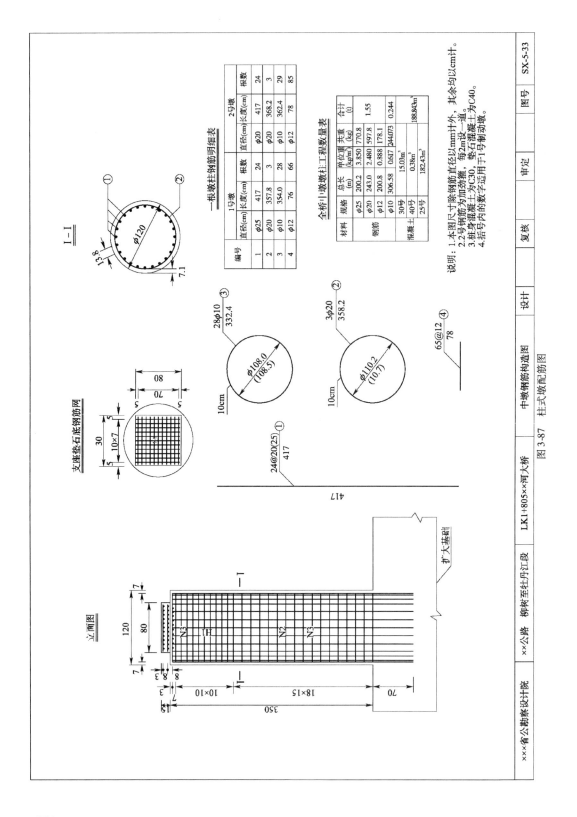

图3-87 柱式墩配筋图

(6)看懂桥梁结构图后,再读尺寸,进行复核,检查有无错误或遗漏。

(7)各构件图看懂后,再回过头来阅读总体图,了解各构件的相互配置及装配尺寸,看是否有无矛盾或不对应之处,直至全部看懂为止。

学习效果自测题

每位学生根据本章的学习目标,按教师要求选择完成下述自测题目。

一、选择题

1. 在结构功能方面,桥台不同于桥墩的地方是( )。
   A. 传递荷载　　　　　　　　　　B. 抵御路堤的土压力
   C. 调节水流　　　　　　　　　　D. 支承上部结构

2. 重力式 U 形桥台主要依靠( )来保持其稳定。
   A. 自身重力和两侧锥形护坡填土重力　　B. 自身重力和桥台内填土重力
   C. 自身重力和上部结构重力　　　　　　D. 自身重力和基础襟边上填土重力

3. 桥梁墩台基础一般采用片石砌筑,当基底为土质时,基础底层石块是( )。
   A. 干铺于地基土上　　　　　　　B. 放置于砂垫层上
   C. 放在碎石层上　　　　　　　　D. 铺筑在砂浆上

4. 高桩承台基础的承台底面位于( )。
   A. 地面(或冲刷线)以上　　　　　B. 低水位以上
   C. 冰冻线以上　　　　　　　　　D. 冲刷线以下

5. 钻孔灌注桩适用于( )的情况。(多选)
   A. 荷载较大、地基上部土层软弱,适宜的地基持力层位置较深,采用浅基础或人工地基在技术上、经济上不合理时
   B. 河床冲刷较大、河道不稳定或冲刷深度不易计算正确,如采用浅基础施工困难或不能保证基础安全时
   C. 当施工水位或地下水位较高时
   D. 当地基计算沉降过大或结构物对均匀沉降敏感时

6. 下列关于沉桩的说法正确的是( )。(多选)
   A. 振动沉桩法一般适用于松散、中密砂土、黏土等
   B. 振动沉桩法一般适用于砂土、硬塑及软塑的黏土和中密及较松的碎石土
   C. 射水沉桩法适用于密实砂土、碎石土的土层中,用锤击法或振动法沉桩有困难时,可用射水法配合进行
   D. 静力压桩法在标准贯入度 $N<20$ 的软黏土中,可用特制的液压机或机力千斤顶或卷扬机等设备沉入各种类型的桩

7. 下列关于轻型桥墩的说法正确的是( )。(多选)
   A. 设有支撑梁的轻型桥台适用于单跨桥梁,桥孔跨径 6~10m,台高不超过 6m
   B. 桩柱式桥墩适用于多种场合和各种地质条件

C. 柱式桥墩外形美观,圬工体积少,而且质量较轻
D. 柔性排架桩墩的主要缺点是用钢量大,使用高度和承载能力受到一定限制

8. 梁桥重力式U形桥台台后土压力按(　　)计算。
   A. 主动土压力　　　　　　　　　　B. 被动土压力
   C. 静止土压力　　　　　　　　　　D. 土抗力

9. 桥墩上的永久作用有(　　)。
   A. 土压力、结构重力　　　　　　　B. 结构重力、水的浮力
   C. 汽车制动力、结构重力　　　　　D. 结构重力、水流冲击力

10. 当验算梁桥桥墩在顺桥向墩身强度和地基最大承载力时,其作用的布置为(　　)。
    A. 除了有关的永久作用外,应在相邻两孔都布满汽车和人群荷载,同时还可能作用有水流冲击力等
    B. 除了有关的永久作用外,应在一孔布满汽车和人群荷载,同时还可能作用有制动力和温度作用等
    C. 除了有关的永久作用外,应在相邻两孔都布满汽车和人群荷载,同时还可能作用有制动力和温度作用等
    D. 除了有关的永久作用外,应在一孔布满汽车和人群荷载,同时还可能作用有制动力和温度作用等

11. 关于桥梁重力式桥墩的作用效应组合,下列说法正确的是(　　)。(多选)
    A. 第一种组合是按在桥墩各截面上可能产生的最大竖向力的情况进行的组合
    B. 第二种组合是用来验算在横桥方向上的墩身强度、基底应力、偏心距以及桥墩的稳定性
    C. 第三种组合是按桥墩各截面在横桥方向上可能产生最大偏心距和最大弯矩的情况进行组合
    D. 第四种组合是横桥向的作用及其组合,在横桥方向作用于桥墩上的外力有制动力、流水压力、冰压力、船只或地震力等

二、填空题

1. 桥梁墩(台)是主要由_____、_____和基础三部分组合而成。
2. 重力式墩的主要特点是靠_____来平衡外力、保持其稳定。
3. 拱座设置在桥墩顶部的_____上。
4. 钢筋混凝土薄壁桥墩适用于_____地区。
5. 埋置式桥台的工作原理是_____。
6. 基础按埋置深度分_____和_____两种形式。
7. 在所有作用中,_____荷载的变动对作用效应组合起着支配作用。
8. 墩帽的最小尺寸应满足布置_____的需要。
9. 按桥墩在顺桥向承受最大偏心和最大弯矩布置作用的目的是验算桥墩_____和偏心距以及桥墩的稳定性。
10. 梁桥轻型桥台的计算内容之一是将桥台视为在顺桥向纵向竖直平面内上下端铰支,

承受竖向荷载和横向荷载作用的_____,验算墙身圬工的截面承载力和抗剪承载力。

11. 盖梁属于_____构件。

12. 刚性扩大基础底面的应力分布与合力偏心距有关,当_____时,说明基底一侧出现了拉应力。

13. 当上部结构为超静载结构时,基础底面埋置深度应在最大冻结线以下不小于_____m。

14. 当桩基为端承桩或在桩端平面内桩的间距大于桩径(或边长)的_____倍时,桩基的总沉降可取单桩的总沉降。

15. 地基系数是反映地基_____性质的指标。

三、判断题

1. 桥墩一般系指多跨桥梁的中间支承结构物,它除承受上部结构的荷重外,还要承受台背填土及填土上车辆荷载所产生的附加侧压力。( )

2. 支座边缘至墩(台)身边缘的最小距离所作规定的目的是为了避免支座过分靠近墩身侧面边缘而导致的应力集中。( )

3. 带耳墙的轻型桥台,耳墙的作用是保证台后填土的稳定。( )

4. 对刚性扩大基础,墩身底边缘与基底边缘的连线和竖直线间的夹角 α 必须满足 α ≤ $\alpha_{\max}$。( )

5. 低桩承台基础的基桩应全部埋入土中(桩的自由长度为零)。( )

6. 沉井刃脚的作用是在沉井自重作用下易于切土下沉,同时有支承沉井的作用。( )

7. 在钻(挖)孔灌注桩单桩承载力计算公式 $[R_a] = \frac{1}{2} u \sum_{i=1}^{n} q_{ik} l_i + A_p q_r$ 中,对高桩承台,l_i 为一般冲刷线以下桩所穿过的各土层的厚度。( )

四、思考题

1. 简述桥梁墩台的组成、作用和要求。
2. 重力式桥梁墩台有哪些构造特点?
3. 简述组合式桥台的构造和受力特点。
4. 拱桥桥墩与梁桥桥墩的一个不同点是什么?
5. 何谓深基础?何谓浅基础?有哪几种类型?
6. 摩擦桩与柱承桩有何区别?各适用什么场合?
7. 沉井由几部分组成?适用什么场合?
8. 重力式桥墩内力计算中,作用有哪些可能的组合方式?主要的验算目的是什么?
9. 重力式桥台内力计算中,作用有哪些可能的组合方式?主要的验算目的是什么?
10. 桥梁墩台验算的内容和目的是什么?
11. 确定基础埋置深度应考虑哪些因素?基础埋置深度对地基承载力、沉降有什么影响?

12. 刚性扩大基础为什么要验算基底合力偏心距？
13. 确定地基承载力容许值有几种途径？
14. 什么情况下必须验算浅基础的沉降？
15. 何谓桩的负摩阻力？如何产生的？
16. 简述桩基础设计计算的步骤。
17. 简述沉井基础设计计算的要点。

第四章 桥梁下部施工准备

施工准备工作的基本任务是为桥梁工程的施工建立必要的技术和物质条件,统筹安排施工力量和施工现场,是施工企业做好目标管理工作,推行技术经济承包的重要依据,同时也是施工得以顺利进行的根本保证。认真做好施工准备工作,对于发挥企业优势、合理供应资源、加快施工进度、保证工程质量和施工安全、降低工程成本、增加企业经济效益,为企业赢得社会效益、实现企业管理现代化等具有重要意义。

根据施工阶段的不同,可将施工准备工作分为两类:

(1)工程项目开工前的施工准备。这是在工程正式开工前所进行的一切施工准备工作,其目的是为工程正式开工创造必要的施工条件。

(2)各施工阶段前的施工准备。这是在工程项目开工之后,每个施工阶段正式开工之前所进行的一切施工准备工作,其目的是为施工阶段正式开工创造必要的施工条件。施工准备工作既要有阶段性,又要有连贯性,必须有计划、有步骤、分期、分阶段地进行,要贯穿于工程项目施工的整个过程。

施工准备工作主要包括:技术准备、劳动组织准备、物资准备和施工现场准备等。

第一节 技 术 准 备

技术准备是施工准备的核心。由于技术准备上的差错和隐患将造成生命、财产和经济的巨大损失,因此必须认真做好技术准备工作。

技术准备的具体内容如下:

一、熟悉设计文件、研究核对设计图纸

全面领会设计意图,透彻了解桥梁的设计标准、结构和构造细节;检查核对设计图纸与其各组成部分之间有无矛盾或错误;在几何尺寸、坐标、高程、说明等方面是否一致,技术要求是否正确等,发现问题及时与设计单位和监理工程师协商解决。

二、进一步调查分析原始资料

施工前应对施工现场进行实地勘察,以尽可能多地获得有关原始数据的第一手资料,这对于正确选择施工方案、制定技术措施、合理安排施工顺序和施工进度计划以及编制切合实际的施工组织设计都是非常必要的。

主要调查项目如下:

(1)自然条件的调查分析:地质、水文、气象、施工现场的地形地物、桥梁工程所在地区的国家水准基点和绝对高程等情况。

(2)技术经济条件的调查分析:施工现场的动迁、当地可利用的地方材料、砂石料场、水泥生产厂家及产品质量、地方能源和交通运输、地方劳动力和技术水平、当地生活物质供应、可提供的施工用水及用电条件、设备租赁、当地消防治安、分包单位的力量和技术水平等状况。

三、施工前的设计技术交底

通常由建设单位主持,设计、监理、施工单位参加,对设计图纸的疑问、建议或变更在形成统一认识的基础上,做好记录,形成设计技术交底纪要,由建设单位正式行文,参加单位共同会签盖章,作为施工合同的一个补充文本,与设计文件同时使用,是指导施工的依据,也是建设单位与施工单位进行工程结算的依据之一。

四、建立工地试验室

工地试验室是为施工现场提供直接服务的试验室,主要任务是配合路基、路面施工对土地所用的各种原材料、加工材料及结构性材料的物理力学性能,以及施工结构的几何尺寸等技术参数进行检测。

五、确定施工方案,进行施工设计

公路施工组织设计是指导公路施工的基本技术经济文件,也是对施工实行科学管理的重要手段。编制施工组织设计的目的在于全面、合理、有计划地组织施工,从而具体实现设计意图,按质、按量、按期完成施工任务。

六、编制施工组织设计和施工预算

施工预算是在施工图预算的基础上,根据施工图纸、施工组织设计或施工方案、施工定额等文件进行编制的,是企业内部控制各项成本支出、考核用工、签发施工任务单、限额领料和进行经济核算的依据。

第二节 劳动组织准备

施工企业通过投标方式获得工程施工任务后,应根据签订的施工合同要求,迅速组建符合本工程实际的施工管理机构,组织施工队伍进场施工。施工管理的组织机构是指为了实现项目的总目标,对所需一切资源进行合理配置而建立以项目经理为项目实施的最高领导者、组织者和责任者,以分工协作、责权利一致、命令统一、精干高效等为原则的一次性临时组织机构。

一、建立施工组织结构

工程项目施工管理组织机构有多种类型,分别适应于规模、地域、工艺技术等各不相同的工程项目。根据我国具体情况及以往的公路施工经验,比较合理的组织机构类型有以下三种：

(1) 部门控制式

部门控制式是在不打乱企业现行建制的条件下,把项目委托给企业内部某一工程处或施工队,由其组织项目实施的项目管理组织形式。一般适用于小型简单的项目和单一专业型的项目,不涉及众多部门,职责明确,职能专一,关系简单,便于协调。但这种形式不适应大型复杂项目或涉及多个部门的项目,局限性较大。

(2) 混合工程队式

混合工程队式(图4-1)是完全按照对象原则组建的项目管理组织机构,适用于大型项目和工期要求紧迫的项目,或者要求多工种、多部门密切配合的项目。项目管理组织成员来自公司内不同部门和单位。首先聘任项目经理,从有关部门抽调管理人员组成项目班子,然后抽调队伍归其指挥,建立一个项目工程队,组成新的项目管理经济实体。项目完成后,工程队成员仍回原单位。

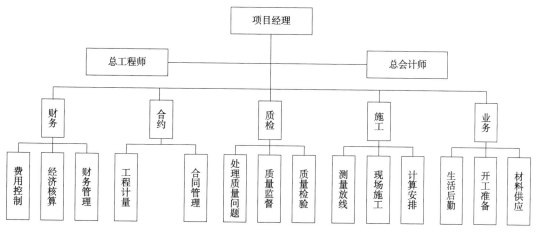

图4-1 混合工程队项目组织示意图

(3) 矩阵式

矩阵式(图4-2)是现代大型项目管理中应用最为为广泛的新型组织形式,我国已有为数不少的施工企业开始采用这种形式。当企业同时承担多个项目,对企业技术和管理人才需求量很大,而施工企业人才资源又有一定限度,且大型复杂项目又要求多部门、多工种配合实施,对人工利用率要求很高时最适用。在矩阵组织中,永久性令其职能部门和一次性项目管理组织同时交互起作用。

二、合理设置施工班组

劳动组织是在劳动分工的基础上,根据定员的要求,把为完成劳动作业而相互协作的有关工人组织在一起的劳动集体。合理的劳动组织是:适合于施工的需要,有利于劳动力的合理使用和提高劳动生产率,并适宜加强企业管理。

三、施工力量的集结进场和培训

企业根据生产发展的需要,有计划地对员工进行职业培训,提高员工的劳动素质,增强劳动者的业务能力和工作能力。能够提高企业素质,增加企业的凝聚力,增强企业竞争能力。

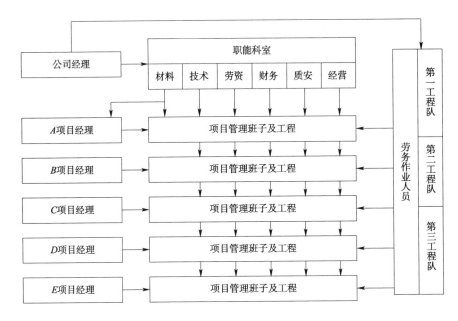

图 4-2 矩阵式项目组织形式示意图

四、向施工班组和操作工人进行开工前的交底

所做的一切努力都是为了保证工程在规定期限内交付使用,同时使工程在保证质量的前提下,做到提高劳动生产率和降低工程成本。

五、建立健全各项管理制度

通常包括:施工计划管理制度;工程技术管理制度;工程成本管理制度;施工安全管理责任制等。

第三节 物资准备

物资准备是一项非常重要的工作,应与施工组织设计及作业计划进行相应内容的准备,不要因为准备不足而造成工程窝工,也不要因为准备过剩而造成材料的积压、变质和机械台班的闲置。

物资准备工作的内容主要包括:工程材料的准备;构件和制品的加工准备;施工机具设备的准备;各种工具和备件的准备。

物资准备工作的程序一般为:根据施工预算、分部分项工程的施工方法和施工进度安排制订需要量的计划;与有关单位签订供货合同;拟定运输计划和运输方案;按施工平面图的要求,组织物质按计划时间进场,在指定地点按规定方式进行储存或堆放,以便随时提供给工程使用。

一、钢筋工程

钢筋工艺的特点是使用的材料规格多,加工工序也多,成品的形状、尺寸各不相同,所以钢筋的制作是钢筋混凝土施工中重要的一个环节。随着建筑施工预制装配化和生产化的日益发展,钢筋加工一般都集中在钢筋加工场,采用流水作业法进行。

(一)钢筋加工前的准备工作

1. 钢筋的检查与保存

钢筋进场后,应检查出厂试验证明书和实验报告单。除此外,还应按不同的钢种、等级、牌号、规格及生产厂家分批抽取试样进行力学性能试验。如需焊接时,需做可焊性试验,试验应符合下列规定:

(1)钢筋试验应分批进行,钢筋分批检验时,可由同一牌号、同一炉号、同一尺寸的钢筋进行组批,每批质量不宜大于60t,超过60t的部分,每增加40t(或不足40t的余数)应增加一个拉伸和一个弯曲试验试样;钢筋的进场检验亦可由同一牌号、同一冶炼方法、同一浇注方法的不同炉罐号组成混合批进行,但各炉罐号的含碳量之差应不大于0.02%,含锰量之差应不大于0.15%,不能采用已经调直后的钢筋。

(2)每批钢筋中取试件9根,3根做冷弯试验,3根做拉力试验,3根做电弧焊接的工艺试验,做试件的钢筋,不论是冷弯、冷拉或工艺试验,若试件的断口为塑断(即有颈缩状态),则认为该试件合格,脆断则认为该试件不合格。

(3)做拉力试验时应同时测定抗拉强度、屈服点和伸长率3个指标,在第一次拉力试验时,如有1个指标不符规定,即作为拉力试验项目不合格,应再取双倍试件做拉力试验,重新测定三个指标。第二次试验中,如仍有1个指标不合格,不论这个指标在第一次试验中是否合格,拉力试验项目即为不合格。

(4)做冷弯试验时,应要求将试件绕一定直径的芯棒弯曲至规定角度,其弯心的外侧不发生裂纹、鳞落、断裂等现象为合格。

钢筋进场后,应注意妥善保管,堆放场地宜选择在地势较高处,有顶无墙的料棚内,钢筋下面要放垫块,离地不少于0.2m;应按不同品种、规格,分批分别堆放整齐,不得混杂,并设立识别标志,存放时间不宜超过6个月;不要和酸、盐、油一类物品一起存放,以免污染(图4-3)。

钢筋应有洁净的表面,使钢筋与混凝土间有可靠的黏结力。油渍、漆皮、鳞锈均应在使用前清除干净。除锈的方法可采用钢丝刷、沙盘等工具进行清除。

2. 钢筋的调直

直径10mm以下HPB235级钢筋常卷成盘形,粗钢筋常弯成"发卡"形或出厂时断成8~10m长,便于运输和储存。因此,运到工地的钢筋应先予调直,然后再加工弯制。

(1)用绞车或卷扬机调直钢筋

将盘形钢筋先放开,将其截成30~40m的

图4-3 钢筋堆放

长度,一端固定,另一端用绞车或卷扬机拉直。拉直时要控制伸长率不宜大于2%,用这种方法拉直钢筋,设备简单,易控制伸长率,但拉直的钢筋屈服极限上升很少,过去在施工现场,一般使用这种方法(图4-4)。现在的施工现场,尤其管理完善的大型工程项目,钢筋加工基本采用数控机床完成。

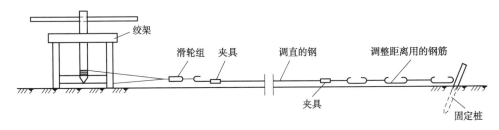

图4-4 人工铰磨调直钢筋

(2)钢筋调直机调直钢筋

钢筋调直机(图4-5)按调直原理的不同分为孔模式和斜辊式两种。一般的钢筋调直机均有定尺切断及落料功能。

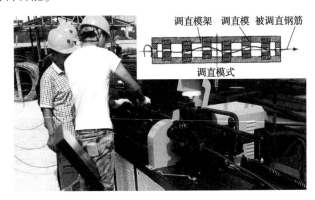

图4-5 钢筋调直机

钢筋调直机的基本工作原理是首先由电动机通过皮带传动增速,使调直筒高速旋转,由高速转子旋转调整直丝模角度,穿过调直筒的钢筋被调直,并由调直模清除钢筋表面的锈皮。

然后由电动机通过另一对减速皮带传动和齿轮减速箱,一方面驱动两个传送压辊,牵引钢筋向前运动,另一方面带动曲柄轮,使锤头上下运动。

当钢筋调直到预定长度,锤头锤击上刀架,将钢筋切断,切断的钢筋落入受料架时,由于弹簧作用,刀台又回到原位,完成一个循环。

如果要改变长度,就移动定位键。

(3)冷拉调直钢筋与冷拔调直钢筋

用冷拉来调直钢筋,一般在混凝土预制厂才采用。用这种方法拉伸的钢筋,其屈服极限有所上升,提高了屈服点;拉长了钢筋(达4%~8%),也可达到节省钢材的目的;还可检验钢筋焊接时的接头质量,避免钢筋在张拉工艺中接头突然断裂;并对钢筋做了除锈工作,简化了以后的加工工序。

以强力拉拔的方法,使直径为6~10mm的HPB235级钢筋在冷态下通过比其直径小

0.5~1mm 的锥形孔(拔丝模),拔成比原钢筋直径小的钢丝(也叫冷拔低碳钢丝)。钢筋调直后,呈现硬化性质,脆性增加而塑性降低,无明显的屈服阶段,但强度增高,弹性模量变化不大,钢材可节省30%左右。调直时,一般与切断装置连在一起,边冷拔边切断。

冷拉钢筋和冷拔低碳钢丝已被住建部列为限制使用技术而正在逐渐淘汰。冷拔低碳钢丝从2005年1月1日起不得作为结构受力钢筋使用。

运至工地的HRB335级钢筋,若直顺良好,可直接用于下料、加工成型。

调直的钢筋应挺直,无曲折,钢筋中心线的偏差不得超过其全长的1‰。

3. 钢筋下料长度计算

调直后的钢筋,应根据设计要求进行配料,配料工作应以施工图纸和库存材料规格为依据,并填写钢筋配料单(表4-1),交钢筋工进行配料。

钢 筋 配 料 单 表4-1

工程名称:									
构件号	图号	钢号	钢筋编号	直径	形状	下料长度	根数	总重	备注

(1)弯曲伸长量计算

钢筋的弯制和末端的弯钩应符合设计要求,如设计无规定时,应符合表4-2的规定。

受力主钢筋制作和末端弯钩形状 表4-2

弯曲部位	弯曲角度	形 状 图	钢筋种类	弯曲直径 D	平直部分长度	备注
末端弯钩	180°		R235	≥2.5d	≥3d	d为钢筋直径
	135°		HRB335 $\phi 8 \sim \phi 25$	≥4d	≥5d	
			HRB400 $\phi 28 \sim \phi 40$	≥5d		
	90°		HRB335 $\phi 8 \sim \phi 25$	≥4d	≥10d	
			HRB400 $\phi 28 \sim \phi 40$	≥5d		
中间弯钩	90°以下		各类	≥20d		

注:环氧树脂涂层钢筋当进行弯曲加工时,对直径d不大于20mm的钢筋,其弯曲直径应小于4d,对直径d大于20mm的钢筋,其弯曲直径不小于6d。

为方便学习,提供一组经验数据供参考。

钢筋末端弯钩形状为180°、135°、90°时，φ20以下HPB235级钢筋其弯钩增加长度为6.25d、4.9d、3.5d（d为钢筋直径，下同）；HRB335级钢筋其弯钩增加长度为7.85d、6.5d、4d；HRB400级钢筋其弯钩增加长度为9.0d、6.5d、4d。

箍筋端部弯钩增长值，箍筋内端部弯钩一般有90°、135°、180°三种形式，根据验收规范的要求，经过计算，箍筋端部弯钩增长值90°为5.5d；135°为7d；180°为8.25d；对有抗震要求和弯剪扭的构件，分别为10.5d(90°)，12.0d(135°)，13.25d(180°)。

用HPB235级钢筋制作的箍筋，其末端应做弯钩，弯钩的弯曲直径应大于受力主钢筋直径，且不小于箍筋直径的2.5倍。弯钩平直部分长度，一般结构不宜小于箍筋直径的5倍，有抗震要求的结构，不应小于箍筋直径的10倍。

箍筋弯钩的形式，如设计无要求时，可按图4-6a)、b)加工，有抗震要求的结构，应按图4-6c)加工。

图4-6 箍筋弯钩形式图

（2）弯曲伸长计算

钢筋弯曲后有所伸长，通常有30°、45°、60°、90°、135°等几种，在钢筋剪断时应将延伸部分扣除，一般可做若干次试验，以求得实际的切断长度。不同弯起角的钢筋弯曲伸长值可参照表4-3计算。

不同弯起角的钢筋弯曲伸长值　　表4-3

弯起角度	30°	45°	60°	90°	135°
弯曲伸长值	0.35d	0.5d	0.85d	2.0d	2.5d

（3）钢筋下料长度

①当不用搭接时

下料长度 = 钢筋原长 + 端部弯钩增长量 − 中间弯曲伸长。

②当需要搭接时（搭接焊或绑扎接头）

下料长度 = 钢筋原长 + 端部弯钩增长量 − 中间弯曲伸长 + 搭接长度。

较短形状钢筋可以先接长后下料加工，而对较长形状钢筋须先下料加工后再接长。

【例4-1】 直径10mm的光圆钢筋，弯曲形状如图4-7a)所示，试计算钢筋下料长度。

解： 钢筋原长 = $150 \times 2 + 100 \times 2 + 212 \times 2 + 400 = 1324(cm)$

2个半圆弯钩增长量 = $6.25 \times 2 \times 1 = 12.5(cm)$

2个90°弯曲伸长量 = $2.0 \times 2 \times 1 = 4(cm)$

4个45°弯曲伸长量 = $0.5 \times 4 \times 1 = 2(cm)$

若无搭接则钢筋下料长度为：

$L = 1324 + 12.5 - 4 - 2 = 1330.5(cm)$

【例4-2】 某建筑物简支梁配筋如图4-7b)所示，试计算①②③④钢筋的下料长度（写清计算过程),并填写钢筋配料表。钢筋保护层取25mm。

a) ϕ10mm的光圆钢筋

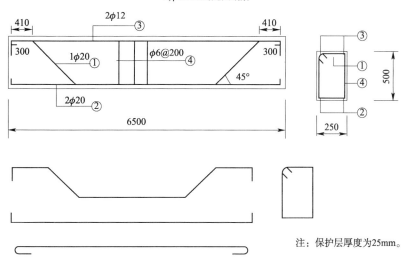

b)建筑物简支梁

图 4-7 钢筋弯曲示意(尺寸单位:cm)

解: 计算过程简列如下:

(1)号筋

$$斜段长 = (500 - 2 \times 25)/\sin 45° = 636.4(mm)$$

$$中间段长 = 6500 - 25 \times 2 - 410 \times 2 - (500 - 25 \times 2) \times 2 = 4730(mm)$$

$$下料长度 = 钢筋原长 - 弯曲伸长量$$

$$= 300 \times 2 + 410 \times 2 + 636.4 \times 2 + 4730 - 2 \times 2d - 4 \times 0.5d$$

$$= 300 \times 2 + 410 \times 2 + 636.4 \times 2 + 4730 - 2 \times 2 \times 20 - 4 \times 0.5 \times 20$$

$$= 7302.8(mm) \approx 7303(mm)$$

(2)号筋

$$下料长度 = 钢筋原长 + 弯钩增长量$$

$$= 6450 + 2 \times 3.5d = 6450 + 2 \times 3.5 \times 20 = 6590(mm)$$

(3)号筋

$$下料长度 = 钢筋原长 + 弯钩增长量$$

$$= 6450 + 2 \times 6.25d = 6450 + 2 \times 6.25 \times 12 = 6600(mm)$$

(4)号筋

$$宽度外包尺寸 = (250 - 2 \times 25) + 2 \times 6 = 212(mm)$$

$$长度外包尺寸 = (500 - 2 \times 25) + 2 \times 6 = 462(mm)$$

下料长度 = 钢筋原长 + 弯钩增长量 − 弯曲伸长量
= 2 × (212 + 462) + 2 × 7d − 3 × 2d
= 2 × (212 + 462) + 2 × 7 × 6 − 3 × 2 × 6
= 1396(mm)

箍筋数量 = (6500 − 2 × 25) ÷ 200 + 1 ≈ 33(个)

计算结果见表4-4。

计算结果 表4-4

钢筋编号	计算简图	钢筋符号	直径(mm)	下料长度(mm)	根数
①	300|410\\636.4——4730——636.4/410|300	φ	20	7303	1
②	⌐——6450——⌐	φ	20	6590	2
③	⌒——6450——⌒	φ	12	6600	2
④	462 × 212	φ	6	1396	33

4. 钢筋配料注意事项

(1)对于有接头的钢筋,配料时应注意使接头位置尽量错开,受力钢筋还要考虑接头设置在内力较小处,同时应符合下列规定。

①钢筋的连接宜采用焊接接头或机械连接接头。绑扎接头仅当钢筋构造复杂、施工困难时方可采用,绑扎接头的钢筋直径不宜大于28mm,对轴心受压和偏心受压构件中的受压钢筋可不大于32mm;轴心受拉和小偏心受拉构件不应采用绑扎接头。

②当采用搭接焊时,同一焊接接头长度区段内的受拉钢筋焊接接头的截面积,不得超过主钢筋焊接接头总截面积的50%,并保证接头处的钢筋有足够间隙以注入混凝土。焊接接头长度区段内是指35d长度范围内,但不得小于500mm。

③当主钢筋采用绑扎接头时,其接头截面积在受拉区的同一截面内不得超过主钢筋接头总截面积的25%,受压区为50%。同一截面指搭接绑扎长度范围内,绑扎接头长度区段是指1.3倍搭接长度。

④所有接头与钢筋弯曲处应不小于10d,也不宜位于构件的最大弯矩处。

(2)当施工图中采用的钢筋品种或规格与库存材料不一致时,可参考下列原则进行钢筋代换,代换应得到设计人员的书面认可。

①等强度代换。结构构件系强度控制时,钢筋按强度相等原则进行代换,等强度代换后的钢筋强度应不小于原有钢筋强度。

②等面积代换。结构构件系最小含筋率控制时,钢筋则按面积相等原则进行代换。

③结构构件系受裂缝宽度或抗裂性要求时,钢筋代换时需进行裂缝和抗裂性验算。

应当注意,钢筋代换只能按上下一个档次内代换;代换后,多出的钢筋仍应放在结构内;

代换后的钢筋直径、根数还须进一步考虑构造要求(如钢筋间距、根数、锚固长度、混凝土材料等)。

5. 钢筋的切断

直径 10mm 以下的光圆钢筋可采用剪筋刀剪断;单根钢筋可采用钢锯锯断;粗钢筋可采用气焊割断;目前常用电动切割机割直径 40mm 以下的钢筋,较细的钢筋可一次割断数根。

(二)钢筋加工

1. 钢筋接长

钢筋配料中,当长度不能满足需要时,就需将钢筋接长。接长方法有闪光接触对焊、竖向钢筋电渣压力焊接、电弧焊(搭接焊、绑条焊)、螺套及套筒挤压连接和绑扎 5 种。一般均应使用焊接接头;当结构钢筋特别长,无法运输时,可将钢筋用螺套及套筒挤压连接;当焊接有困难时,才可用绑扎接头。

(1)闪光接触对焊

用闪光接触对焊(图 4-8)接长的钢筋,其优点是钢筋传力性能好、省钢料,能适应直径大于 10mm 的各种钢筋,避免钢筋间距变小,便于混凝土浇筑,故钢筋接长首选方案为对焊。其原理是在进行对焊过程中,钢筋的两端面轻微接触,使变压器的次级产生短路,同时获得强大的电流,使接触点钢筋熔化,同时在钢筋两端进行加压,松开电源,钢筋便对焊成功。

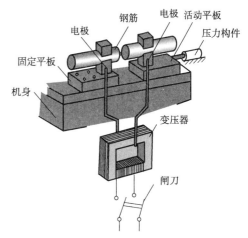

图 4-8 接触对焊示意图

钢筋对焊完毕,除外观检查外,还应按规定切取部分接头进行机械试验;对预应力混凝土使用的钢筋(对焊接头),必须对钢筋进行试拉,以防止对焊接头不牢。

对焊以后的钢筋,其外观接头具有适当的墩粗和均匀的金属毛刺;表面没有裂纹和明显的烧伤;接头无弯折、轴线无偏移。

抗拉试验时,断裂部位不能出现在接头处,最小极限强度不能小于该种钢筋抗拉极限强度;绕一定直径的心棒做 90°冷弯试验时,不得出现裂纹,亦不得沿焊接部位破坏。

(2)竖向钢筋电渣压力焊接

当桥墩墩身的预埋钢筋较长而无法固定时,先预埋短钢筋,再用竖向钢筋电渣压力焊接机进行现场竖向对焊接长(图 4-9)。其原理同闪光接触对焊,可适用 14～36mm 的 Ⅱ 级螺纹钢筋,常用标准焊剂作为焊接的辅助材料。其操作过程如下:

安装上下夹具并夹牢钢筋使其接触;以 400V 的初始电压通电 20s 进行预热;当接头处与焊剂开始发红时,继续加大电压至 600V 并用手柄逐渐加压 30s;接头焊接完毕,冷却后拆除焊接机并观察焊接点是否有墩粗。

用此法焊接的优点是:避免了竖向钢筋过长需要固定,可随焊随接长,墩身混凝土浇一段,钢筋可向上接一段,亦可同时采用几个焊接机一起焊接钢筋,既加快焊接速度又降低劳动强度。缺点是:较难采取试件,对施工人员要有一定的技术要求。

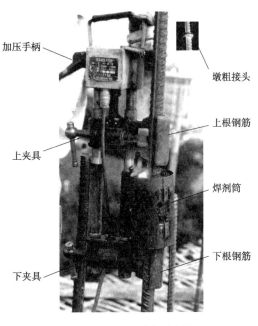

图 4-9 电渣压力焊示意图

(3) 电弧焊

图 4-10 是电弧焊焊接过程示意图,一根导线接在被焊钢筋上,另一根导线接在夹有焊条的焊钳上。合上开关,将焊条轻融钢筋,产生电弧,此时立即将焊条提起 2~3mm 进行焊接。由于电弧最高可达 4000℃,能熔化焊条和钢筋,移动焊条并汇合成一条焊缝,至此焊接过程结束。

电弧焊焊接接头应对外观进行检查,要求焊缝表面平整、没有缺口、凹陷、气孔和较大的金属焊瘤,两钢筋轴线应重合,焊接部分接头应进行机械性试验,张拉用的Ⅳ级钢筋不采用电弧焊。

在绑条焊和搭接焊中,预制钢筋骨架中多采用双面焊缝,其焊缝长度不得小于 $5d$;而在模板内焊合的钢筋,多采用单面焊缝,其焊缝长度不得小于 $10d$。钢筋电焊时焊条应根据设计规定采用。

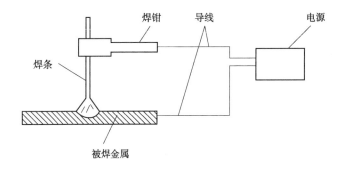

图 4-10 电弧焊示意图

(4) 螺套及套筒挤压连接

当构件特别长如连续梁内的纵向构造钢筋,很难做到先焊接后放入模板内。可先将钢筋两端用钢筋套丝机床绞一段直螺纹,再用特制的螺套连接器将钢筋连接起来(如同自来水管接长一样);也可不绞螺纹,在两根待接钢筋的端头处先后插入一个优质钢套筒,用压接器在侧向将钢筋接头处的钢套筒压紧,当套筒塑性变形后,即与变形钢筋紧密咬合,达到连接效果。

钢筋的机械连接通常宜采用镦粗直螺纹、滚轧直螺纹或套筒挤压连接接头(图 4-11)。墩粗直螺纹和滚轧直螺纹连接接头适用于直径大于或等于 25mm 的 HRB335、HRB400 级热轧带肋钢筋;套筒挤压连接接头适用于直径 16~40mm 的 HRB335、HRB400 级热轧带肋钢筋。各类接头的性能均应符合行业标准《钢筋机械连接技术规程》(JGJ 107—2016)的规定。

这类方法的优点是使用方便,缩短工期,适用范围大;缺点是需要大量钢材,成本较高。

(5)用铁丝绑扎搭接

当无条件焊接时,可用18~22号铁丝绑扎搭接。绑扎前,先将铁丝在火中烧红后放入冷水中,可提高绑扎铁丝的硬度。

对轴心受拉构件的接头,均应采用焊接,不得采用绑扎接头;冷拔钢丝的接头,只能采用绑扎,不得采用焊接接头;绑扎后的铁丝头要向里弯,不得伸向保护层内。

2.钢筋骨架的焊接

钢筋骨架的焊接一般应采用电弧焊,先焊成单片平面骨架,然后再将平面骨架组焊成立体骨架,使骨架有足够刚性和不变形性,以便吊运。

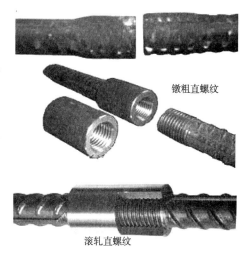

图4-11 直螺纹接头

钢筋在焊接过程中由于温度的变化,骨架将会发生翘曲变形,使骨架的形状与尺寸不能符合设计要求,同时会在焊缝内产生收缩应力而使焊缝开裂。

为了便于焊接,常使用工作台。台高一般为30~40cm,钢筋按照骨架的外框尺寸用角钢固定在台面上,每根斜筋的两侧也用角钢固定。

为了防止焊接骨架过程中骨架的变形,一般采用错开焊接的方法。另外,采用双面焊缝使骨架的变形尽可能均匀对称。

钢筋骨架的施焊顺序宜由中到边对称地向两端进行,先焊骨架下部,再焊骨架上部,每一条焊缝应一次焊成。相邻的焊缝采用分区对称跳焊,不得顺一个方向一次焊成,骨架焊成后应全部敲掉药皮。当多层钢筋直径不同时,可先焊两直径相同的再焊直径不同的,若相同直径钢筋在同一焊位有好几根,则分层跳焊。

3.钢筋弯制成形

钢筋应按设计尺寸和形状用冷弯方法弯制成型。当弯制的钢筋较少时,可用人工弯筋器在成型台上弯制。人工弯筋器由板子与度盘组成[图4-12a)]。底盘固定于成型台两端,其上安有粗圆钢制成的板柱,板柱间净距[图4-12b)]应较弯曲的最大直径大2mm。当弯制较细钢筋时,加以适当厚度的钢套,以防弯制时钢筋滑动。板子的板口应较钢筋大2mm。弯制直径12~16mm的钢筋,使用图4-12a)所示的深口横口板子,可一次弯制2~3根钢筋。成型台如图4-12c)所示。

弯制大量钢筋时,宜采用电动弯筋机,图4-13为目前采用的电动箍筋弯曲机,能弯制各种角度箍筋。

弯制各种钢筋的第一根时,应反复修正,使其与设计尺寸和形状相符,并以此样件作标准,用以检查之后弯起的钢筋。对成型后的钢筋,其偏差不应大于表4-5的规定。

(三)钢筋的安装

在模板内安装钢筋之前,必须详细检查模板各部分的尺寸,检查模板有无歪斜、裂缝及

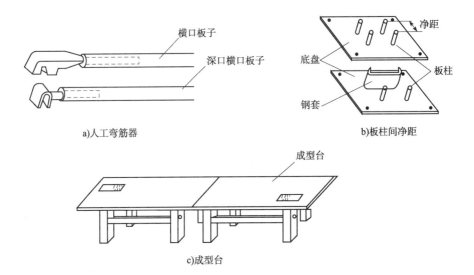

图 4-12 人工弯筋设备及成型台

图 4-13 电动钢筋弯曲机

变形,各板之间的拼接是否牢靠等。所有变形、尺寸不符之处和各板之间的松动都应在安装钢筋前予以处理好。

安装钢筋时应使其位置正确,并在钢筋下面垫以 2~3cm 厚的砂浆垫块,以确保底模与钢筋间具有一定厚度的保护层;配置在同一截面内的垫块应错开,以免把混凝土构件的受拉区截断,垫块间的距离一般为 0.7~1.0m。

为了保证钢筋具有一定厚度的保护层,可以在钢筋与侧模板间或钢筋与钢筋间垫置砂浆隔块,或垫置与主筋相同的短钢筋,并以铁丝绑扎固定,现代土建工程施工中也常采用塑料卡具。

加工钢筋的允许偏差　　　　表 4-5

项　　目	允许偏差(mm)
受力钢筋顺长度方向加工后的全长	±10
弯起钢筋各部分尺寸	±20
箍筋、螺纹筋各部分尺寸	±5

钢筋安装的顺序可根据钢筋混凝土构件的形状、钢筋配置情况、混凝土浇筑的先后而定。

钢筋的级别、直径、根数、间距等应符合设计规定。

对多层多排钢筋,宜根据安装需要在其间隔处设立一定数量的架立钢筋或短钢筋,但架立钢筋或短钢筋的端头不得伸入混凝土保护层内。

当钢筋过密影响到混凝土浇筑质量时,应及时与设计人员协商解决。

1. 基础钢筋的安装

在安装钢筋之前,先在模板侧板上以粉笔标明主筋位置,然后将主筋置于基坑底上,其次把分布钢筋每隔3~4根安装1根,并用铁丝把分布钢筋与主筋紧密绑扎以固定主筋位置,再安装其余的分布钢筋,最后进行全部绑扎工作,如有伸入构件的竖直预留钢筋应绑扎固定。

2. 墩台钢筋安装

桥墩、桥台的钢筋,应事先根据施工图纸在平地预制成钢筋骨架,然后整体安装;有些水下混凝土工程所需安装的钢筋,一般在陆地整体安装后,用起重机械将钢筋骨架整体起吊至模板内;若无起重机械,也可将配制好的钢筋在模板内现场绑扎;对于大型桥墩、桥台有时采用边安装钢筋边浇筑混凝土的方法。

3. 其他混凝土构件的钢筋安装

对于桩、立柱和装配式钢筋混凝土构件,通常是预先做好钢筋骨架,然后安装于模板内。

为了加速钢筋安装工作和保证安装质量,可根据结构形状、起重和运输条件,尽可能预先制成立体骨架式平面网,再放入模板内进行绑扎或焊接。制成的骨架应注意有足够的刚性和不变形性,以便运输和吊装,在钢筋的交叉点最好采用焊接。

安装钢筋时,其质量标准详见表4-6~表4-8的规定。

钢筋焊接骨架质量标准 表4-6

项 目	允许偏差(mm)	项 目	允许偏差(mm)
骨架的宽及高	±5	箍筋间距	±10
骨架长度	±10		

焊接钢筋网质量标准 表4-7

项 目	允许偏差(mm)	项 目	允许偏差(mm)
网的长、宽	±10	网眼的对角线差	15
网眼的尺寸	±10		

钢筋安装质量标准 表4-8

项 目			允许偏差(mm)
受力钢筋间距	两排以上排距		±5
	同排	梁、板、拱肋	±10
		基础、锚碇、墩台、柱	±20
箍筋、横向水平钢筋、螺纹筋间距			±10
钢筋骨架尺寸	长		±10
	宽、高或直径		±5
绑扎钢筋网尺寸	长、宽		±10
	网眼尺寸		±20
弯起钢筋位置			±20
保护层厚度	柱、梁、拱肋		±5
	基础、锚碇、墩台		±10
	板		±3

二、桥梁墩台及基础常用施工机械设备

在进行桥梁墩台施工前,应熟知桥梁墩台施工的主要机械设备的种类及用途,确定施工关键设备。施工机械的选型和配套是桥梁墩台施工的重要工作。从工程成本上讲,所使用的设备技术越先进、数量越多,机械费占整个工程费用的比例越大,因此,要根据工程的具体质量要求和施工的进度要求合理选型、优化配套,既要保证施工质量和进度,又要经济合理,尽可能降低工程成本。

根据桥梁墩台的结构形式、施工方法和施工环境的不同,除必要的施工测量仪器外,主要的施工机械设备有模板、支架、混凝土设备(包括搅拌机、运输设备、振捣器等)及钢筋焊接、切断设备等。

(一)模板

钢筋混凝土墩台施工主要是指现场就地浇筑混凝土一类的墩台构件,在墩台施工时,往往应根据桥址处的场地条件、墩台的结构形状以及模板周转使用的经济性来选择墩台施工的模板组合方式。墩台模板的类型主要可分为拼装式模板和滑升模板两大类,此处着重介绍拼装式模板以及滑升模板的构造及使用方法。

模板的设计、制作、安装和拆卸应符合《公路桥涵施工技术规范》(JTG/T F50—2011)的有关规定:

(1)具有一定的强度、刚度和稳定性,能可靠地承受施工过程中可能产生的各项荷载,保证结构物各部分形状、尺寸的准确。

(2)尽可能采用组合钢模板或大模板,以节约木材并提高模板的适应性和周转。

(3)模板表面平整,接缝严密不漏浆。

(4)拆装容易,施工时操作方便,保证安全。

模板支架安装时的质量标准见表4-9。

模板、支架安装质量标准 表4-9

项 目		允许偏差(mm)
模板高程	基础	±15
	柱、梁	±10
	墩台	±10
模板尺寸	上部构造的所有构件	+5,-0
	基础	±30
	墩台	±20
轴线偏位	基础	15
	柱	8
	梁	10
	墩台	10
装配式构件支承面的高程		+2,-5

续上表

项　　目	允许偏差(mm)
模板相邻两板表面高低差	2
模板表面平整	5
预埋件中心线位置	3
预留孔洞中心线位置	10
预留孔洞截面内部尺寸	+10，-0
支架　　　　纵轴的平面位置	跨度的1/1000或30

1. 拼装模板

拼装模板是根据墩台所需要的形状由各种尺寸的标准模板利用销钉连接并与拉杆和加劲构件等组成的。标准模板一般采用钢、木、胶合板等材料制造，边框多用角钢制作，面板宜采用薄钢板、胶合板等材料，加劲构件一般采用型钢(如槽钢)和方木，如图4-14所示。

将墩台表面划分为若干小块(高×宽=$H \times B$)[图4-14a)]，要尽量使每部分板扇[图4-14b)]尺寸相同，以便于周转使用。板扇高度通常与墩台分节灌注高度相同，一般可为3～6m，宽度为1～2m，具体视墩台尺寸和起吊条件而定。由于模板在厂内加工制造，因此板面平整，尺寸准确，体积小，质量小，拆装容易，运输方便。它适用于高大桥墩或在同类墩、台较多时，待混凝土达到拆模强度后，可以整块拆下，直接或略加修整即可周转使用，拆装模板可用钢材或木材加工制作。钢模用2.5～4mm厚的薄钢板并以型钢为骨架，可重复使用，装拆容易且快速，节约材料，运输方便，成本较低，故应用广泛。

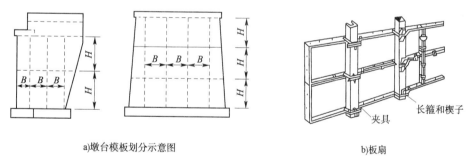

a)墩台模板划分示意图　　　　　　b)板扇

图4-14　拼装式模板

2. 整体吊装模板

整体吊装模板属拼装式模板，是将墩台模板水平分成若干段，每段模板组成一个整体，在地面拼装后吊装就位，如图4-15所示。分段高度可视起吊能力而定，一般可为2～4m。整体式模板安装时间短，无须设施T接缝，加快施工进度，提高施工质量；将拼装模板的高空作业改为平地操作，有利于施工安全；模板刚性较强，可少设拉筋或不设拉筋，节约钢材；可利用模板外框架作简易脚手架，不需另搭施工脚手架；结构简单，装拆方便，可重复使用，对建造较高的桥墩较为经济。主要缺点是需要一套吊装设备。整体吊装模板通常采用钢板和型钢加工而成。

3. 滑升模板

滑升模板是将模板悬挂在工作平台上，沿着墩台结构断面边界拼装模板，并在千斤顶的作用下向上滑升。滑升模板的构造虽因桥墩截面形式不同而稍有差异,但其主要部件和功能却大致相同,一般主要由工作平台、内外模板、混凝土平台、工作吊篮和提升设备等组成,如图4-16所示。

(1) 工作平台由内钢环、外钢环、辐射梁、栏杆、步板组成,工作平台除提供施工操作场地外,还是整个滑模结构的骨架,因此,其应具有足够的强度和刚度。

(2) 内模板、外模板采用薄钢板制作,并通过内立柱、外立柱固定在工作平台的辐射梁上。对于上下壁厚相同的斜坡空心墩,内、外模板固定在立柱上,但立柱架(或顶梁)是通过滚轴悬挂在辐射梁上的,并利用收坡丝杆沿辐射梁方向移动。对于上下壁厚不相同的斜坡空心墩,则内、外立柱固定在辐射梁上,在模板与立柱间安装收坡丝杆,以便分别移动内外模板位置。

(3) 混凝土平台由辐射梁、步板、栏杆等组成,其利用立柱支承在工作平台的辐射梁上,供堆放及浇筑混凝土施工用。

(4) 工作吊篮悬挂在工作平台的辐射梁和内外模板立柱上,主要为施工人员操作提供工作平台。

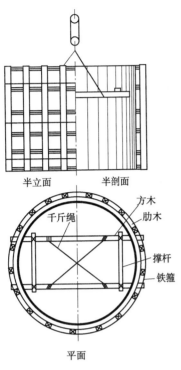

图 4-15 整体吊装模板

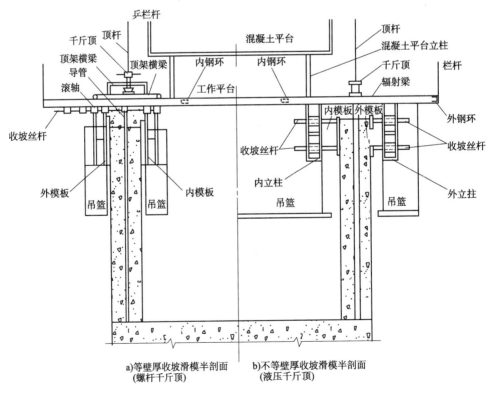

图 4-16

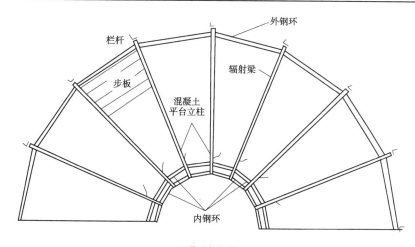

7-滑动模板工作原理

c)工作平台半平面

图 4-16 滑升模板构造示意图

(5)提升设备由千斤顶、顶杆、顶杆导管等组成,通过它顶升工作平台的辐射梁使整个滑模结构提升。

提升所使用的千斤顶主要有螺旋式千斤顶和液压千斤顶两种,其工作步骤如下:

①螺旋式千斤顶工作步骤(图4-17)。

转动手轮使螺杆旋转,并由千斤顶座及顶架上横梁带动整个滑模徐徐上升。此时,上卡头、卡瓦、卡扳卡住顶杆,而下卡头、卡瓦、卡板则沿顶杆向上滑行,当滑至与上下卡瓦接触或螺杆不能再旋转时,即完成一个行程的提升。

向相反方向转动手轮,此时,下卡头、卡瓦、卡板卡住顶杆,整个滑模结构处于静止状态,仅上卡头、卡瓦、卡板连同螺杆向上滑行,至上卡头与顶架上横梁接触或螺杆不能再旋转时为止。这样就完成一个行程的复原。

②液压千斤顶工作步骤(图4-18)。

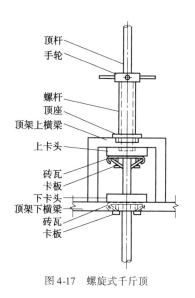

图 4-17 螺旋式千斤顶　　　图 4-18 液压式千斤顶

进油提升:利用油泵将油压入缸盖与活塞之间,在油压作用下,上卡头立即卡紧顶杆,使活塞固定于顶杆上。随着缸盖和活塞间进油量的增加,缸盖连同缸盖、底座及整个滑模结构一起上升,直至上下卡头顶紧时,提升结束。此时,缸筒排油弹簧完全处于压缩状态。

排油归位:开通回油管路,解除油压,利用排油弹簧推动下卡头使其与顶杆卡紧,同时,推动上卡头将油排出缸筒,在千斤顶及整个滑模位置不变的情况下,使活塞回到进油前位置。到此完成了一个提升循环。

提升时,滑模与平台上的临时荷载全由顶杆承受。顶杆一端埋置于墩台结构的混凝土中,一端穿过千斤顶芯孔,每节长 2~4m,用工具或焊接连接。为节省钢材,使支承套顶杆能重复利用,可在顶杆外安装套管,等施工完毕后,可拔出支承顶杆。

(二)支架

在混凝土及钢筋混凝土墩台施工中常常需要搭设支架,以支撑和固定模板。支架也可作为墩台砌筑施工时的脚手架,主要包含万能杆件、扣件式钢管脚手架、碗扣式钢管脚手架、贝雷梁等。

1. 万能杆件

万能杆件是用角钢制成的可拼成节间距为 2m×2m 的桁架杆件。因其通用性强,弦杆、腹杆及连接板等均为标准件,具有装拆方便、运输方便、利用率高等特点,可以拼装成桁架、墩架、塔架、龙门架等形式,还可以作为墩台、索塔施工脚手架等。

万能杆件的构件一般分为杆件、连接板、缀板三大类。

杆件:杆件在拼装时组成桁架的弦杆、腹杆、斜撑。

连接板:各种规格的连接板可将弦杆、腹杆、斜撑等连接成需要的各种形状。

缀板:缀板可将断面由四肢或两肢角钢组成的各种弦杆、腹杆等在其节间中点做一个加强连接点,使组合断面的整体性更好。

万能杆件的类型有铁道部门生产的甲型(M 型)和乙型(N 型),公路部门生产的乙型(或西乙型)三种,其中西乙型万能杆件共有大小 24 种构件。其中杆件及拼接用的角钢零件9 种,编号为 1、2、3、4、5、6、7、7A、16;节点板 9 种,编号为 8、11、13、17、18、22、22A、23、28;缀片 2 种,编号为 19、20;填板 1 种,编号为 15;支撑靴 1 种,编号为 21,普通螺栓 2 种,编号为24、25。用万能杆件组拼桁架时,按高度 2m、4m、6m 的模数组拼。其腹杆形式:当高度为 2m时,为三角形;当高度为 4m 时,为菱形;当高度超过 6m 时,则可做成多些杆的形式,如图 4-19 所示。

2. 扣件式钢管脚手架

由钢管及扣件组成,具有承载力大、装拆方便和较为经济的优点。一般情况下,脚手架单管立柱的承载力可达 15~35kN。

单排扣件式钢管脚手架仅适用于高度小于 24m 的墩、台。单管立柱的扣件式脚手架搭设高度不宜超过 50m,50m 以上的高架,有以下两种做法:

(1)脚手架的下部采用双管立柱,上部采用单管立柱,单管立柱部分高度应在 35m以下。

(2)将脚手架的下部柱距减半,较大柱距的上部高度在 35m 以下。

扣件式钢管脚手架的组成如图 4-20 所示。

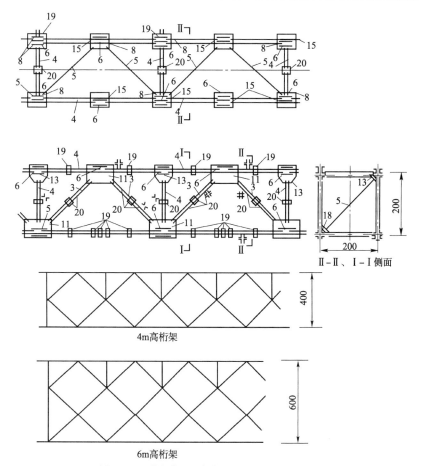

图 4-19 万能杆件组拼桁架示意图(尺寸单位:cm)

组成脚手架的主要构件及其作用详见表 4-10。

扣件式钢管脚手架的主要组成构件及作用　　　　表 4-10

序号	名　　称	作　　用
1	立柱(立杆、站杆、冲天)	平行于建筑物并垂直于地面的杆件,是传递脚手架结构自重力、施工荷载与风荷载的主要受力杆件
2	纵向水平杆(大横杆、大横担、牵扛、顺水杆)	平行于建筑物,在纵向连接各立柱的通长水平杆,是承受并传递施工荷载给立柱的主要受力杆件
3	横向水平杆(小横杆、六尺杆、横楞、搁棚)	垂直于建筑物,在横向连接脚手架内、外排立柱的水平杆件(单排脚手架时,一端连接立柱,另一端搭在建筑物的外墙上),是承受并传递施工荷载给立柱的主要受力杆件
4	扣件	组成脚手架结构的连接件
	直角扣件,见图 4-21	连接两根直交钢管的扣件,是依靠扣件与钢管表面间的摩阻力传递施工荷载、风荷载的受力配件
	对接扣件,见图 4-21	钢管对接接长用的扣件,也是传递荷载的受力配件
	旋转扣件,见图 4-21	连接两根任意角度相交的钢管的扣件,用于连接支撑斜杆与立柱或横向水平杆

续上表

序号	名　称	作　用
5	脚手板	提供施工操作条件并承受、传递施工荷载给纵、横向水平杆的板件;当设于非操作层时起安全防护作用
6	剪力撑(十字撑、十字盖)	设在脚手架外侧面与墙面平行的十字交叉斜杆,可增强脚手架的纵向刚度,保证脚手架具有必要的承载力
7	横向支撑(横向斜拉杆、之字撑)	设在脚手架内、外排立柱平面的,呈"之"字形的斜杆,可增强脚手架的横向刚度,提高脚手架的承载能力
8	连墙杆(连墙点、连墙件)	连接脚手架与建筑物的部件,是脚手架中既要承受、传递风荷载,又要防止脚手架在横向失稳或倾覆的重要受力部件
9	纵向扫地杆	连接立柱下端,距底座下缘200mm处的纵向水平杆,可约束立柱底端在纵向发生位移
10	横向扫地杆	连接立柱下端,位于纵向扫地杆上方的横向水平杆,可约束立柱底端横向发生位移
11	底座	设在立柱下端,承受并传递立柱荷载给地基的配件

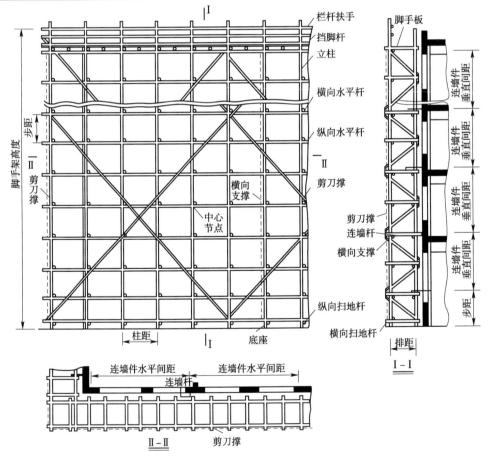

图4-20　扣件式钢管脚手架的组成

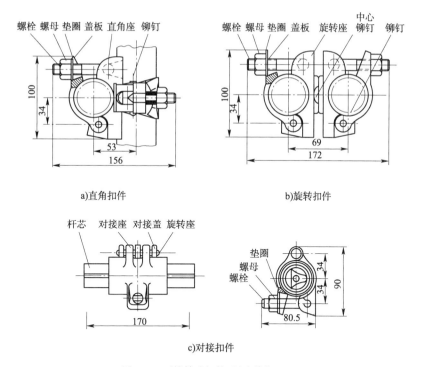

图 4-21 可锻铸造扣件(尺寸单位:mm)

扣件式钢管脚手架的底座有可锻铸铁制造的标准底座与焊接底座两种,可根据具体情况选用。前者材质要求与可锻铸造扣件相同,后者系用 Q235A 钢和 FA3 电焊条制作。两种底座如图 4-22 所示。

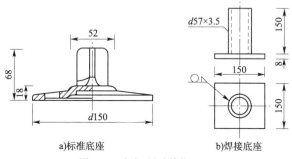

图 4-22 底座(尺寸单位:mm)

脚手架组成应满足以下基本要求:

(1)脚手架是由立柱、纵向与横向水平杆共同组成的"空间框架结构",在脚手架的中心节点处(图 4-23),必须同时设置立柱、纵向与横向水平杆。

(2)扣件螺栓拧紧扭力矩应在 40~60N·m 之间,以保证"空间框架结构"的节点具有足够的刚性和传递荷载的能力。

(3)在脚手架和建筑物之间,必须设置足够数量、分布均匀的连墙杆,以便在脚手架的侧向(垂直建筑物墙面方向)提供约束,防止脚手架横向失稳或倾覆,并可靠地传递风荷载。

(4)脚手架立柱的地基与基础必须坚实,应具有足够的承载能力,并防止不均匀的或过大的沉降。

(5)应设置纵向支撑(剪刀撑)和横向支撑,以使脚手架具有足够的纵向和横向整体刚度。

3. 碗扣式钢管脚手架

此种脚手架具有接头构造合理、力学性能好、工作安全可靠、功能多、构件轻、装拆方便、作业强度较低以及零部件的损耗率低等显著优点。

碗扣接头是该脚手架系统的核心部件,它由上、下碗扣、横杆接头和上碗扣的限位销等组成,如图4-24所示。

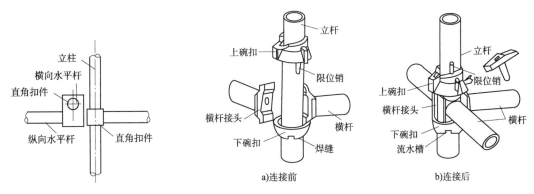

图4-23 扣件式脚手架的中心节点　　　图4-24 碗扣接头

主要构、配件有:

(1)立杆:有两种规格,以便于错开接头的部位。

(2)顶杆:支撑架的顶部立杆,其上可装设承座或托座,也有两种规格。在立杆和顶杆上每隔60cm设一副碗扣接头。立杆与顶杆配合可以构成任意高度的支撑架。

(3)横杆:架子的水平承力杆。

8-碗扣式脚手架

(4)斜杆:用作架子的斜向拉压杆。有4种规格,分别用于1.2m×1.2m、1.2m×1.8m、1.8m×1.8m和1.8m×2.4m的网格。

(5)支座:用以支垫立杆底座或作为支撑架顶撑的支垫。有垫座和可调座两种形式。

当用于模板支撑架时,还有5种辅助配件,即支撑柱垫座、支撑柱可调座、支撑柱转角座、托撑和横托撑。

4. 贝雷梁

贝雷梁是一种由桁架拼装而成的钢桁架结构,主要构件由桁架、加强弦杆、横梁、桁架销、螺栓、支撑构件等组成,其单元结构见图4-25。

为了加强单片贝雷桁架的强度,主桁架可由数排并列或双层叠置。桥梁工程中习惯于先"排"后"层"称呼。

(三)混凝土运输设备

混凝土拌和站或搅拌机拌和好的混凝土要使用运输设备通过平面运输运到墩台处,再通过垂直运输将混凝土浇筑于模板内。为了保证墩台混凝土的浇筑速度和浇筑质量,应合理选择运输工具。各种运输工具的使用条件见表4-11。

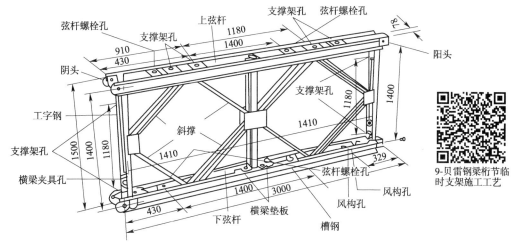

图 4-25 贝雷桁架单元结构(尺寸单位:mm)

混凝土运输方式适用条件 表 4-11

水平运输	垂直运输	适用条件	附 注
人力混凝土手推车、内燃翻斗车、轻便轨人力推运翻斗车,或混凝土吊车	手推车	$H<10\mathrm{m}$	搭设脚手平台,铺设坡道,用卷扬机拖拉手推车上平台
	轨道爬坡翻斗车	$H<10\mathrm{m}$	搭设脚手平台,铺设坡道,用卷扬机拖拉手推车上平台
	皮带输送机	中、小桥梁,水平运距较近 $H<10\mathrm{m}$	倾角不宜超过15°,速度不超过1.2m/s。高度不够时,可用二台串联使用
	履带(或轮胎)起重机起吊高度约为20m	$10\mathrm{m}<H<20\mathrm{m}$	用吊斗输送混凝土
	木制或钢制扒杆	$10\mathrm{m}<H<20\mathrm{m}$	用吊斗输送混凝土
	墩外井架提升	$H>20\mathrm{m}$	在井架上安装扒杆提升吊斗
	墩内井架提升	$H>20\mathrm{m}$	适用于空心桥墩
	无井架提升	$H>20\mathrm{m}$	适用于滑动模板
轨道牵引车输送混凝土翻斗车或混凝土吊斗汽车倾卸车、汽车运送混凝上吊斗、内燃翻斗车	履带(或轮胎)起重机起吊高度约为30m	$20\mathrm{m}<H<30\mathrm{m}$	用吊斗输送混凝土
	塔式吊机	大、中桥,水平运距较远 $30\mathrm{m}<H<50\mathrm{m}$	用吊斗输送混凝土
	墩外井架提升	$H<50\mathrm{m}$	井架可用万能杆件组装
	墩内井架提升	$H>50\mathrm{m}$	适用于空心桥墩
	无井架提升	$H>50\mathrm{m}$	适用于滑动模板
索道吊机		$H>50\mathrm{m}$	—
混凝土输送泵		$H<50\mathrm{m}$	可用于大体积实心墩台

注:H 为墩高。

(四)钻孔灌注桩基础成孔方法和钻具

钻孔灌注桩成孔通常采用旋转钻进、冲击、冲抓、旋挖等方式成孔,不同的成孔方式需要采用不同的钻具。

1. 旋转钻进成孔

利用钻具的旋转切削体钻进,并在钻进的同时采用循环泥浆的方法护壁排渣,继续钻进成孔。我国现用旋转钻机按泥浆循环的程序不同分为正循环与反循环两种。

我国定型生产的旋转钻机在转盘、钻架、动力设备等方面均配套定型,钻头的构造根据土质采用各种形式,如双腰带翼形钻头[用于软层成孔,图4-26a)]、牙轮钻头[用于风化岩层或卵砾石层,图4-26b)]等。不同的地层可采用相应的钻头钻进,如三冀空心钻(图4-27,用于钻性土、砂土及含少量卵砾石的土层)。由于从钻杆内吸出泥浆和钻渣混合物的流量较大,钻杆内径宜大于127mm,并维持护筒内1.0~3.0m的水头,以保证排渣顺利和孔壁稳定。

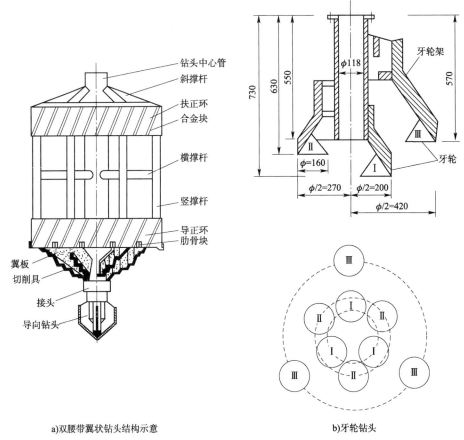

a) 双腰带翼状钻头结构示意 b) 牙轮钻头

图4-26 代表性的正循环钻头(尺寸单位:mm)

旋转钻孔过去采用简易的机具施工,只要配置必要的钻架、钻杆、卷扬机和钻头,用人工推钻或机动旋转钻机,钻头一般用大锅锥。钻孔时旋转锥钻削土入锅,然后提锥出渣,再放锥入孔继续钻进,效率较低,现很少采用。此外,现在也采用更轻便、高效的潜水电钻(图4-28),钻孔时钻头旋转刀刃切土,并在端部喷出高速水流冲刷土体,以水力排渣,钻头的旋转电动机及变速装置均经密封后安装在钻头与钻杆之间。

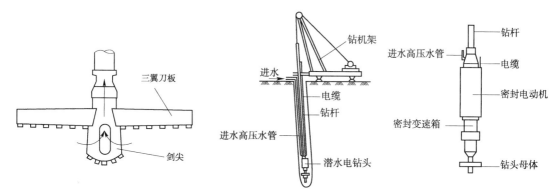

图 4-27 三翼空心钻　　　　　　图 4-28 潜水电钻

由于旋转钻进成孔的施工方法受到机具和动力的限制,适用于较细、软的土层,如各种塑性状态的黏性土、砂土、夹少量粒径小于 100~200mm 的砂卵石土层,在软岩中也可使用。这种钻孔方法的深度可达 100m 以上。

2. 冲击钻进成孔

利用钻锥(重为 10~35kN)不断地提锥、落锥反复冲击孔底土层,把土层中泥沙、石块挤向四壁或打成碎渣,钻渣悬浮于泥浆中,利用掏渣筒取出,重复上述过程冲击钻进成孔。采用的机具有定型的冲击式钻机(包括钻架、动力、起重装置等)、冲击钻头、转向装置和掏渣筒等,也可用 30~50kN 带离合器的卷扬机配合钢、木钻架及动力组成简易冲击机。

钻头一般是整体铸钢做成的实体钻锥,钻刃为十字形采用高强度耐磨钢材做成,底刃最好不完全平直以加大单位长度上的压重(图 4-29)。冲击时钻头应有足够的重量,适当的冲程和冲击频率,以使它有足够的能量将岩块打碎。

冲锥每冲击一次旋转一个角度,才能得到圆形的钻孔,因此在钻头和提升钢丝绳连接处应有转向装置,常用的有合金套或转向环,以保证冲锥的转动,避免了钢丝绳打结扭断。

掏渣筒(图 4-30)是用以掏取孔内钻渣的工具,用厚 30mm 左右钢板制作,下面碗形阀门应与渣筒密合以防止漏水漏浆。

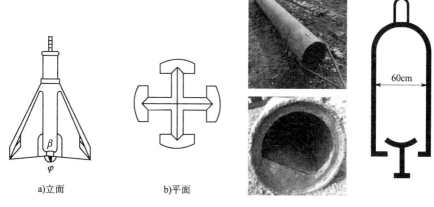

a) 立面　　b) 平面

图 4-29 十字形冲击钻头
$\beta = 70° \sim 90°, \phi = 160° \sim 170°$

图 4-30 掏渣筒

冲击钻孔适用于含有漂卵石、大块石的土层及岩层,也能用于其他土层。成孔深度一般不宜大于50m。

3. 冲抓钻进成孔

用兼有冲击和抓土作用的抓土瓣,通过钻架,由带离合器的卷扬机操纵,靠冲锥自重(重为10~20kN)冲下使抓土瓣锥尖张开插入土层,然后由卷扬机提升锥头收拢抓土瓣将土抓出,弃土后继续冲抓钻进而成孔(图4-31)。

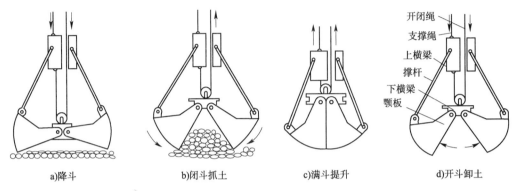

a) 降斗　　b) 闭斗抓土　　c) 满斗提升　　d) 开斗卸土

图4-31　双绳双颚板抓斗工作进程

钻锥常采用四瓣或六瓣冲抓锥,当收紧外套钢丝绳松内套钢丝绳时,内套在自重作用下相对外套下坠,便使锥瓣张开插入土中。

冲抓成孔适用于较松或紧密的黏性土、砂性土及夹有碎卵石的砂砾土层,成孔深度一般小于30m。

4. 旋挖钻成孔

旋挖钻机成孔(图4-32),首先是通过钻机自有的行走功能和桅杆变幅机构使得钻具能正确的就位到桩位,利用桅杆导向下放钻杆将底部带有活门的桶式钻头置放到孔位,钻机动力头装置为钻杆提供扭矩、加压装置通过加压动力头的方式将加压力传递给钻杆钻头,钻头回转破碎岩土,并直接将其装入钻头内,然后再由钻机提升装置和伸缩式钻杆将钻头提出孔外卸土,这样循环往复,不断地取土、卸土,直至钻至设计深度。

旋挖钻机一般适用黏土、粉土、砂土、淤泥质土、人工回填土及含有部分卵石、碎石的地层。根据不同的地质条件选用不同的钻杆、钻头及合理的斗齿刃角。对于具有大扭矩动力头和自动内锁式伸缩钻杆的钻机,可以适应微风化岩层的施工。液压步履式,能自主行走。

图4-32　旋挖钻机

第四节　施工现场准备

施工现场准备是为工程的施工创造有利的施工条件和物资保证,具体内容如下:做好施工测量控制网的复测和加密工作;做好施工现场的补充钻探;做好三通一平工作(指路通、水通、电通和平整场地);建造临时设施;安装调试施工机具;原材料的试验和储存堆放;做好冬雨季施工安排;新技术项目的试验;消防、保安措施;建立健全施工现场各项管理制度等。

下面简单介绍一下关于施工测量的一些基本内容和要求。

一、桥位复测内容

一般中小桥在施工前,根据道路的导线点增设施工控制点组成施工控制网,构成简单的三角网或闭合导线,测设精度要达到工程施工测量的精度要求。

重要、复杂的大桥、特大桥从设计到施工的时间一般较长,在正式施工开始时,施工单位首先要在设计图纸上找寻控制桥位的里程桩号及有关控制点的位置,然后应对全桥控制网进行实地全面复测、检查。为满足施工需要应进行必要的施工控制点的加密。复测平面控制网应包括基线复测、角度复测、成果复算、对比。复测时应尽量保持原测网图形。复测精度一般依原测要求进行。

高程控制网的复测一般依原测等级进行。过河水准,两岸水准网或水准路线可作为一部分复测,平差后再联成一体。

平面和高程控制网复测成果与原测成果相差较大,应分析原因,及时报告业主和设计单位,要求确认,以便后续施工。

在复测时要检查控制点的稳定情况,做好记录。如有怀疑,在成果计算时不能作为起算点,以免成果失真。

二、桥梁施工准备阶段的测量内容及要求

一般情况下,桥梁在施工准备阶段的测量内容如下:

(1)对设计单位所交付的有关桥涵的中线桩、三角网基点桩、水准基点桩等及其测量资料进行检查、核对,若发现桩志不足、不稳妥、被移动过或测量精度不符合要求时,应按《公路桥涵施工技术规范》(JTJ/T F50—2011)的规定,补测加固、移设或重新测校。

(2)施工需要的桥涵中线桩。

(3)补充施工需要的水准点。

(4)测定墩、台纵向和横向及基础桩的位置,并与施工设计图比较,判断位置是否准确。

(5)锥坡、翼墙的位置,并与施工设计图比较,判断位置是否准确。

以上内容如与图纸有出入,应与设计部门联系予以更正。

三、桥涵施工准备阶段的测量要求

(1)当有良好的丈量条件时,采用直接丈量法进行墩台施工定位。

(2)大中桥的水中墩台和基础的位置,宜用校验过的电磁波测距仪测量。

(3)曲线上的桥梁施工测量,应按照设计文件参照公路曲线测定方法处理。

(4)如图纸上墩台的位置以坐标的形式表示,则应采用全站仪或GPS进行施工定位。

(5)对于各种高程测量应根据测量精度要求选择相应精度的测量仪器。

四、桥梁施工阶段的测量放样

随着施工的进展,随时都要进行放样工作,但桥梁的结构及施工方法千差万别,所以测量的方法及内容也各不相同。总的来说,桥梁下部施工放样测量的主要工作有:导线控制测量,桥轴线测量控制,墩、台、桩定位测量,支座垫石施工放样和支座安装,桥面控制测量,高程控制测量等。

1. 导线控制测量

利用设计单位提供的已知点,用全站仪(必要时用GPS)补测导线点,并形成三维导线控制网进行桥轴线平面位置控制。经环导闭合测量,角度闭合差、坐标闭合差均满足一级导线技术要求。

2. 桥轴线测量控制

利用已知的控制点坐标及施工图提供的桥轴线控制点坐标,用坐标放线法进行各匝道桥桥轴线恢复测量。即以桥轴线长度作为一个边,而布置成闭合导线,再采用坐标法施放轴线上各点。

3. 墩、台、桩定位测量

施工阶段测定桥轴线长度,目的就是为了建立起施工放样墩、台、桩的平面控制。墩、台、桩定位测量的内容就是准确定出桥墩、台、桩的中心位置和它的纵轴线。可根据设计单位提供的墩、台、桩设计坐标,按坐标反算求出坐标法的放样数据,用以施放墩、台、桩平面位置。同时采用坐标法,在不同曲线控制点、交点设站,直接测距,对施放的墩、台、桩位置进行复核验证。

(1) 桩基础钻孔定位放样

根据设计图计算出每个桩基中心的放样数据,设计图纸中已给出的数据也应经过复核后方可使用。施工放样采用全站仪坐标法进行。

(2) 承台施工放样

用全站仪坐标法放出承台轮廓线特征点,供安装模板用。通过吊线法和水平靠尺进行模板安装,安装完毕后,用全站仪测定模板四角顶口坐标,直至符合规范和设计要求。用水准仪进行承台顶面的高程放样,其精度应达到四等水准要求,用红油漆标示出高程相应位置。

(3) 墩身放样

桥墩墩身形式多样,常见的有柱式墩、薄壁墩等。墩身放样时,先在已浇筑承台的顶面上放出墩身轮廓线的特征点,供支模板用(首节模板要严格控制其平整度)。用全站仪测出模板顶面特征点的三维坐标,并与设计值相比较,直到差值满足规范和设计要求为止。

(4) 支座垫石施工放样和支座安装

用全站仪坐标法放出支座垫石轮廓线的特征点,供模板安装。安装完毕后,用全站仪进行模板4角顶口的坐标测量,直至符合规范和设计要求。用水准仪以吊钢尺法进行支座垫石的高程放样,并用红漆标示出相应位置。待支座垫石施工完毕后,用全站仪坐标法放出支座安装线供支座定位。

(5) 墩台竣工检测

全桥或标段内的桥墩施工结束后,为了查明墩台各主要部分的平面位置及高程是否符

合设计要求,需要进行测量检测。此阶段测量的主要内容有:

通过控制点用全站仪坐标法来测定各桥墩台中心的实际坐标,并计算桥墩台中心间距。用带尺量拱座或垫石的尺寸和位置以及供顶的长和宽,这些尺寸与设计数据的偏差不应超过2cm。

用水准仪进行检查性的水准测量,应自一岸的永久水准点经过桥墩闭合到对岸的永久水准点,其高程闭合差应不超过 $\pm 4\sqrt{n}$(n 为测站数)。在进行该项水准测量时,应测定墩顶水准点,拱座或垫石顶面的高程,以及墩顶其他各点的高程。

最后根据测量资料编绘墩台中心距离一览表、墩顶水准点高程一览表,为下阶段桥梁上部构造的安装和架设提供可靠的原始数据。

学习效果自测题

每位学生根据本章的学习目标,按教师要求选择完成下述自测题目。

一、填空题

1. 施工准备工作包括_____、_____、_____、_____。
2. 比较合理的组织机构类型有_____、_____、_____三种。
3. 钢筋代换有两种方式,分别是_____、_____。
4. 当采用搭接焊时,同一焊接接头长度区段内的受拉钢筋焊接接头的截面积,不得超过主钢筋焊接接头总截面积的_____,并保证接头处的钢筋有足够间隙以注入混凝土。焊接接头长度区段内是指_____长度范围内,但不得小于_____。

二、判断题

1. 钢筋的试验应分批进行。( )
2. 做拉力试验时应同时测定抗拉强度、屈服点和伸长率3个指标,在第一次拉力试验时,如有1个指标不符规定,即作为拉力试验项目不合格,应再取双倍试件做拉力试验,重新测定三个指标。第二次试验中,如仍有1个指标不合格,不论这个指标在第一次试验中是否合格,拉力试验项目即为不合格。( )
3. 做冷弯试验时,应要求将试件绕一定直径的芯棒弯曲至规定角度,其弯心的外侧发生裂纹、鳞落等现象为正常。( )
4. 钢筋的连接,除了可以通过各种焊接方式连接外,还可以用螺纹套筒进行连接。
( )

三、思考题

1. 请写出钢筋下料长度公式。
2. 简述技术准备阶段的工作内容。
3. 请简述现场的各项管理制度通常都包括哪几方面内容。
4. 钻孔灌注桩钻孔的形式有哪几种?请分别简单说明。

第五章 桥梁墩台及基础施工

桥梁墩台施工是桥梁工程施工中的一个重要部分,其施工质量的优劣,不仅关系到桥梁上部结构的制作与安装质量,而且对桥梁的使用功能也关系重大。桥梁墩台施工方法通常分为两大类:一类是现场就地浇筑与砌筑;一类是拼装预制的混凝土砌块、钢筋混凝土或预应力混凝土构件。多数工程是采用前者,优点是工序简便,机具较少,技术操作难度较小;但是施工期限较长,需耗费较多的劳力与物力。近年来,交通建设迅速发展,施工机械(起重机械、混凝土泵送机械及运输机械)也随之有了很大进步,采用预制装配构件建造桥梁墩台的施工方法有新的进展,其特点是既可确保施工质量、减轻工人劳动强度,又可加快工程进度、提高工程效益,对施工场地狭窄,尤其对缺少砂石的地区或干旱缺水的地区等建造墩台更有着重要意义。

第一节 石砌墩台施工

一、石砌墩台的使用场合与相关要求

石砌墩台具有就地取材和经久耐用等优点,在石料丰富的地区建造墩台时,在施工期限许可的条件下,为节约水泥,应优先考虑石砌墩台方案。

石砌墩台是用片石、块石及粗料石以水泥砂浆砌筑的,石料与砂浆的规格要符合有关规定。浆砌片石一般适用于高度小于6m的墩台身、基础、镶面以及各式墩台身填腹;浆砌粗料石则用于磨耗及冲击严重的分水体及破冰体的镶面工程以及有整齐美观要求的桥墩、台身等。

将石料吊运并安砌到正确位置是砌石工程中比较困难的工序。当质量小或距地面不高时,可用简单的马凳跳板直接运送;当质量较大或距地面较高时,可采用固定式动臂吊机或桅杆式吊机或井式吊机,将材料运到墩台上,然后再分运到安砌地点。用于砌石的脚手架应环绕墩台搭设,用以堆放材料,并支持施工人员砌筑镶面定位行列及勾缝。脚手架一般常用固定式轻型脚手架(适用于6m以下的墩台)、简易活动脚手架(能用在25 m以下的墩台)以及悬吊式脚手架(用于较高的墩台)。

石砌墩台砌筑质量应符合以下规定:

(1)砌体所用各项材料类别、规格及质量符合要求。

(2)砌缝砂浆或小石子混凝土铺填饱满、强度符合要求。

(3)砌缝宽度、错缝距离符合规定,勾缝坚固、整齐,深度和形式符合要求。

(4)砌筑方法正确。

(5)砌体位置、尺寸不超过允许偏差。

二、石砌墩台施工要点

石砌墩台的施工主要按如下流程进行:基础顶面整理→测量定位→放样→墩台身砌筑→浇筑墩台帽混凝土。

1. 基础顶面整理与测量定位

在墩台身砌筑前,应将基础顶面冲洗干净,用经纬仪或全站仪在基础顶面放出墩台中线和墩台内外轮廓线的准确位置。并在砌筑墩台身前用水将基础顶面充分润湿。

2. 放样

(1)挂线放样

块石浆砌墩台时,可采取挂线放样法(图5-1),当有斜度时以垂线和样板检校;如为垂直墩、台身则放线距离外移10~20mm,按垂线向后缩进10mm或20mm为准,由放线时确定即可。

(2)架立样架

根据设计横截面尺寸,用竹、木扎成样架作砌筑时的尺寸依据,样架可按墩、宽度(即横桥向之长)设置2~3只,样架之间可随时(固定)拉线以利控制检校(图5-2)。

3. 墩台身砌筑

根据墩台身所采用石料的规格(种类),砌筑方法概括起来分为分层法、断层法、乱层法三种,砌筑时,在符合有关要求的前提下,要因"材"而用。对砌体的基本要求是:位要"准"、体要"稳"、缝要"错"、浆要"饱"、形要"好"。但砌体的砌筑能否成功,其关键工序就是挂线放样。

(1)砌筑方法

①分层砌筑

石料砌筑应有一定工作层次,对形状规则的块石砌体,其层次分明,一般可将一批石块砌成一个工作层,有平整的水平缝和竖向交错的垂直缝。平缝宽应不大于30mm,竖缝宽应不大于40mm(图5-3)。

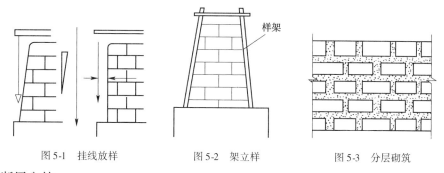

图5-1 挂线放样　　图5-2 架立样　　图5-3 分层砌筑

②断层砌筑

片石亦应分层砌筑,宜以2~3层砌块组成一个工作层,每一工作层大致找平,各工作层竖缝要大致错开,不得贯通,但在一个工作层加有断层,如图5-4所示。

③乱层砌筑

对于大小不等,形状很不规则的石块,除去尖凸棱角形成乱层,浆砌时应注意避免同缝,应充分利用石块状组成相互交错的接缝(图 5-5)。

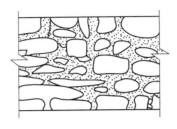
图 5-4 断层砌筑

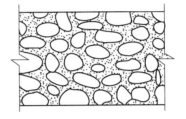
图 5-5 乱层砌筑

(2)砌筑顺序

①圆端形桥墩

墩台砌石时一般先从墩台的上下游圆头石①或分水尖开始,然后砌镶面石,最后再砌腹石[图 5-6a)]。

圆端桥墩的圆端顶点不应有垂直灰缝,砌石应从顶端开始先砌石块[图 5-6b)],然后以丁顺相间排列,接砌四周镶面石。圆端底层顺石宜稍长,以利于逐层减短收坡,使丁石位置保持不变。

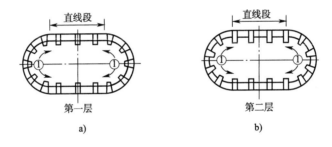

图 5-6 圆端形桥墩土墩身砌筑顺序

②尖端形桥墩

尖端及转角不得有垂直接缝,同样应先砌顶端石块①,再砌转角石②。然后丁顺相间排列,接砌四周镶面石。砌石时应将大面平面朝下,安放稳定,砂浆饱满,并不得在石块间垫塞小石块(图 5-7)。

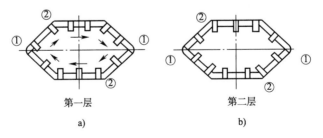

图 5-7 尖端形桥墩砌筑顺序

(3) 砌体勾缝

墩台身砌体工程砌筑完成后,必须根据设计规定要求勾缝,勾缝既美观又可防水和减少砌体遭受浸蚀。因此,无论浆砌或干砌时,都须进行勾缝工作。

①平缝

一般采用与墙面齐平或比墙面缩进 3~5mm,多用于砌体外溶的砌缝,操作简便,不易剥落,防雨水作用较好,但外观比较单调(图 5-8)。

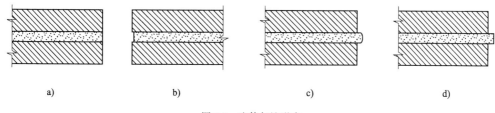

图 5-8 砌体勾缝形式

②凹缝

勾缝[(图 5-8b)]时将砂浆全宽做成嵌入约 5mm 的凹槽,砂浆缝呈向内的半圆形,浆砌较规则的块材可采用凹缝。

③凸缝

在砌缝上做成一个矩形或半圆形的凸缝,凸出墙面约 5mm,凸缝墙面线条明显清晰,亦较美观,如浆砌或干砌片石勾缝即常用凸缝[图 5-8c)、d)]。

勾缝形式的选择,除设计有规定者外,一般可采用凸缝或平缝。浆砌较规则的块材时,可采用凹缝。

勾缝用砂浆等级不应低于砌体砂浆强度,一般主体工程不低于 M10,附属工程不低于 M7.5,流冰和严重冲刷部位应采用高强度水泥砂浆。

勾缝砂浆应嵌入砌缝内约 20mm 深。缝槽深度不足时,应凿够深度后再行勾缝。

对于勾缝的有关规定见表 5-1。

浆砌镶面石灰缝规定　　　　表 5-1

种类	灰缝宽度(cm)	错缝(层间或行列间)(cm)	三块石料相接处空隙(cm)	砌筑行列高度(cm)
粗料石	1.5~2	≥10	1.5~2	每层石料厚度一致
半细料石	1~1.5	≥10	1~1.5	每层石料厚度一致
细料石	0.8~1	≥10	0.8~1	每层石料厚度一致

勾缝时须注意以下几点:

a. 墩台身砌体勾缝时,应将砌缝扫净,松浮砂浆去除,并保持湿润,以利砂浆与砌缝黏结。

b. 勾缝时应砂浆嵌缝密实,可用铁片等压密,并勾嵌整齐。

c. 浆砌砌体,应在砂浆初凝后,洒水覆盖养生 7~14d。养护期间应避免碰撞、振动或承重。

墩台身砌筑完成后应对墩台身基本尺寸及墩顶高程等进行检测,以确保工程质量。墩台墩、台砌体施工质量标准见表 5-2。

墩、台砌体施工质量标准　　　　　　　　　　　表5-2

项　目		规定值或允许偏差
砂浆强度(MPa)		在合格标准内
轴线偏位(mm)		20
墩台长、宽(mm)	片石	+40，-10
	块石	+30，-10
	粗料石	+20，-10
大面积平整度(mm)	片石	30
	块石	20
	粗料石	10
竖直度或坡度(%)	片石	0.5
	块石、粗料石	0.3
墩台顶面高程(mm)		±10

(4) 砌体的砌筑施工规定

①砌块在使用前应浇水湿润,砌块的表面如有泥土、水锈,应清洗干净。

②砌筑基础的第一层砌块时,如基底为岩层或混凝土基础,应先将基底表面清洗、湿润,再坐浆砌筑;如基底为土质,可直接坐浆砌筑。

③砌体宜分层砌筑,砌体较长时可分段分层砌筑,但两相邻工作段的砌筑高差不宜超过1.2m;分段位置宜设在沉降缝或伸缩缝处,各段的水平砌缝应一致。

④各砌层应先砌外圈定位行列,再砌筑里层,其外圈砌块应与里层砌块交错连成一体。砌体外露面石料的镶面种类应符合设计规定,对有流冰或有漂浮物河中的墩台,其镶面宜选用较坚硬的石料或较高强度等级混凝土预制块进行镶砌。砌体里层应砌筑整齐,分层应与外圈一致,应先铺一层适当厚度的砂浆再安放砌块和填塞砌缝。砌体的外露面应进行勾缝,并应在砌筑时靠外露面预留深约20mm的空缝备作勾缝之用。砌体隐蔽面的砌缝可随砌随刮平,不另勾缝。

⑤各砌层的砌块应安放稳固,砌块间的砂浆应饱满,薪结牢固,不得直接贴靠或脱空。砌筑时,底浆应铺满,竖缝砂浆应先在已砌石块侧面铺放一部分,然后在石块放好后用砂浆填满捣实。用小石子混凝土填竖缝时,应捣固密实。

⑥砌筑上层砌块时,应避免振动下层砌块。砌筑工作中断后恢复砌筑时,已砌筑的砌层表面应加以清扫和湿润。

4. 墩台帽施工

墩台帽是用来支承桥跨结构的,其位置、高程及垫石表面平整度等,均应符合设计要求,以避免桥跨结构安装困难,或使墩台帽、垫石等出现破裂或裂缝,影响墩台的正常使用功能和耐久性。

(1) 墩、台帽放样

墩台混凝土(或砌石)灌筑至离墩、台帽底下30~50cm高度时,既而测出墩台纵横中心线,并开始竖立墩、台帽模板,安装锚栓孔或安装顶埋支座垫板、绑扎钢筋等。台帽放样时,应注意不要以基础中心线作为台帽背墙线,浇筑前应反复核实,以确保墩、台帽中心、支座垫石等位置方向与水平高程等不出差错。

(2)墩、台帽模板

墩台帽系支撑上部结构的重要部分,其尺寸位置和水平高程的准确度要求较严,在墩、台帽高程以下 25~30cm 处即停止填腹石的砌筑,开始安装墩、台帽模板。先用两根大约 15cm×15cm 的方木用长螺栓拉夹于墩帽下(图 5-9),然后再在方木上安装墩帽模板。台帽模板亦可用木料支承在台体上。

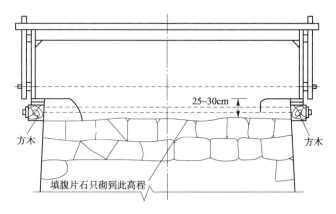

图 5-9 石砌桥墩墩帽模板

对于悬臂墩帽,当桥墩不高时,可利用桥墩基础襟边竖支架,在悬出的支架上立模,如图 5-10a)所示。如桥墩较高时,可预先在墩身上部预埋螺栓 2~3 排,以锚定牛腿支架、承托模板,如图 5-10b)所示。模板的安装程序为:在支架上安装好底模板;墩上绑扎或整体吊放墩帽钢筋;竖立侧面模板;装横档螺栓、横向支撑、拉杆和斜撑。

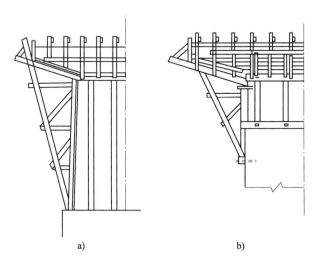

图 5-10 悬臂墩帽模板

悬臂墩帽混凝土应由墩中部向悬臂端顺序浇筑。帽高在 50cm 以上时,应分层浇筑,使模板受力较均匀,并便于混凝土振捣密实。

175

(3) 钢筋网、预埋件、预留孔等的安装

梁桥墩、台帽支座处一般均布设 1～3 层钢筋网。当墩、台帽为素混凝土或虽为配筋混凝土但对钢筋网未设置架立钢筋时，施工时应根据各层钢筋网的高程安排墩、台帽混凝土的浇筑程序。为了保证各层钢筋网位置正确，应在两侧模板上画线，并加设固定钢筋网的架立钢筋和定位钢筋，以免振捣混凝土时钢筋网发生位移。

墩、台的预埋件一般有盆式橡胶支座的固定锚栓、防震锚栓、防震挡块的预埋钢筋、供观测用的标尺、供运营阶段使用的扶手、检查平台和护栏等。

预埋件施工应注意下述各点：

①为保证预埋件位置准确，应对预埋件采取固定措施，以免振捣混凝土时发生移动。

②预埋件下面及附近的混凝土应注意振捣密实，对具有角钢锚筋的预埋件尤应注意加强捣实。

③预埋件在墩、台帽上的外露部分要有明显标识，浇至顶层混凝土时，要注意外露部分尺寸准确。

④在已埋入墩、台帽内的预埋件上施焊时，应尽量采用细焊条、小电流，分层施焊，以免烧伤混凝土。

墩、台帽上的预留锚栓孔须在安装墩、台模板时，安装好锚栓预留孔模板，在绑扎钢筋时注意将预留孔位置留出。

5. 锥坡施工

(1) 锥坡放样

锥坡护坡及坡脚通常为椭圆形曲线，放样方法很多，如支距法、图解法、坐标值量距法、经纬仪设角法、放射线式放样法。对于斜桥锥坡还应考虑到斜度系数，可以采用纵横等分图解法进行放样。

以上方法均先求出坡脚椭圆形的轨迹线，测设到地面上，然后再按规定的边坡放出样线，据以施工。这里只对常用的支距放样法、纵横分解图法进行介绍。

锥坡支距放样法的做法是：如图 5-11 所示将 b 分为 n 等份（一般为 10 或 8 等份），则可求得 i 点对应的支距 a_i，然后根据 i 点在 b 方向的分量和在 a 方向的分量 a_i 可在现场放出 i 点。

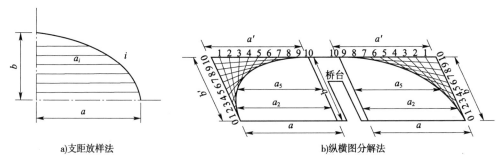

图 5-11　锥坡放样

纵横图分解法的做法是：如图 5-11 所示，按 a 和 b 的长度引一平行四边形；将 a' 和 b'，均分为 10 等份，并将各点顺序编号；由 b' 之 0 点连 a' 之 1 点，由 b' 之 1 点连 a' 之 2 点……依此类推,最后由 b' 之 9 点连 a' 之 10 点,即形成锥坡之底线。

放出样线,主要是为在锥坡挖基、修筑基础以及砌筑坡面时,便于悬挂准绳,使铺砌式样尺寸符合标准。在施工过程中应随时防止样线走动或脱开样线铺砌而进行必要的检查复核工作。

(2)锥坡砌筑

锥坡施工主要包括填土和坡脚与坡面的石块砌筑。此项工作要在桥台竣工及台后填土完成后方可进行。

先测放出锥坡底脚椭圆曲线,再根据坡脚的设计高度与宽度,用片石或块石砌筑锥坡坡脚,坡脚底层应用碎石或卵砾石做反滤层,防止锥坡内土方被水冲流失。石块缝隙须用砂浆填满,可不必勾缝。

坡脚砌筑完毕后,在锥坡内进行填土并分层夯实使之达到最佳密实度,并用坡面长尺预留出坡面石块的砌筑厚度;填土高度应按设计高程和坡度一次填足,若砌筑石块厚度不够,可将土挖去一部分,不允许在填土不足时,用临时填土或砌石补边等方法处理。

锥坡坡面一般用块石或片石砌筑,石料底部须用粒径不大于 5cm,含泥量不超过 5% 和含砂量不超过 40% 的砂砾做垫层;砌筑时,应经常用坡面长尺或铁丝纠正坡面石块的平整度与坡度,根据土质情况,应在坡面设置泄水孔,坡面石块缝隙须用砂浆嵌实并应勾以自然状、方形、凸缝。方格缝适用于挡土墙的勾缝。

第二节 混凝土与钢筋混凝土墩台施工

除石料丰富地区的重力式墩台及小桥的轻型墩台采用石砌墩台外,绝大部分桥梁采用混凝土及钢筋混凝土结构墩台,根据墩台身的截面形式及墩台的高度,可采用就地浇筑施工和预制安装施工两种。本任务中只介绍就地浇筑墩台施工方法。

一、钢筋混凝土墩台身施工

(一)墩台身施工工艺流程

就地浇筑钢筋混凝土墩台身多为柱状墩台或肋板台,其施工工艺流程如图 5-12 所示。

为了保证墩台的施工质量及工程进度,在施工前应对墩台的施工过程编制施工流程图,以指导施工。对于就地浇筑钢筋混凝土墩台的施工可分为墩台身施工和盖梁施工两部分。

(二)混凝土及钢筋混凝土墩、台身施工要点

1. 施工准备及测量放样

在基础混凝土强度达到设计要求后,对承台、系梁顶面和墩台身相接处凿毛,人工凿除混凝土表面的浮浆,并用水或高压风将表面冲刷干净。整修连接钢筋,敲除钢筋表面的混凝土浆和铁锈。

校核基础顶面高程,在基础顶面放出墩、台中线和墩、台内、外轮廓线的准确位置。

2. 绑扎钢筋骨架

钢筋基本要求:运到现场的钢筋应具有出厂合格证,表面洁净。使用前将表面杂物清除

干净。钢筋平直,无局部弯折。各种钢筋下料尺寸符合设计及规范要求。

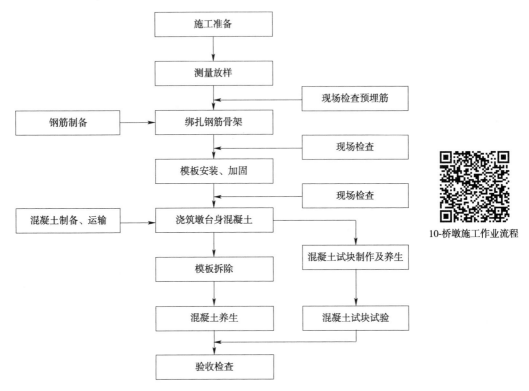

图 5-12 钢筋混凝土墩台身施工工艺流程图

钢筋骨架的绑扎可在钢筋绑扎台进行,也可现场绑扎。桩顶锚固筋与承台或墩台基础锚固筋按规范和设计要求连接牢固,形成一体。钢筋接头所在截面按规范要求错开布置,当采用绑扎接头时同一截面钢筋接头不得超过该截面钢筋总数的50%。钢筋加工时应采用闪光对焊或电弧连接,并以闪光对焊为主。

钢筋骨架绑扎适量的垫块,以保持钢筋在模板中的准确位置和保护层厚度。为保证在混凝土表面看不到垫块痕迹,可采用在钢筋骨架外侧绑扎特殊造型的同级混凝土垫块,以增加混凝土表面的美观性。

3. 支立模板

墩台模板选择应考虑周转使用,宜采用标准规格的组合式模板或适合大量同类型桥墩的拼装式模板。平面模板的尺寸应尽可能选择大面积的,以使墩台表面减少接缝。墩台身模板的选择还要考虑墩台身的截面形式和高度以及施工单位已有的机械设备等情况。

墩台模板应具有较好的强度、刚度和稳定性,必须保证浇筑混凝土前后模饭表面的平整度,不出现跑模、漏浆等弊病。如果墩台模板较高,必须设置撑木或抗风拉索等稳定设施。

在浇筑混凝土前,应在模板内侧涂刷脱模剂,不得使用会使混凝土表面变色或变质的脱模剂。

墩台预埋件或孔洞必须预先考虑,并准确牢固地和模板相固定,以防振捣混凝土或其他外力使之变位。

侧模上的拉杆一般均埋于墩台混凝土中。如需在浇筑完混凝土后取出拉杆,必须在拉杆外设套管。拆模后,墩台表面留下的无用孔洞,必须及时用砂浆或细石混凝土抹平。

模板安装完毕后,需在检查其平面位置、顶面高程、节点连接及其他稳定性问题后,方可浇筑混凝土。

墩台模板宜在上部结构施工前拆除。拆除模板时,不允许粗暴地敲打和甩掷模板,更要注意拆除的顺序,以防出现事故。

模板、支架的拆除期限应根据结构物特点、模板部位和混凝土所达到的强度来决定。

4. 浇筑混凝土

浇筑前对支架、模板、钢筋和预埋件进行检查,并将模板内的杂物、积水和钢筋上的污垢清理干净;模板的缝隙填塞严密,内面涂刷脱模剂。浇筑混凝土时,应经常检查模板、钢筋、沉降观测点及预埋部件的位置和保护层的尺寸,确保其位置正确不发生变形。混凝土施工中,应切实保证混凝土的配合比、水灰比和坍落度等技术性能指标满足设计和有关规范的要求,并按要求同时制作混凝土试块,以测定墩台混凝土强度。

(1) 混凝土的运送

墩台混凝土的运送采取水平与垂直运输相互配合的方式。如混凝土数量大,浇筑捣固速度快时,可采用混凝土皮带运输机或混凝土输送泵。

为保证灌注质量,混凝土的配制、输送及浇筑的速度不得小于混凝土配料、输送及灌注的容许最小速度。混凝土的配制、输送及灌筑速度应符合下式要求:

$$v \geqslant \frac{Ah}{t} \tag{5-1}$$

式中:v——混凝土配制、输送及浇筑的容许最小速度,m^3/h;

A——浇筑的面积,m^2;

h——浇筑层的厚度,m;

t——所用水泥的初凝时间,h。

如混凝土的配制、输送及浇筑需要时间较长,则应符合:

$$v \geqslant \frac{Ah}{t-t_0} \tag{5-2}$$

式中:t_0——混凝土配制、输送及浇筑所消耗的时间,h。

(2) 混凝土的浇筑与振捣

自高处向模板内倾卸混凝土时,应防止混凝土离析。直接倾卸时,其自由倾落高度不宜超过2m;当倾落高度超过2m时,应通过串筒、溜管(槽)或振动溜管(槽)等设施下落;倾落高度超过10m时,应设置减速装置。

混凝土浇筑层厚度h,应根据使用的振捣方法按《公路桥涵施工技术规范》(JTG/T F50—2011)的有关规定采用。混凝土分层浇筑厚度不超过300mm。

混凝土的捣固是保证质量的关键工序,必须严密组织,规范操作。既要防止振捣不足,也要防止振捣过度,以混凝土不再下沉、表面开始泛浆、不出现气泡为度。当采用插入式振动器振捣时,振动器移动间距不超过其作用半径的1.5倍,与模板保持50~100mm的间距,插入下层宜为50~100mm,防止碰撞模板钢筋及预埋件。

表面振动器的移位间距应使振动器平板能覆盖已振实部分不小于100mm。

附着式振动器的布置距离,应根据结构物形状和振动器的性能通过试验确定。

每一振点的振捣延续时间宜为 20~30s,以混凝土停止下沉、不出现气泡、表面呈现浮浆为度。

若墩台截面积不大时,混凝土应连续一次浇筑完成,以保证其整体性。如墩、台截面积过大时,应分段分块浇筑。

混凝土的浇筑连续进行,如因故必须间断时,其间断时间应小于前层混凝土的初凝时间或能重塑的时间,并经试验确定。混凝土的运输、浇筑及间歇的全部时间不宜超出表 5-3 的规定;当超出时应按浇筑中断处理,并应留置施工缝,同时应记录。

混凝土的运输、浇筑及间歇的全部允许时间(单位:min) 表 5-3

混凝土强度等级	气温≤25℃	气温>25℃
≤C30	210	180
>C30	180	150

施工缝的位置应在混凝土浇筑之前确定,且宜留置在结构受剪力和弯矩较小并便于施工的部位,施工缝宜设置成水平面或垂直面。对施工缝的处理应符合下列规定:

①处理层混凝土表面的松弱层应予以凿除。对处理层混凝土的强度,当采用水冲洗凿毛时,应达到 0.5MPa;人工凿毛时,应达到 2.5MPa;采用风动机凿毛时,应达到 10MPa。

②经凿毛处理后的混凝土面,应采用洁净水冲洗干净。

③重要部位及有抗震要求的混凝土结构或钢筋稀疏的钢筋混凝土结构,宜在施工缝处补插锚固钢筋;有抗渗要求的混凝土,其施工缝宜做成凹形、凸形或设置止水带;施工缝为斜面时宜浇筑或凿成台阶状。

在混凝土浇筑过程中,随时观察所设置的预埋螺栓、预留孔、预埋支座的位置是否移动,若发现移位时及时校正。注意模板、支架等支撑情况,设专人检查,如有变形、移位或沉陷立即校正并加固。

滑模浇筑应选用低流动度的或半干硬性的混凝土拌和料,分层分段对称浇筑,并应同时浇完一层。各段的浇筑应到距模板上缘 10~15cm 处为止。采用插入式振捣器时,应插入下层混凝土 5~10cm。要防止千斤顶和油管在混凝土和钢筋上漏油。浇筑混凝土要连续操作,如因故中途停止,应按施工缝处理。脱模后若表面不平整或有其他缺陷要予以修补。

高大的桥台,若台身后仰,本身自重力偏心较大,为平衡台身偏心,施工时应随同填筑台身四周路堤土方同步砌筑或浇筑台身,防止桥台后倾或向前滑移。未经填土的台身施工高度一般不宜超过 4m,以免偏心引起基底不均匀沉陷。

混凝土浇筑完成后,及时予以覆盖并洒水保湿养护。

(3)大体积混凝土

大体积混凝土在选用原材料和进行配合比设计时,应按照降低水化热温升的原则进行,并应符合下列规定:

①宜选用低水化热和凝结时间长的水泥品种。粗集料宜采用连续级配,细集料宜采用中砂。宜掺用可降低混凝土早期水化热的外加剂和掺合料,外加剂宜采用缓凝剂、减水剂;掺合料宜采用粉煤灰、矿渣粉等。

②进行配合比设计时,在保证混凝土强度、和易性及坍落度要求的前提下,宜采取改善

粗集料级配、提高掺合料和粗集料的含量、降低水胶比等措施,减少单方混凝土的水泥用量。

③大体积混凝土进行配合比设计及质量评定时,可按60d龄期的抗压强度控制。

大体积混凝土的施工应提前制订专项施工技术方案,并应对混凝土采取温度控制措施。大体积混凝土的浇筑、养护和温度控制应符合下列规定:

①施工前应根据原材料、配合比、环境条件、施工方案和施工工艺等因素,进行温控设计和温控监测设计,并应在浇筑后按该设计要求对混凝土内部和表面的温度实施监测和控制。对大体积混凝土进行温度控制时,应使其内部最高温度不大于75℃、内表温差不大于25℃。

②大体积混凝土可分层、分块浇筑,分层、分块的尺寸宜根据温控设计的要求及浇筑能力合理确定;当结构尺寸相对较小或能满足温控要求时,可全断面一次浇筑。

③分层浇筑时,在上层混凝土浇筑之前应对下层混凝土的顶面作凿毛处理,且新浇混凝土与下层已浇筑混凝土的温差宜小于20℃,并应采取措施将各层间的浇筑间歇期控制在7d以内。

④分块浇筑时,块与块之间的竖向接缝面应平行于结构物的短边,并应在浇筑完成拆模后按施工缝的要求进行凿毛处理。分块施工所形成的后浇段,应在对大体积混凝土实施温度控制且其温度场趋于稳定后方可浇筑;后浇段宜采用微膨胀混凝土,并应一次浇筑完成。

⑤大体积混凝土的浇筑宜在气温较低时进行,但混凝土入模温度应不低于5℃;热期施工时,宜采取措施降低混凝土的入模温度,且其入模温度不宜高于28℃。

⑥大体积混凝土的温度控制宜按照"内降外保"的原则,对混凝土内部采取设置冷却水管通循环水冷却,对混凝土外部采取覆盖蓄热或蓄水保温等措施。在混凝土内部通水降温时,进出水口的温差宜小于或等于10℃,且水文与内部混凝土的温差宜不大于20℃,降温速率宜不大于2℃/d;利用冷却水管中排出的降温用水在混凝土顶面蓄水保温养护时,养护温度与混凝土表面温度的差值应不大于15℃。

⑦大体积混凝土采用硅酸盐水泥或普通硅酸盐水泥时,其浇筑后的养护时间不宜少于14d,采用其他品种水泥时不宜少于21d。在寒冷天气或遇气温骤降天气时浇筑的混凝土,除应对其外部加强覆盖保温外,还宜适当延长养护时间。

5. 混凝土养生

对新浇筑混凝生的养护,应满足其对温度、湿度和时间的要求。应根据施工对象、环境条件、水泥品种、外加剂或掺合料以及混凝土性能等因素,制订具体的养护方案,并严格实施。

混凝土浇筑完成后,应在其收浆后尽快予以覆盖并洒水保湿养护。对干硬性混凝土、高强度和高性能混凝土、炎热天气浇筑的混凝土以及桥面等大面积裸露的混凝土,应加强初始保湿养护,具备条件的可在浇筑完成后立即加设棚罩,待收浆后再予以覆盖和洒水养护,覆盖时不得损伤或污染混凝土的表面。混凝土表面有模板覆盖时,应在养护期间使模板保持湿润。

混凝土的养护不得采用海水或含有害物质的水。混凝土的洒水保湿养护时间应不少于7d,对重要工程或有特殊要求的混凝土,应根据环境湿度、温度、水泥品种,以及掺用的外加剂和掺合料等情况,酌情延长养护时间,并应使混凝土表面始终保持湿润状态。当气温低于5℃时,应采取保温养护的措施,不得向混凝土表面洒水。当采用喷洒养护剂对混凝土进行养护时,所使用的养护剂应不会对混凝土产生不利影响,且应通过试验验证其养护效果。

新浇筑的混凝土与流动的地表水或地下水接触时,应采取临时防护措施,保证混凝土在 7d 以内且强度达到设计强度的 50% 以前,不受水的冲刷侵袭;当环境水具有侵蚀作用时,应保证混凝土在 10d 以内且强度达到设计强度的 70% 以前,不受水的侵袭。混凝土处于冻融循环作用的环境时,宜在结冰期到来 4 周前完成浇筑施工,且在混凝土强度未达到设计强度等级的 80% 前不得受冻,否则应采取技术措施,防止发生冻害。

(三) V 形、Y 形和 X 形桥墩的施工方法简介

V 形、Y 形和 X 形桥墩的施工方法与桥梁结构体系有密切关系。通常对这类桥梁可分为 V 形墩结构、锚跨结构和挂孔部分三个施工阶段。其中 V 形墩是全桥施工重点,它由两个斜腿和其顶部主梁组成倒三角形结构。现以某大桥 V 形墩施工为例加以说明,如图 5-13 所示。

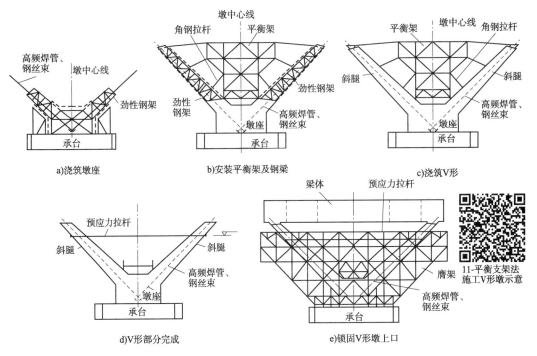

图 5-13 V 形墩施工步骤

(1)将斜腿内的高强钢丝束、锚具与高频焊管连成一体并和第 1 节劲性骨架一起安装在墩座及斜腿位置处,灌注墩座混凝土,见图 5-13a)。

(2)安装平衡架、角钢拉杆及第 2 节劲性骨架,见图 5-13b)。

(3)分两段对称灌注斜腿混凝土,见图 5-13c)。

(4)张拉临时斜腿预应力拉杆,并拆除角钢拉杆及部分平衡架构件,见图 5-13d)。

(5)安装 V 形腿间墩旁膺架,灌筑主梁 0 号节段混凝土,张拉斜腿及主梁钢丝束或粗钢筋。

(6)拆除临时预应力拉杆及墩旁膺架,使其形成 V 形结构,见图 5-13e)。

斜腿内采用劲性骨架和在斜腿顶部采用临时预应力拉杆的作用:一是吊挂斜腿模板及

其他施工荷载;二是在结构中替代部分主筋及箍筋;三是可减少施工时的斜腿截面内力。为保证施工中结构自身的稳定性和刚度,将两侧劲性骨架用钢拉杆连接在平衡架上。两斜腿间主梁的施工是在膺架上分三段灌筑,其大部分重力由膺架承受并传至基础上,只有在 V 形墩顶主梁合龙时,合龙段有 1/3 重力由斜腿承受。

二、混凝土及钢筋混凝土墩台盖梁施工

(一)混凝土及钢筋混凝土墩台盖梁施工工艺流程

桥梁中有不少桥梁的下部结构采用简单的刚架结构,即桥梁的下部基础为两根或多根桩基础,墩(台)身为柱墩(台)或肋板台等,桩间系梁联结(或不设系梁),墩(台)顶以盖梁联结。

盖梁施工工艺流程如图 5-14 所示。

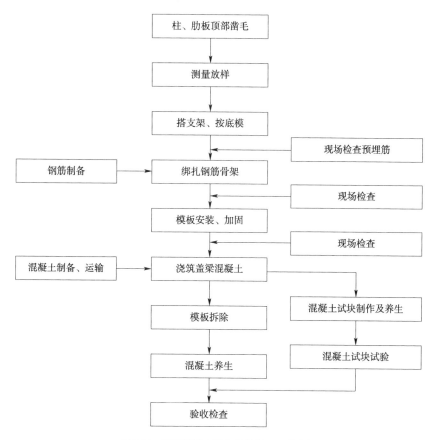

图 5-14　钢筋混凝土墩台盖梁施工工艺流程

(二)混凝土及钢筋混凝土墩台盖梁施工要点

1. 盖梁放样

盖梁是控制跨径和桥面高程的重要项目,因此盖梁测设时一定要保持精度。准确测量盖梁中心线位置,在墩柱或桥台肋板的醒目位置标出盖梁底高程位置。待模板就位后具体测设时可根据桥墩控制点坐标计算盖梁边框上 4 个点的设计坐标,然后从控制点直接测设

盖梁顶 4 个角点位置。再用钢尺检查 4 个点的相对距离,并丈量跨径,以确保梁的位置。

2. 安装支架

在桥梁的盖梁施工中,支架通常采用横穿型钢法、预埋钢板法、满堂支架法、抱箍托架法等施工方法。

1) 横穿型钢法

在墩柱内预先埋设预留孔,在孔中穿入型钢并锁定型钢,由型钢支撑支架、模板及整个盖梁的重量。

这种支架体系的优点是,支架、模板及整个盖梁的重量通过型钢传至墩柱,由墩柱承受,传力途径简单明确,不存在支架下沉的问题。但这种体系的缺点也很明显,在墩柱内埋设留预孔,影响墩柱的外观质量,其处理不但费工费时而且还很难令人满意;再次,这种支架体系一般不易取得监理、设计部门及业主的认同。因此,这种体系现已较少采用。

2) 预埋钢板法

在墩柱中预埋钢板,拆模后在预埋钢板上焊接钢支撑,由它来承受支架、模板及整个盖梁的重量。

这种支架体系的优点与前一种体系一样,支架、模板及整个盖梁的重量通过钢支撑及预埋钢板传至墩柱,由墩柱承受,传力途径简单明确,不存在支架下沉的问题而且也不用破坏钢模。这种支架体系的缺点是:第一,预埋钢板要消耗大量钢材,很不经济;第二,钢支撑的焊接工作量相当大,对焊接质量的要求也比较高,而且盖梁施工完后要对墩柱外观进行处理,不但费工费时而且还较难保证质量。故这种支架体系只在迫不得已的情况下采用。

3) 满堂支架法

采用满堂支架法施工,是目前用得较多的一种方法。支架可用万能杆件也可采用钢管支架搭设。盖梁施工的所有临时设施重量及盖梁重量均由支架承受,直接传到地面。这种方法的优点是:第一,支架的形式及高低可根据墩周围的地形和墩柱的高度等随机变化,方法灵活;第二,不用在墩柱上设置预埋件,不会对墩柱外观造成影响。但这种方法也有不少缺点:第一,支架法施工对地基的承载力要求比较高,一般均要求对地基进行压实,对软土地基还需要浇筑混凝土地坪。因此,对地基的处理要花费较多人力物力。如果对地基的处理稍有不慎,即可造成支架整体下沉,严重影响盖梁的施工质量;第二,墩柱较高时,必须对支架进行预压以消除非弹性变形,这需要消耗大量人力物力;第三,由于墩柱高度的变化而调整底模高度,对于钢管支架,从经济上讲都是不合算的,而且还需大量不必要的人力;第四,墩柱较高时,支架庞大,需要巨额投入而且安装支架费时耗力;第五,水中施工无系梁桥墩时,满堂支架法很难用得上。由此可知,满堂支架法施工虽然方便灵活,但该法有其自身固有的缺点,在施工时尤需注意支架的稳定性、非弹性变形及地基沉降等方面的问题。

4) 抱箍托架法

其力学原理是利用在墩柱上的适当部位安装抱箍并使之与墩柱夹紧产生的最大静摩擦力,来克服临时设施及盖梁的重量。

抱箍托架法优点:第一,抱箍托架法使临时荷载及盖梁重量直接传给墩柱,对地基无任何要求;第二,抱箍的安装高度可随墩柱高度变化,不需要额外调节底模高度的垫木或分配梁;第三,抱箍托架法适应性强,不论水中、岸上有无系梁,只要是圆形墩柱就可采用;第四,抱箍托架法节省人力、物力是显而易见的,因此从经济上讲是最合算的;第五,抱箍托架法不会破坏墩柱外观,而且抱箍托架法施工时支架不存在非弹变形,不用进行预压。

抱箍法具有施工简单,适应性强,节省投资,施工周期短等优点。由于其他支撑体系的优点抱箍法都有,而其他支撑体系的缺点抱箍法几乎都没有。因此,抱箍法是值得大力推广的盖梁施工支撑体系。

抱箍托架法的关键是要确保抱箍与墩柱间有足够的摩擦力,以安全地传递荷载。

(1)抱箍的结构形式

抱箍的结构形式涉及箍身的结构形式和连接板上螺栓的排列。

抱箍安装在墩柱上时必须与墩柱密贴。由于墩柱截面不可能绝对圆,各墩柱的不圆度是不同的,即使同一墩柱的不同截面其不圆度也千差万别。因此,为适应各种不圆度的墩身,抱箍的箍身宜采用不设环向加劲的柔性箍身,即用不设加劲板的钢板作箍身。这样,在施加预拉力时,由于箍身是柔性的,容易与墩柱密贴。

抱箍上的连接螺栓,其预拉力必须能够保证抱箍与墩柱间的摩擦力能可靠地传递荷载。因此,要有足够数量的螺栓来保证预拉力。抱箍采用如图5-15所示的结构形式。

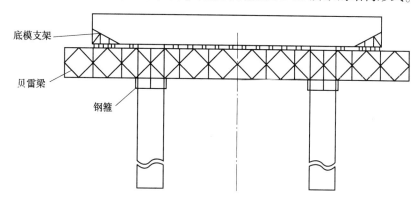

图5-15 盖梁抱箍托架示意图

(2)连接螺栓数量的计算

抱箍与墩柱间的最大静摩擦力等于正压力与摩擦系数的乘积,即:

$$F = fN \tag{5-3}$$

式中:F——抱箍与墩柱间的最大静摩擦力;

N——抱箍与墩柱间的正压力;

f——抱箍与墩柱间的静摩擦系数。

而正压力N与螺栓的预紧力是对平衡力,根据抱箍的结构形式,假定每排螺栓个数为n,则螺栓总数为$4n$,若每个螺栓预紧力为F_1,则抱箍与墩柱间的总正压力为$N = 4 \times n \times F_1$。

(3)抱箍法施工的注意事项

①箍身应有适当强度和刚度,以传递拉力、摩擦力并支承上部结构重量,可采用厚度为10~20mm的钢板。

②由于抱箍连接板是直接承受螺栓拉力的构件,要有足够的强度和刚度,根据理论计算及实践经验,以采用厚度为24~30mm的钢板为宜。

③由于抱箍连接板上螺栓按双排布置,外排螺栓施压时对箍身产生较大的偏心力矩,对

箍身传力有不利影响,因此,螺栓布置应尽可能紧凑,以刚好能满足施工及传力要求为宜。

④为加强抱箍连接板的刚度并可靠地传递螺栓拉力,在竖直方向上,每隔2~3排螺栓应给连接板设置一加劲板。

⑤抱箍与墩柱间的正压力是由连接螺栓施加的,螺栓应首先进行预紧,然后再用经校验过的带响扳手进行终拧。预紧及终拧顺序均为先内排后外排,以使各螺栓均匀受力并确保螺栓的拉力值。

⑥浇筑盖梁混凝土时,由于抱箍受力后产生变形,螺栓的拉力值会发生变化。因此,在浇筑盖梁的全过程中应反复对螺栓进行复拧,即每浇筑一层混凝土均应对螺栓复拧一次。

3. 铺设底模

盖梁底模及侧模均采用定型钢模板拼装。

底模安装应在跨中预留5~8mm的上拱度,按抛物线布置,以消除由于承重托架受荷载作用而引起下绕曲,盖梁底模高程安装施工误差不大于5mm,轴线偏位不大于10mm,模板接缝间垫约3mm厚的橡胶条或粘胶带,防止接缝漏浆造成混凝土麻面,模板安装后均匀涂刷脱模剂。

4. 绑扎钢筋骨架、支立侧模与拆模

底模铺完后,定出各骨架位置,采用吊车单片多点或用扁担梁吊装钢筋骨架就位,绑扎其他箍筋等。钢筋绑扎完成后,清理模内杂物,支侧模,侧模底部与顶部分别与对面模板用拉杆连接。模板全部支好后,重新放样检查各边角位置是否正确。盖梁钢筋事先按照图纸要求,焊接成钢筋骨架片,在底模上绑扎成型及焊接,同时要注意防震锚栓及挡块、垫石预埋件的焊接与绑扎。

盖梁钢筋定位后,支立盖梁侧模。盖梁侧模采用大块定型钢模,前后穿拉杆定位,模板外纵横设槽钢楞。安装前,应均匀涂刷脱模剂,侧模与端模、侧模与底模之间要保证接缝严密,以保证不漏浆,模板各部位支撑牢固,模板上口横向设置拉杆,可用$\phi 25$钢筋制作,间距不大于1.0m。

混凝土强度达到2.5MPa后,在不损坏混凝土角边情况下,即可拆侧模,拆除后,用土工布或塑料布覆盖,洒水养生。

盖梁底模应在混凝土强度达到设计强度的80%以上时(或按设计文件要求)方可拆除。

5. 混凝土浇筑与养护

混凝土自搅拌站由混凝土搅拌运输车运至浇筑地点,由吊车或输送泵垂直运输,采用插入式振捣棒振捣。盖梁顶面支座垫块的高程控制要求准确,支座垫块顶面必须保持水平。浇筑盖梁混凝土时注意预留同条件养护试块。

浇筑混凝土前,应对支架、模板、钢筋和预埋件进行检查,模板内的杂物、积水和钢筋上的污垢应清理干净。混凝土浇筑前检查混凝土的均匀性和坍落度,并按设计要求控制坍落度。

混凝土应按一定的厚度、顺序和方向分层浇筑。应在下层混凝土初凝或能重塑前浇筑完上层混凝土,分层应水平,分层厚度不大于30cm。在每层混凝土浇筑过程中,随混凝土的灌入及时采用插入式振动棒振捣。振动棒移动间距不超过振动棒作用半径的1.5倍;振捣过程中,振动棒与模板间距保持5~10cm,并避免碰撞钢筋,不得直接或间接地通过钢筋施加振动。对每一振动部位,必须振动到该部位混凝土密实为止。密实的标志是混凝土停止下沉,不再冒出气泡,表面呈现平坦、泛浆。

浇筑混凝土过程中,设专人检查支架、模板、钢筋和预埋件,当发现有松动、变形、移位时,应及时处理。

浇筑至垫石部分时,不得造成模板及栓孔木塞位置偏移,垫石顶面应平整,高程准确。盖梁浇筑完成后及时复测垫石及预留孔的位置和高程并压光垫石平面,加强养护。

三、装配式桥墩施工要点

1. 柱式墩施工要点

装配式柱式墩系将桥墩分解成若干轻型部件,在工厂或工地集中预制,再运送到现场装配桥梁。其形式有双柱式、排架式、板凳式和刚架式等。

施工工序为预制构件、安装连接与混凝土养护等。其中拼装接头是关键工序,既要牢固、安全,又要结构简单便于施工。常用的拼装接头有以下几种形式。

(1)承插式接头。将预制构件插入相应的预留孔内,插入长度一般为1.2~1.5倍的构件宽度,底部铺设2cm砂浆,四周以半干硬性混凝土填充,常用于立柱与基础的接头连接。

(2)钢筋锚固接头。构件上预留钢筋或型钢,插入另一构件的预留槽内,或将钢筋互相焊接,再灌注半干硬性混凝土,多用于立柱与顶帽处的连接。

(3)焊接接头。将预埋在构件中的铁件与另一构件的预埋铁件用电焊连接,外部再用混凝土封闭。这种接头易于调整误差,多用于水平连接杆与立柱的连接。

(4)扣环式接头。相互连接的构件按预定位置预埋环式钢筋,安装时柱脚先坐落在承台的柱芯上,上下环式钢筋互相错接,扣环间插入U形短钢筋焊牢,四周再绑扎钢筋一圈,立模浇筑外围接头混凝土。要求上下扣环预埋位置正确,施工较为复杂。

(5)法兰盘接头。在相互连接的构件两端安装法兰盘,连接时用法兰盘连接,要求法兰盘预埋位置必须与构件垂直。接头处可不用混凝土封闭。

装配式柱式墩台应注意以下几个问题:

(1)墩台柱构件与基础顶面预留环形基座应编号,并检查各个墩、台高度是否符合设计要求;基杯口四周与柱边的空隙不得小于2cm。

(2)墩台柱吊入基坑内就位时,应在纵横方向测量,使柱身垂直度或倾斜度以及平面位置均符合设计要求;对重大、细长的墩柱,需用风缆或撑木固定,方可摘除吊钩。

(3)在墩台柱顶安装盖梁前,应先检查盖梁口预留槽眼位置是否符合设计要求,否则应先修凿。

(4)柱身与盖梁(顶帽)安装完毕并检查符合要求后,可在基坑空隙与盖梁槽眼处灌注稀砂浆,待其硬化后,撤除楔子、支撑或风缆,再在楔子孔中灌填砂浆。

在基础或承台上安装预制混凝土管节、环圈作墩台的外模时,为使混凝土基础与墩台联结牢固,应由基础或承台中伸出钢筋插入管节、环圈中间的现浇混凝土内,插入钢筋的数量和锚固长度应按设计规定或通过计算决定。管节或环圈的安装、管节或环圈内的钢筋绑扎和混凝土浇筑,应按《公路桥涵施工技术规范》(JTJ 041—2000)有关章节的规定执行。

2. 后张法预应力混凝土装配墩施工

装配式预应力钢筋混凝土墩分为基础、实体墩身和装配墩身三大部分。装配墩身由基本构件、隔板、顶板及顶帽四种不同形状的构件组成,用高强钢丝穿入预留的上下贯通的孔道内,张拉锚固而成。实体墩身是装配墩身与基础的连接段,其作用是锚固预应力钢筋,调节装配墩身高度及抵御洪水时漂流物的冲击等。

施工工艺流程为:施工准备→构件预制→墩身装配。全过程贯穿着质量检查工作。实体墩身灌注时要按装配构件孔道的相对位置,预留张拉孔道及工作孔。

构件装配的水平拼装缝采用 M5 水泥砂浆,砂浆厚度为 15mm,便于调整构件水平高程,不使误差积累。安装构件要求确保"平、稳、准、实、通"五个关键,即起吊平、构件顶面平、内外壁砂浆接缝要"抹平",起吊、降落、松钩要"稳";构件尺寸"准"、孔道位置"准"、中线"准"及预埋配件位置"准";接缝砂浆要"密实";构件孔道要"畅通",采用一次张拉工艺。张拉位置可以在顶帽上张拉,亦可在实体墩下张拉,两者的利弊见表5-4的比较,一般多在顶帽上张拉。孔道压浆前先用高压水冲洗。采用纯水泥浆,为了减少水泥浆的收缩及泌水性能,可掺入为水泥质量(0.8~1.0)/10000 的铝粉。压浆最好由下而上压注。压浆分初压与复压,初压后,约停 1h,待砂浆初凝即进行复压,复压压力可为 0.8~1.0Pa,初压压力可小一点。压浆时,若构件上的砂浆接缝全部湿润,说明接缝砂浆空隙中压入了水泥浆,起到了密实接缝的作用。实体墩身的封锚采用与墩身同强度等级的混凝土,同时要采用防水措施。顶帽上的封锚采用钢筋网罩焊在垫板上,单个或多个连在一起,然后用混凝土封锚。

顶帽上和墩下张拉比较 表5-4

顶帽上张拉	实体墩下张拉
1. 高空作业,张拉设备需起吊,人员需在顶帽操作,张拉便于指挥与操作	1. 地面作业,机具设备搬运方便。但彼此看不见指挥,不如顶帽操作方便
2. 在直线段张拉,不计算曲线管道摩阻损失	2. 必须计算曲线竹道冷阻损失
3. 向下垂直安放千斤顶,对中容易	3. 向上斜向安装千斤顶,对中较困难
4. 实体墩开孔小,削弱面积小,无需判断钢筋	4. 实体墩开孔大,增大削弱面积,必须割断钢筋,增加封锚工作量

第三节 浅基础施工

浅基础的施工可采用明挖的方法进行基坑开挖,开挖工作应尽量在枯水或少雨季节进行,且不宜间断。基坑挖至基底设计高程应立即对基底土质及坑底情况进行检验,验收合格后应尽快修筑基础,不得将基坑暴露过久。基坑可用机械或人工开挖,接近基底设计高程时应留 30cm 高度由人工开挖,以免破坏基底土的结构。基坑开挖过程中要注意排水,基坑尺寸要比基底尺寸每边大 0.5~1.0m,以方便设置排水沟及立模板和砌筑工作。基坑开挖时根据土质及开挖深度对坑壁予以围护或不围护,围护的方式多种多样。水中开挖基坑还需先修筑防水围堰。

一、适用条件

1. 刚性基础

刚性基础[图 5-16b)]的特点是稳定性好、施工简便、能承受较大的荷载,所以只要地基强度能满足要求,刚性基础是桥梁和涵洞等结构物首先考虑的基础形式。它的主要缺点是自重大,并且当持力层为软弱土时,由于扩大基础面积有一定限制,需要对地基进行处理或加固后才能采用,否则会因所受的荷载压力超过地基强度而影响结构物的正常使用。所以对于荷载大或上部结构对沉降差较敏感的结构物,当持力层的土质较差又较厚时,刚性基础作为浅基础是不适宜的。

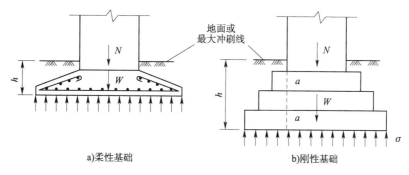

图 5-16 基础类型

2. 柔性基础

基础在基底反力作用下,在图 5-16b) 中 a-a 断面产生的弯曲拉应力和剪应力若超过了基础圬工的强度极限值,为了防止基础在 a-a 断面开裂甚至断裂,必须在基础中配置足够数量的钢筋,这种基础称为柔性基础[图5-16a)]。

柔性基础主要是用钢筋混凝土灌筑,常见的形式有柱下扩展基础、筏板基础及箱形基础,它整体性能较好,抗弯刚度较大。如筏板和箱形基础,在外力作用下只产生均匀沉降或整体倾斜,这样对上部结构产生的附加应力比较小,基本上消除了由于地基沉降不均匀引起结构物损坏的影响。所以在土质较差的地基上修建高层建筑时,采用这种基础形式是适宜的。但上述基础形式,特别是箱形基础,钢筋和水泥的用量较大,对施工技术的要求也较高,所以采用这种基础形式应与其他基础方案(如采用桩基础等)比较后再确定。

二、旱地上浅基础的施工

1. 基础的定位放样

基础定位放样(图 5-17),就是将设计图纸上的墩、台位置和尺寸标定到实际工地上去。这主要是测量问题。定位工作可分为垂直定位和水平定位两个方面。垂直定位是定出墩台基础各部分的高程,可借助于施工现场的水准基点进行;水平定位是定出基础在平面上的位置。一般可首先定出桥梁的主轴线 I-I,然后定出墩台轴线 1-1、2-2、3-3、4-4,最后详细定位,确定基础各部分尺寸。由于定位桩随着基坑的开挖,必将被挖去,所以还必须在基坑位置以外不受施工影响的地方钉立定位桩的护桩,以备在施工中能随时检查基坑和基础位置是否正确。而基坑外围通常可用龙门板固定,或在地面上以石灰线标出。

2. 基坑的开挖

为建造基础而开挖的基坑,其形状和开挖面的大小可视墩台基础及下部结构的形式,施工条件的要求,挖成方形、矩形或长条形的坑槽。基坑的深度视基础埋置深度而定。基坑开挖的断面是否设置坑壁围护结构,可视土的类别性质、基坑暴露时间长短、地下水位的高低以及施工场地大小等因素而定。开挖基坑时常采用机械与人工相结合的施工方法,它不需要复杂的机具,技术条件较简单易操作,常用的机具多为位于坑顶由起吊机操纵的挖土斗和抓土斗,大方量的特大基坑,也可用铲式挖土机、铲运机和自卸车等。基坑采用机械挖土,挖至距设计高程约0.3m时,应采用人工开挖修整,以保证地基土结构不被扰动破坏。

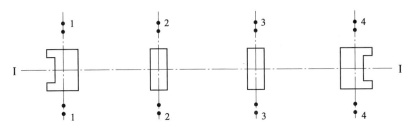

图 5-17　桥梁墩台基础定位

1) 不设围护的基坑

当坑壁不设围护时,可将坑壁挖成竖直或斜坡形。竖直坑壁只有在岩石地基或基坑不深又无地下水的黏性土地基中采用。在一般土质条件下开挖基坑时,应采用放坡开挖的方法。在基坑深度不超过5m、地基土质湿度正常、开挖暴露时间不超过15d的情况下可参照规范选定基坑坡度(表5-5)。

无围护基坑坑壁坡度　　　　表5-5

坑壁土类	坑壁坡度		
	坡顶无荷载	坡顶有静荷载	坡顶有动荷载
砂类土	1:1	1:1.25	1:1.5
卵石、砾类土	1:0.75	1:1	1:1.25
粉质土、黏质土	1:0.33	1:0.5	1:0.75
极软岩	1:0.25	1:0.33	1:0.67
软质岩	1:0	1:0.1	1:0.25
硬质岩	1:0	1:0	1:0

基坑底面应满足基础施工的要求,对渗水的土质基坑,一般按基底的平面尺寸,每边增宽0.5~1.0m,以便在基底外设置排水沟、集水坑和基础模板。为了保证坑壁边坡稳定,当基坑深度较大时,应在边坡中段加设宽为0.5~1.0m的平台。坑顶周围必要时应挖排水沟,以免地面水流入坑内。当基坑顶缘有动载时,顶缘与动载之间至少应留1m宽的护道。

2) 坑壁有围护的基坑

当坑壁土质松软,边坡不易稳定,或放坡开挖受到现场的限制,或放坡开挖造成土方量过大时,宜采用加设围护结构的竖直坑壁基坑,这样既保证了施工的安全,同时又可大量减少土方量。

基坑围护结构作为加固坑壁的临时性措施,有以下几种。

(1) 挡板支撑

挡板支撑(图5-18)适用于开挖面积不大,地下水位较低,挖基深度较浅的基坑。根据具体情况,挡板可垂直设置或水平横放。挡板支撑由立木、横枋、顶撑及衬板组成。衬板厚度为4~6cm,为便于挖基运土,顶撑应设在同一垂直面内。

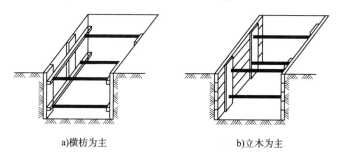

图5-18 挡板支撑

基坑开挖时,若坑壁土质密实,不会随挖随坍,可将基坑一次挖到设计高程,然后沿着坑壁竖向撑以衬板(密排或间隔排),再在衬板上压以横木,中间用顶撑撑住。

若坑壁土质较差,或所挖基坑较深,坑壁土有随挖随坍可能时,则可用水平衬板支撑,分层开挖,随挖随撑。

(2)钢木结合支撑

当基坑深度在3m以上,或基坑过宽由于支撑过多而影响基坑出土时,可沿基坑周围每隔1.5m左右打入一根工字钢或钢轨至坑底面以下1m左右,并以钢拉杆把型钢上端锚固于锚桩上,随着基坑下挖设置水平衬板,并在型钢与衬板之间用木楔塞紧。

(3)板桩支撑

基坑的平面尺寸较大、基坑又较深,或因土质、水文资料、场地的限制,及开挖对邻近建筑物有影响时,可采用板桩支撑(图5-19)。板桩设置方法与挡板支撑不同,其特点是先将板桩打入土中,桩尖深入到基坑底以下一定深度,然后才开挖基坑。当基坑较深时,可待基坑挖至一定深度后,再在板桩上部加设横向支撑或设置锚桩,以增强板桩的稳定性。

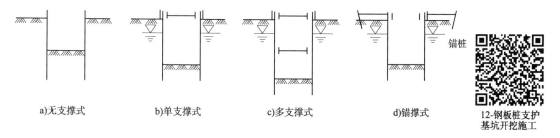

图5-19 钢板桩支撑形式

板桩常用的材料有木、钢、钢筋混凝土三种。

木板桩成本较低,容易加工制作,但强度较低,故不适合用于含卵石和坚硬的土层。同时受木材长度的限制,基坑深度在3~5m内时才采用。为减少渗水,木板桩的接缝应密合。在断面形式上,板厚大于80mm时应采用凸凹形榫口的企口缝,小于80mm时,可采用人字形榫口(图5-20)。

木板桩的施工,其程序是先沿基坑边外侧打入导桩,然后在导桩上用螺栓装上两条水平导木,作为固板桩位置之用,板桩插在导木之间,按一定顺序方向,逐根将板桩打入土中。导桩的入土深度视基坑深度而定,桩尖至少沉入基坑底面以下2m。插打板桩常从角上开始。

应注意板桩榫舌和桩尖斜面朝前进方向,使相邻板桩在打桩过程中能互相挤紧,以防渗水。一般木板桩上端常用铁箍保护,以免在打桩时打坏桩头。当地基土中含有小石块等硬物时,桩尖应装上铁桩靴。

a)一字形　　　　　b)U形　　　　　c)Z形

图 5-20　钢板桩的几种断面形式

钢板桩的优点在于强度大,能穿过坚硬的松土层、碎卵石类土和风化岩层。具有锁口连接,紧密不易漏水,且能承受锁口拉力,并可焊接接长,能重复使用。其断面形式较多,可适应不同的基坑形状要求。

钢筋混凝土板桩的优点是耐久性好,缺点是制作复杂,质量大,运输和施工不便,所以除大桥的深基础外,一般中小桥梁工程不采用。

(4)采用混凝土护壁

适用于深度较大各种土质的基坑。在基坑开挖前,应先界定基坑开挖面,除较浅的基坑外,考虑到受力条件,应尽量采用圆形基坑。在基坑口先设置预制或就地浇制的混凝土护筒,护筒长 1~2m,护筒厚度视基坑直径大小和土质情况而定,一般为 10~40mm。护筒以下的坑壁,采用喷射或现浇混凝土,一般是随挖随喷(浇),直至坑底。

①喷射混凝土护壁

采用掺有速凝剂的混凝土浆,用喷射器向坑壁喷射,使喷射的混凝土能早期与坑壁形成具有一定强度的支护层。喷射混凝土的厚度,主要取决于地质条件、渗水量、基坑面大小及开挖深度等因素。开挖基坑与喷射混凝土均分层进行,每层高 0.5~1.5m。喷射混凝土所需的机具设备主要有:空压机、高压水泵、拌和机、喷射机、混凝土输送管道。混凝土拌和料的级配根据喷射机输料管直径而不同,集料最大粒径为 16mm 及 25mm,配合比为水泥:砂石:水 = 1:4:(0.4~0.5)。速凝剂的掺加量为水泥用量的 3%~4%,掺入后停放时间不应超过 20min。

对极易坍塌的流砂、淤泥层,仅用喷护混凝土往往不足以稳定坑壁,遇此情况,可先在坑壁上打入小木桩或在打好成排的木桩上编制竹篱,在有大量流砂之处塞以草袋,然后喷射 15~20cm 的混凝土,即可防坍塌。

对于无水或少水的坑壁,每层高度范围内,喷射混凝土应由下部向上部循环进行,这样对少量渗水的土层,一经喷护即能完全止水;对涌水的坑壁,喷射混凝土则应由上而下循环进行,以保证新喷的混凝土不致被水冲坏。

②现浇混凝土护壁

逐层开挖的深度,视坑壁土质稳定情况而定,一般不超过 2m。施工程序是逐层下挖、立模、浇筑混凝土,模板上部留有浇筑窗口,混凝土先通过窗口向内往下浇筑,当混凝土浇至窗口下缘后,再用压灌混凝土的方法,灌满窗口以上的部分。混凝土中应掺入早强剂,浇筑厚度为 10cm 左右。

实践证明,采用喷射或浇筑混凝土这一护壁方法与明挖放坡法,无论在技术上和经济上均有一定的优点。在某一座桥基础的施工中,它比明挖放坡法可减少土方量 2/3。目前已广泛用于松软地基的明挖基坑,并作为基坑坑壁围护方法之一。

3.基坑排水

当基坑坑底位于地下水位以下时,基坑开挖时坑内便有积水,为了便于基础施工,并保证施工质量,必须在基坑内进行排水。排水的方法一般有表面排水法及人工降低地下水位法两种。

1)表面排水法

它是施工中应用最普遍的排水方法,又称为集水坑排水法。在基坑开挖时,坑底四周挖好边沟,并挖 1~2 个集水井,使坑内积水由边沟流至集水井,然后由集水井用抽水机向外排水。要求排水能力要大于基坑的渗水量,因此,施工前必须对基坑的渗水量进行估算,以便正确拟定排水措施,配足排水设备。

(1)渗水量的估算

基坑渗水量的大小与土的透水性、基坑内外的水头差、基坑坑壁围护结构的种类及基坑渗水面积等因素有关。估算渗水量的方法有两种,一是通过抽水试验,另一种是利用经验公式估算。前者是在工地的试坑或钻孔中,进行直接的抽水试验,其所得的数据比较可靠,但试验费事,而且要在工地现场进行。后者方法简便,但估算结果准确性差。

经验公式可以反映出土的透水性、基坑的渗水面积、坑壁的围护形式等因素对渗水量的影响。对于放坡开挖的基坑,基坑渗水量可用下式估算:

$$Q = q_1 F_1 + q_2 F_2 \tag{5-4}$$

式中:q_1、q_2——基坑底面和侧面的单位渗水量,$m^3/h \cdot m^2$;

F_1、F_2——基坑底面和侧面的渗水面积,m^2。

对于有板桩围护的基坑,可用下式估算渗水量:

$$Q = kUHq \tag{5-5}$$

式中:k——土的透水系数,如基坑范围内为多层土,则取其平均值,$k_{平均} = \dfrac{\sum k_i h_i}{\sum h_i}(m/h)$;

U——基坑周长,m;

H——水头差,m;

q——单位渗水量,$m^3/h \cdot m^2$。

(2)水泵的选用

选用什么排水机具,应视基坑内渗水量的大小和当地具体情况而定。当渗水量很小时,可用人工排水或小型水泵抽水。当渗水量较大时,一般用电动或内燃发动机的离心式抽水机。要求水泵总排水能力为 $(1.5~2.0)Q$。考虑到排水过程中机械可能发生故障,应有备用的水泵。抽水机安装应根据基坑深度、水深及吸程大小,分别安装在坑顶、坑中护坡道或活动脚手架上。坑深大于吸程加扬程时,可用多台水泵串联或采用高压水泵。

表面排水法,除有严重流砂的基坑中不宜采用外,一般情况下均可采用。

如果估计到用表面排水法有可能发生严重流砂现象,除可以选用机械水中挖土方法外,也可考虑采用轻型井点法排水。

2)人工降低地下水位法

人工降低地下水位法通常也叫井点降水法,是在基坑开挖前,在基坑四周埋设一定数量的滤水管(井),利用抽水设备抽水使所挖的土始终保持干燥状态的方法。井点降水法所采用的井点类型有:轻型井点、喷射井点、电渗井点、管井井点、深井井点等,下面简单介绍应用最广泛的轻型井点法。

轻型井点法主要是利用"下降漏斗"降低地下水位,基坑开挖前在基坑四周打入若干根井管,井管下端1.5m左右为滤管,上面钻有若干直径约2mm的滤水孔,各个井管用集水管连接,并不断抽水。由于抽水使井管两侧一定范围内的水位逐渐下降,形成了向井管附近弯曲的下降曲线,即"下降漏斗"(图5-21)。地下水位逐渐降低到坑底设计高程以下,使施工能在干燥无水的情况下进行。井点排水法适用于渗透性较大的砂性土[渗透系数$K=0.1\sim 80(m/s)$],对于淤泥或软黏土地基其效果较差。用这种方法降低地下水位,使井管范围内的地下水不从基坑的四侧边坡和底面流出,而是以相反的方向流向井管,因此可避免发生流砂和边坡坍塌现象。

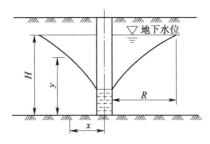

图5-21 从井中抽水时的下降漏斗

13-井点排水无围护基坑开挖(挤密)施工

H-含水层厚度(m);R-抽水影响半径(m);x-井中心至过水断面处的距离;y-距井中心x处水位降落曲线的高度(即此处过水断面的高)

(1)轻型井点系统的主要设备

①井点管。用直径为50mm的钢管,其下端头为长1~2m的滤管,滤管是在直径50mm的钢管上打直径10~15mm呈梅花形布置的孔,孔间距30~40mm。在管外用铅丝螺旋形缠绕起来。先包一层40目的细滤网,再包一层18目的粗滤网,滤网用铜网或尼龙网均可,滤网外再缠绕一层粗铁丝保护滤网,滤管下端装铸铁管靴。

②集水管。用内径为102~127mm的钢管分段连接,间隔1~2m设一个与井点管连接的短接头。

③连接管。用直径为40~50mm的胶皮管或塑料管。连接管上宜装阀门,便于检查。

④抽水装备。主要由真空泵(常用的有V-5或V-6型)、离心水泵和集水箱组成,离心水泵与真空泵分开,用两个电动机带动。

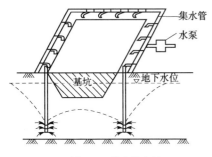

图5-22 井点的布置

(2)井点的布置

应根据基坑的大小、平面尺寸和降水深度的要求,以及土层的渗透性和地下水流向等因素确定(图5-22)。若要求降水深度为4~5m,可用单排井点;若降水深度要求大于6m,则可采用两级或多级井点。如基坑宽度小于5m,则可在地下水流的上游设置单排井点。当基坑面积较大时可设置不封闭井点或封闭井点(如环形、U形),井点管距基坑壁不小于1~2m,井点管的间距为 1.0~1.8m,不超过 3m。

(3)使用注意事项

降水系统接通后,试抽水。若无漏水、漏气和淤塞等现象,即可使用;应控制真空度。在系统中装真空表,一般真空度不低于 55.3~66.7kPa,管路井点有漏气时,能造成真空度达不到要求。为保证连续抽水,应配置双套电源;待基础浇筑回填后,才能拆除井点;冬季施工时,应对集水管作保温处理。

4. 基坑的检验与处理

挖好基坑,在基础浇筑前应进行验坑,检查是否符合设计要求,其内容包括:

(1)基坑底面高程和平面位置及平面尺寸是否与原设计相符。

(2)检查基底土质与设计资料是否相符,如有出入,应取样做土质分析试验,同时由施工单位及时会同有关部门共同研究处理办法。

(3)检验特殊地基经加固处理后是否达到设计要求,对特别复杂的地基,应进行荷载试验,以确定地基承载力是否满足设计要求。对大、中桥,有可能时,应同时做土工试验,以便与荷载试验核对;也可以通过圆锥动力触探试验来完成地基承载力的检验工作。

(4)检查开挖基坑和基底处理施工过程中有关施工记录和试验等资料。

(5)当坑底暴露的地质特别复杂,属于下列情况之一时,应变更基础设计方案(变更基础埋深或基础类型):

①强烈风化的岩层。

②松砂($D_r \leqslant 0.33$)地基。

③软黏性土($I_L > 1.0$)。

④$e > 0.7$ 的亚砂土、$e > 1.0$ 的亚黏土及 $e > 1.1$ 的黏土。

⑤含有大量有机质的砂土、黏土。

⑥出现较发育的溶岩。

基底检验合格后,还应按不同地质情况,做如下处理:

(1)在黏性土层上的基础,修整承重面时,应按其天然状态铲平,不得用回填土夯实的办法处理。必要时可在基底夯入 10cm 以上的碎石层,碎石层顶面应低于基底高程。修整妥善后应在短时间内浇筑基础,不得暴露过久。

(2)对碎石土或砂土,其承重面经过修理平整后,在基础施工前应先铺一层 2cm 厚的水泥砂浆。

(3)对未风化的岩层,应先将岩层面上的松散石块、淤泥、苔藓等清除干净。若岩层倾斜,应将岩面凿平。为防止基础滑动,可采取必要的锚固措施,以加强基础与岩层之间的连接。

(4)对软硬不均匀的地层,应将软质土层挖除,使基础全部支承在硬土上,以避免基础发生不均匀下沉或倾斜。

(5)坑底如发现有泉眼涌水,应立即堵塞(如用木棒塞住泉眼)或排水加以处理,不得任其浸泡基坑。

5. 基础的浇筑及基坑的回填

基础的浇筑,一般都处于干燥无水的情况下进行,只有当渗水量很大,排水很困难时,才采用水下灌注混凝土的方法。排水浇筑时,应防止渗水浸泡圬工,以免降低混凝土强度,此外,还应注意,石砌基础在砌筑中应使石块大面朝下,外圈块石必须坐浆,要求丁顺相间,以加强石块之间的连接;混凝土基础的浇筑,应在终凝后才允许浸水,不浸水部分仍需养生。

基础浇筑完成后,应检验质量和各部位尺寸是否符合设计要求,如无问题,即可选用土回填基坑,并应分层夯实,回填层厚不大于 30cm。

三、水中浅基础的施工

桥梁墩台基础往往位于地表水位以下,有的河流水的流速还较大,而施工时常常希望在无水或静水条件下进行。为了解决这一矛盾,可变水中施工为旱地施工。其方法是,首先在基坑外围设置一道封闭的临时性挡水结构物即围堰。围堰修筑好后,即排水开挖基坑,或在静水条件下进行水下开挖基坑,并继续下步工序,这些施工内容与旱地上的浅基础施工基本相同。

围堰所用的材料和形式根据当地水文、地质条件,材料来源及基础形式而定。但不论哪种材料和形式的围堰,均需注意下列要求:

(1)堰顶高程至少应高出施工期间可能出现的最高水位 0.5m 以上。

(2)围堰平面形状应与基础平面形状相符,围堰的迎水面应做成流线型,以利于减小水流阻力。

(3)由于围堰的修筑,使河流过水断面缩小,流速增大,将引起较大集中冲刷,可能使围堰冲坍或严重漏水,并可能由于部分河面被堵塞影响通航,因此,为防止上述不利情况的出现,围堰的断面不应超过流水断面的 30%。

(4)围堰内面积应考虑坑壁放坡和浇筑基础时的要求。

下面介绍几种常用的围堰构造、适用条件和施工要求:

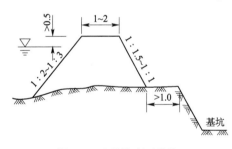

图 5-23 土围堰(尺寸单位:m)

1. 土围堰

土围堰(图5-23)适用于水深不超过2m,流速小于0.5m/s,河床土质为不透水或透水甚微的河道中。在修筑前应将河底杂物清理干净以防漏水。修筑时应从上游开始,至下游合拢。

堰顶宽一般为 1~2m,视施工场面需要而定。堰外侧边坡视填土在水中的自然坡度而定,一般为 1:3~1:2;堰内边坡一般为 1:1.5~1:1,坡脚与基坑边缘的距离根据河床土质及基坑深度而定,但不得小于1m。如果用砂土修筑围堰,为了减少渗水需在外坡侧面用黏土覆盖或设置黏土心墙。当水的流速较大时,可在外坡面用草皮、柴排、草袋加以防护。

2. 草(麻)袋围堰

水深不超过3.5m,流速小于2.0m/s 时可采用草(麻)袋围堰(图5-24)。堰顶宽一般为 1~2m,有黏土心墙时为 2~2.5m;堰外坡视水深及流速而定,一般为 1:1~1:0.5,堰内坡一般为 1:0.5~1:0.2,内坡脚距基坑边缘不小于1m。袋装松散黏土,装土量为袋容量的 1/2~2/3,袋口缝合。如用砂土装袋,堰身中间必须夯填黏土心墙,以防围堰渗漏。

以上两种围堰均利用自重维持其稳定,故又称重力式围堰,它主要是挡地面水。如河床土质为粉砂或细砂,则在排水开挖基坑时,可能会引起流砂现象,所以不宜采用这类围堰,而应考虑选用板桩围堰。

3. 木板桩围堰

适用于砂性土、黏性土和不含卵石的其他土质河床。

水深为 2～4m 时,可采用单层木板桩围堰,必要时可在板桩外围加填土堰,但水的流速不宜超过 0.5m/s。

当水深为 4～6m 时,可用中间填黏土的双层木板桩围堰。木板桩的构造与木板桩支撑相同。

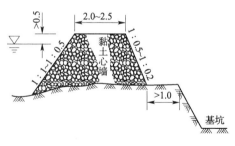

图 5-24　草(麻)袋围堰(尺寸单位:m)

木板桩的入土深度,视土质的密实程度而定,一般为基坑深度的 40%～50%,但不应小于 1m。双层木板桩间的宽度,应不小于施工水位水深的 50%,也不小于基坑底至堰顶深度的 0.4～0.6 倍。如围堰高度较大时,为防止在水压力的作用下产生过大的变形,可在中间增设拉紧螺栓,以增强两层板桩之间的整体性。板桩间的黏土填筑应夯实以防漏水。

4. 钢板桩围堰

钢板桩围堰适用于砂类土、碎卵石类土、硬黏性土和风化岩等地层,它具有材料强度高、防水性能好、穿透土层能力强、堵水面积最小,并可重复使用的优点。因此,当水深超过 5m 或土质较硬时,可选用这种围堰。

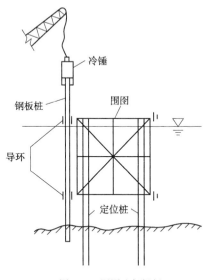

图 5-25　围图法打钢板

当钢板桩围堰较高且水深较大时,常用围图(即以钢或钢木构成的框架)作为板桩定位和支撑。先在岸上或驳船上拼装好围图,拖运至基础位置定位后,在围图中插打定位桩使围图挂在定位桩上,即可在围图四周的导桩间插打钢板桩。在插打时应先从上游打起,以策安全。根据起吊能力,尽可能将二、三块钢板桩预先拼焊在一起,逐组或逐块插打到稳定的深度(2～3m),待全部板桩插打完毕后再依次打到设计高程(图 5-25)。

在深水处修筑围堰,为确保围堰不渗水,或基坑范围大,不便设置支撑,可采用双层钢板桩围堰。

5. 套箱围堰

这种围堰适用于无覆盖层或覆盖层较薄的水中基础。

套箱为无底的围套,内部设木或钢支撑,组成支架,木板套箱在支架外面钉装两层企口木板,用油灰捻缝以防漏水;钢套箱则设焊接或铆合而成的钢板外壁。

木套箱采用浮运就位,然后加重下沉;钢套箱利用船运起吊就位下沉。在下沉套箱之前,应清除河床覆盖层并整平岩层。套箱沉至河底后,宜在箱脚外侧填以黏土或用装土草(麻)袋护脚。部分细节可参阅下一节内容"深水中桩基础施工"。

第四节 桩基础施工

桩基础是一种历史悠久而应用广泛的深基础形式。近代随着工业技术和工程建设的发展,桩的类型和成桩工艺、桩的设计理论和设计方法、桩的承载力与桩体结构的检测技术等诸方面均有迅速的发展,以使桩与桩基础的应用更为广泛,更具有生命力。它不仅可作为建筑物的基础形式,而且还可应用于软弱地基的加固和地下支挡结构物。

一、桩基础的适用条件

桩基础适宜在下列情况下采用:

第一,荷载较大,地基上部土层软弱,适宜的地基持力层位置较深,采用浅基础或人工地基在技术上、经济上不合理时。

第二,河床冲刷较大,河道不稳定或冲刷深度不易计算正确,如采用浅基础施工困难或不能保证基础安全时。

第三,当地基计算沉降过大或结构物对不均匀沉降敏感时,采用桩基础穿过松软(高压缩性)土层,将荷载传到较坚实(低压缩性)土层,减少结构物沉降并使沉降较均匀。

第四,当施工水位或地下水位较高时,采用桩基础可减小施工困难和避免水下施工。

第五,地震区,在可液化地基中,采用桩基础可增加结构物的抗震能力,桩基础穿越可液化土层并伸入下部密实稳定土层,可消除或减轻地震对结构物的危害。

以上情况也可以采用其他形式的深基础,但桩基础由于耗用材料少、施工快速简便,往往是优先考虑的深基础方案。

当上层软弱土层很厚,桩底不能达到坚实土层时,就需要用较多、较长的桩来传递荷载,且这时的桩基础沉降量较大,稳定性也稍差;当覆盖层很薄时,桩的稳定性也会有问题,就不一定是最佳的基础形式,应经过多方面的比较才能确定优选的方案。

因此,在考虑桩基础适用性时,必须根据上部结构特征与使用要求,认真分析研究建桥地点的工程地质与水文地质资料,考虑不同桩基类型特点和施工环境条件,经多方面比较,精心设计,慎重选择方案。

二、钻孔灌注桩的施工

1. 准备工作

(1)准备场地

施工前应将场地平整好,以便安装钻架进行钻孔。当墩台位于无水岸滩时钻架位置处应整平夯实,清除杂物,挖换软土;场地有浅水时,宜用土或草袋围堰筑岛。当场地为深水或陡坡时,可用木桩或钢筋混凝土桩搭设支架,安装施工平台支承钻机(架)。深水中在水流较平稳时,也可将施工平台架设在浮船上,就位锚固稳定后在水上钻孔。水中支架的结构强度、刚度和船只的浮力、稳定都应事前进行验算。

(2)埋置护筒

护筒的作用是:

①固定钻孔位置。
②开始钻孔时对钻头起导向作用。
③保护孔口防止孔口土层坍塌。
④隔离孔内孔外表层水,并保持钻孔内水位高出施工水位以产生足够的静水压力稳固孔壁。

因此埋置护筒要求稳固、准确。

护筒制作要求坚固、耐用、不易变形、不漏水、装卸方便和能重复使用。一般用木材、薄钢板或钢筋混凝土制成。护筒内径应比钻头直径稍大,旋转钻须增大0.1~0.2m,冲击或冲抓钻增大0.2~0.3m。

护筒埋设可采用下埋式[适于旱地埋置,如图5-26a)所示]、上埋式[适于旱地或浅水筑岛埋置,如图5-26b)、c)所示]和下沉埋设[适于深水埋置,如图5-26d)所示]。

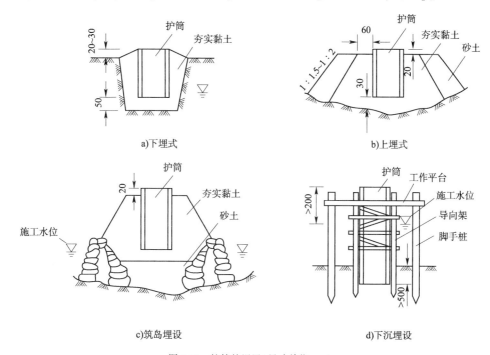

图5-26 护筒的埋置(尺寸单位:cm)

埋置护筒时特别应注意下列几点:
①护筒平面位置应埋设正确,偏差不宜大于50mm。
②护筒顶高程应高出地下水位和施工最高水位1.5~2.0m。无水地层钻孔因护壁顶部设有溢浆口,筒顶也应高出地面0.2~0.3m。
③护筒底应低于施工最低水位(一般低于0.1~0.3m即可)。深水下沉埋设的护筒应沿导向架借自重、射水、振动或锤击等方法将护筒下沉至稳定深度,入土深度黏性土应达到0.5~1m,砂性土则为3~4m。
④下埋式及上埋式护筒挖坑不宜太大(一般比护筒直径大0.1~0.6m),护筒四周应夯填密实的黏土,护筒应埋置在稳固的黏土层中,否则应换填黏土并密实,其厚度一般为0.50m。

(3) 制备泥浆

泥浆在钻孔中的作用是:在孔内产生较大的静水压力,可防止坍孔;泥浆向孔外土层渗漏,在钻进过程中,由于钻头的活动,孔壁表面形成一层胶泥,具有护壁作用;同时将孔内外水流切断,能稳定孔内水位;泥浆比重大,具有挟带钻渣作用,利于钻渣的排出。因此在钻孔过程中,孔内应保持一定稠度的泥浆,一般比重以 1.1~1.3 为宜,在冲击钻进大卵石层时可用 1.4 以上,黏度为 20s,含砂率小于 3%。在较好的黏性土层中钻孔,也可灌入清水,使钻孔时孔内自造泥浆,达到固壁效果。调制泥浆的黏土塑性指数不宜小于 15,粒径大于 0.1mm 的砂粒不宜超过 6%。

制备的泥浆要在钻孔过程中发挥重要的作用,因此为了钻孔的顺利进行,泥浆应该在检测合格后才能使用,主要的检测指标有:泥浆比重、黏度、含砂率、胶体率、pH 值等,具体检测方法简介如下。

①相对密度(比重)可用泥浆相对密度计测定,其方法是将要量测的泥浆装满泥浆杯,加盖并清洗从小孔中溢出的泥浆,然后置于支架上,移动游码,使杠杆呈水平状态,读出游码左侧所示刻度,即为泥浆的相对密度。

②黏度可用标准漏斗黏度计测定,其测定方法是用两个开口杯分别量取 200mL 和 500mL 的泥浆,通过过滤网滤出砂粒后,将 700mL 泥浆注入漏斗,然后使泥浆从漏斗中流出,流满 500mL 量杯所需的时间(s),即为所测泥浆的黏度。

③含砂率可用含砂率计测定,其测定方法是将调好的泥浆 50mL 倒进含砂率计,然后再倒清水,将仪器口塞紧摇动 1min,使泥浆与水混合均匀,再将仪器垂直静放 3min,仪器下端沉淀物的体积乘以 2 就是含砂率。

④静切力可用浮筒切力计测定,其测定方法是将约 500mL 泥浆搅拌均匀后,立即倒入切力计中,将切力筒沿刻度尺垂直向下移至与泥浆接触时,轻轻放下,当它自由下降到静止不动时,即静切力与浮筒重力平衡时,读出浮筒上泥浆面所对的刻度,即为泥浆的初切力。取出切力筒,擦净黏着的泥浆,用棒搅动筒内泥浆后,静止 10min,用上述方法量测所得为泥浆的终切力。

⑤胶体率的测定方法是将 100mL 泥浆倒入 100mL 的量杯中,用玻璃片盖上,静置 24h 后,量杯上部泥浆可能澄清为水,测量其体积如为 LmL,则胶体率为 $(100-L)\%$。

⑥失水率(mL/30min)的测定方法是用一张 12cm×12cm 的滤纸,置于水平玻璃板上,中央画一直径 3cm 的圆圈,30min 后,测量湿圆圈的平均直径减去泥浆坍平的直径(mm),即为失水率。在滤纸上量出的泥浆皮的厚度即为泥皮厚度。

⑦酸碱度的测定方法是取一条 pH 试纸放在泥浆面上,0.5s 后拿出来与标准颜色相比,即可读出酸碱度值。

通常施工现场必检的是相对密度、黏度和含砂率。

(4) 安装钻机或钻架

钻架是钻孔、吊放钢筋笼、灌注混凝土的支架。我国生产的定型旋转钻机和冲击钻机都附有定型钻架,其他还有木制的和钢制的四脚架、三脚架或人字扒杆。

在钻孔过程中,成孔中心必须对准桩位中心,钻机(架)必须保持平稳,不发生位移、倾斜和沉陷。钻机(架)安装就位时,应详细测量,底座应用枕木垫实塞紧,顶端应用缆风绳固定平稳,并在钻进过程中经常检查。

2. 钻孔

1) 钻孔方法

钻机的选型宜根据孔径、孔深、桩位处的水文和地质情况、施工环境条件等因素综合确定,所选用的钻机及钻孔方法应能满足施工质量和施工安全的要求。

(1) 旋转钻进成孔

利用钻具的旋转切削体钻进,并在钻进的同时采用循环泥浆的方法护壁排渣,继续钻进成孔。我国现用旋转钻机按泥浆循环的程序不同分为正循环与反循环两种。所谓正循环是在钻进的同时,泥浆泵将泥浆压进泥浆笼头,通过钻杆中心从钻头喷入钻孔内,泥浆挟带钻渣沿钻孔上升,从护筒顶部排浆孔排出至沉淀池,钻渣在此沉淀而泥浆仍进入泥浆池循环使用(图5-27)。

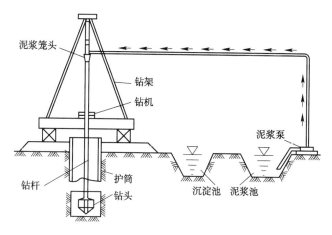

图5-27 正循环旋转钻孔

反循环与上述正循环程序相反,将泥浆用泥浆泵送至钻孔内,然后从钻头的钻杆下口吸进,通过钻杆中心排到沉淀池,泥浆沉淀后再循环使用(图5-28)。反循环钻机的钻进及排渣效率较高,但在接长钻杆时装卸较麻烦,如钻渣粒径超过钻杆内径(一般为120mm)易堵塞管路,则不宜采用。

由于旋转钻进成孔的施工方法受到机具和动力的限制,适用于较细、软的土层,如各种塑性状态的黏性土、砂土、夹少量粒径小于100~200mm 的砂卵石土层,在软岩中也可使用。这种钻孔方法的深度可达100m以上。

(2) 冲击钻进成孔

利用钻锥(重为10~35kN)不断地提锥、落锥反复冲击孔底土层,把土层中泥沙、石块挤向四壁或打成碎渣,钻渣悬浮于泥浆中,利用掏渣筒取出,重复上述过程冲击钻进成孔。采用的机具有定型的冲击式钻机(包括钻架、动力、起重装置等)、冲击钻头、转向装置和掏渣筒等,也可用30~50kN带离合器的卷扬机配合钢、木钻架及动力组成简易冲击机。

掏渣筒是用以掏取孔内钻渣的工具,用厚30mm左右钢板制作,下面碗形阀门应与渣筒密合以防止漏水漏浆(图5-29)。

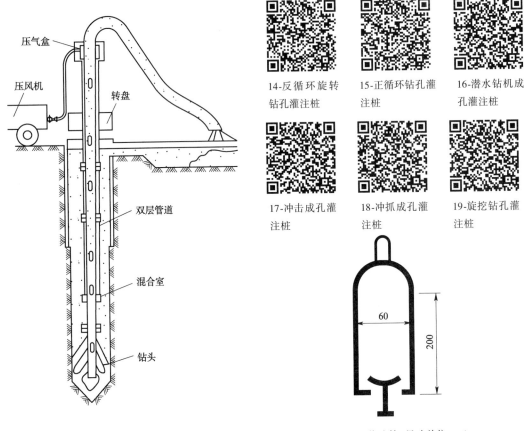

图 5-28　气举气循环钻进示意　　　　图 5-29　掏渣筒(尺寸单位:cm)

冲击钻孔适用于含有漂卵石、大块石的土层及岩层,也能用于其他土层。成孔深度一般不宜大于 50m。

(3) 冲抓钻进成孔

用兼有冲击和抓土作用的抓土瓣,通过钻架,由带离合器的卷扬机操纵,靠冲锥自重(重为 10~20kN)冲下使抓土瓣锥尖张开插入土层,然后由卷扬机提升锥头收拢抓土瓣将土抓出,弃土后继续冲抓钻进而成孔。

冲抓成孔适用于较松或紧密黏性土、砂性土及夹有碎卵石的砂砾土层,成孔深度一般小于 30m。

(4) 旋挖钻进成孔

旋挖钻进成孔,是通过钻机自有的行走功能和桅杆变幅机构,使得钻具能正确地就位到桩位,利用桅杆导向下放钻杆将底部带有活气门的桶式钻头置放到孔位,钻机动力头装置为钻杆提供扭矩、加压装置,通过加压动力头的方式将加压力传递给钻杆钻头,钻头回转破碎岩土,并直接将其装入钻头内,然后再由钻机提升装置和伸缩式钻杆将钻头提出孔外卸土,循环往复。旋挖钻机一般适用黏土、粉土、砂土、淤泥质土、人工回填工及含有部分卵石、碎石的地层。

3. 钻孔注意事项

在钻孔过程中应防止坍孔、孔形扭歪或孔斜,钻孔漏水、钻杆折断,甚至把钻头埋住或掉

进孔内等事故,因此钻孔时应注意以下几个方面:

(1)在钻孔过程中,始终要保持孔内外既定的水位差和泥浆浓度,以起到护壁固壁作用,防止坍孔。若发现有漏水(漏浆)现象,应找原因及时处理。如为护筒本身漏水或因护筒埋置太浅而发生漏水,应堵塞漏洞或用黏土在护壁周围夯实加固,或重埋护筒;若因孔壁土质松散,泥浆加固孔壁作用较差,应在孔内重新回填黏土,待沉淀后再钻进,以加强泥浆护壁。

(2)在钻孔过程中,应根据土质等情况控制钻进速度、调整泥浆稠度,以防止坍孔及钻孔偏斜、卡钻和旋转钻机负荷超载等情况发生。

(3)钻孔宜一气呵成,不宜中途停钻以避免坍孔,若坍孔严重应回填重钻。

(4)钻孔过程中应加强对桩位、成孔情况的检查工作。终孔时应对桩位、孔径、形状、深度、倾斜度及孔底土质等情况进行检验,合格后立即清孔、吊放钢筋笼、灌注混凝土。

(5)钻机就位前,应对钻孔的各项准备工作进行检查;钻机安装后,其底座和顶端应平稳。不论采用何种方法钻孔,开孔的孔位均必须准确;开钻时应慢速钻进,待导向部位或钻头全部进入地层后,方可正常钻进。钻机在钻进施工时不应产生位移或沉陷,否则应及时处理。分级扩孔钻进施工时应保持桩轴线一致。

(6)采用正、反循环回旋钻机(含潜水钻)钻孔时应减压钻进,钻机的主吊钩始终应承受部分钻具的重力,孔底承受的钻压不应超过钻具重力之和(扣除浮力)的80%。

(7)采用冲击钻机冲击成孔时,应小冲程开孔,并应使初成孔的孔壁坚实、竖直、圆顺,能起到导向的作用,待钻进深度超过钻头全高加冲程后,方可进行正常的冲击。冲击钻进过程中,孔内水位应高于护筒底口500mm以上;掏取钻渣和停钻时,应及时向孔内补水,保持水头高度。

(8)采用全护筒法钻进时,钻机应安装平正,压进的首节护筒应竖直。钻孔开始后应随时检测护筒的水平位置和竖直线,如发现偏移,应将护筒拔出,调整后重新压入钻进。

(9)采用旋挖钻机钻孔时,应根据不同的地质条件选用相应的钻斗。钻进过程中应保证泥浆面始终不低于护筒底部500mm以上,并应严格控制钻进速度,避免进尺过快造成坍孔埋钻事故。钻斗的升降速度宜控制在$0.75 \sim 0.8 m/s$;在粉砂层或亚砂土层中,升降速度应更加缓慢。泥浆初次注入时,应垂直向桩孔中间进行注浆。

(10)在钻孔排渣、提钻头除土或因故停钻时,应保持孔内具有规定的水位及要求的泥浆相对密度和黏度。处理孔内事故或因故停钻时,必须将钻头提出孔外。

4.桩的成孔质量检测

钻孔达到设计高程后,需要进行成孔质量检测,主要检测项目包括孔深、孔径是否满足设计要求,孔的垂直度如何,孔底沉渣厚度是否小于允许值等(表5-6)。

孔深检测在整个钻孔进尺过程中一直在进行,可以通过钻机的钻杆控制,更多是用下坠重物的测绳或者钢尺来完成孔深的检测。

孔径检测可以通过自制的检孔器(比设计孔径略小几厘米,长度5m左右,与钢筋笼相仿)来进行测定,同时也可以通过检孔器的下沉是否顺利来判断钻孔是否有偏斜、缩径或者梅花孔等缺陷。

孔底沉渣厚度通常都是通过坠好重物的测绳来测定,通过进入孔底沉渣的不同手感以及测绳的米数来判断孔底沉渣的顶面位置,通过测绳重物触底时不同于进入沉渣的不同手感来确定沉渣底部的位置,通过测绳读数大致确定沉渣厚度。

钻(挖)孔灌注桩成孔质量标准　　　　表 5-6

项　　目		规定值或允许偏差
钻(挖)孔桩	孔的中心位置(mm)	群桩:100;单排桩:50
	孔径(mm)	不小于设计桩径
	倾斜度(%)	钻孔:≥1;挖孔:<0.5
	孔深(m)	摩擦桩:不小于设计规定; 支承桩:比设计深度超深不小于0.05
钻孔桩	沉淀厚度(mm)	摩擦桩:符合设计规定。设计未规定时,对于直径≤1.5m 的桩,≤200;对桩径>1.5m 或桩长>40m 或土质较差的桩,≤300; 支承桩:不大于设计规定;设计未规定时,≤50
	清孔后泥浆指标	相对密度:1.03~1.10;黏度:17~20Pa·s;含砂率:<2%;胶体率:>98%

注:1. 清孔后的泥浆指标是从桩孔的顶、中、底部分别取样检验的平均值。本项指标的测定,限指大直径桩或有特定要求的钻孔桩。

2. 对冲击成孔的桩,清孔后泥浆的相对密度可适当提高,但不宜超过1.15。

由于整个检测过程都是在井孔内泥浆中进行,肉眼无法看到,很多结果都是通过测量者的手感来进行判断,与实际结果间存在一定偏差。

目前通过与电脑连接的测斜仪、沉渣测定仪、井径仪来进行成孔质量的检测,经过对比,仪器得到的结果更准确,尽管操作略为复杂,成本略高,但准确的结果却是我们需要的,相信经过逐步的改进、简化,结果更准确、操作更简便的检测仪器将会是我们施工中的首选。

5. 钻孔事故的预防及处理

(1)坍孔

各种钻孔方法都可能发生坍孔事故,如孔口冒细泡,反循环旋转钻钻进时出渣量显著增加而不见进尺,钻机负荷明显增加等,使冲击钻提钻头困难。

①原因:泥浆相对密度不够及其他泥浆特性指标不符合要求,使孔壁未形成坚实孔壁;未及时补浆(或水)或河水、潮水上涨,或孔内出现承压水或钻孔沙砾等强透水层,孔内水流失等造成孔内水头高度不够;护筒埋置太浅,下端孔口漏水、坍塌或孔口附近地面受水浸湿泡软,或钻机直接接触在互筒上,由于振动使孔口坍塌,扩展成较大的坍孔;在松散沙层中钻进速度太快;冲击(抓)锥或掏渣筒倾倒,撞击孔壁,或爆破处理孔内孤石、探头石、炸药量过大,造成过大振动;水头太大,使孔壁渗浆或护筒底形成反穿孔。

②预防及处理:在松散粉砂土和流砂中钻进时,应控制进尺速度,选用相对密度、黏度、胶体率较大的泥浆或质量泥浆;汛期或潮汐地区水位变化过大,应采取升高护筒,增高水头;发生孔口坍塌时,可立即拆除护筒并回填黏土,重新埋设护筒再钻;如发生孔内坍塌,判明坍塌位置,回填砂和黏土(或砂砾和黄土)混合物到坍孔处以上1~2m,如坍孔严重时应全部回填,待回填物沉淀密实后再进行钻进;严格控制冲程高度和炸药用量。

(2)斜孔

①原因:钻孔中有较大的孤石或探头石;在有倾斜的软硬地层交界处,岩面倾斜处钻进;或者粒径大小悬殊的鹅卵石层钻进,钻头受力不均;钻孔较大处,钻头偏向一侧;钻机底座安置不平或产生不均匀沉降;钻杆弯曲、接头不正。

②预防及处理:安装钻机时要使钻盘、底座水平,起重滑轮组、固定钻杆的卡孔和护筒中心三者应在一条竖直线上,并经常检查校正;由于主动钻杆较长,转动时上部摆动过大,必须在钻架上增设导向架,控制钻杆上的提引水笼头,使其沿导向架向下钻进;钻杆接头应逐个检查,及时调整,当钻杆弯曲时,要用千斤顶及时调直;在有倾斜的软、硬地层钻进时,应吊着钻杆控制进尺,低速钻进,回填片石(或混凝土、在卵石层中回填卵石)冲平后再钻。

(3)扩孔和缩孔

①扩孔:扩孔比较多见,一般表现为局部的孔径过大。在地下水呈运动状态,土质松散地层处或钻头摆动过大时,易出现扩孔,扩孔发生原因与坍孔相同,轻则为扩孔,重则为坍孔。

若只孔内局部发生坍塌而扩孔,仍能钻到设计深度不必处理,只是混凝土灌注量会大大增加。若因扩孔后继续坍塌影响钻进,应按坍塌事故处理。

②缩孔:缩孔即孔径超长缩小,一般表现为钻机钻进时发生孔卡钻,提不出钻头或者提钻异常困难的迹象。缩孔原因主要是地层中有软塑土(俗称橡皮土),遇水膨胀后使孔径缩小;或者钻锥补焊不及时,磨耗严重的钻锥往往也会钻出比设计孔径稍小的孔。

为防止缩孔,要使用失水率小的优质泥浆护壁并须高转速少进尺,并复钻两三次;或使用卷扬机吊住钻头上下、左右反复扫孔以扩大孔径,直至使缩孔部位达到设计孔径要求为止。

(4)卡钻

卡钻常发生在冲击钻钻进时,冲击钻头卡在孔内提不出来,发生卡钻。

①原因:未及时焊补钻头,钻孔直径逐渐变小,而焊补后的钻头大了,又用高冲程猛击,极易发生卡钻;钻孔形成梅花形,钻头被狭窄部位卡住;伸入孔内不大的探头石未被打碎,卡住钻头顶部或后部;孔口掉下石块或其他物件,卡住钻头;在黏土层冲击的冲程太高,泥浆太稠,以致钻头被卡住;钻头钢丝绳送放太多,钻头倾斜,顶住孔壁。

②预防与处理:处理卡钻应先弄清情况,针对卡钻原因进行分析处理。宜待钻头有松动后方可用力上提,不可盲动,以免造成越卡越紧;当为梅花卡钻时,若钻头向下有活动余地,可使钻头向下活动至孔径较大方向提起钻头,也可松一下钢丝绳,使钻头转动一个角度,有可能将钻头提出;卡钻不宜强提,以防坍孔、埋钻。宜用由下向上顶撞的办法,轻打卡点的石头,有时使用钻头上下活动,也能脱离卡点或使掉入的石块落下;用较粗的钢丝绳带打捞钩或打捞绳放进孔内,将钻头勾住后,与大绳同时提动。或交替提动,并多次上下,左右摆动试探,有时能将钻头提出;在打捞过程中,要继续循环泥浆,防止沉淀埋钻;用压缩空气管或高压水管下入孔内,对准钻头一侧或吸锥处适当冲射,使卡点松动后强行提出;使用专门加工的工具将顶住孔壁的钻头拨正;用以上办法提升卡钻无效时,可试用水下爆破提钻法(在易坍塌土层应慎用水下爆破法)。将防水炸药(少于1kg)放入孔内,沿锥的溜槽放到锥底,而后引爆,震松卡钻钻头,再用卷扬机和链滑车同时提拉,一般可提出。

(5)糊钻和埋钻

①原因:糊钻和埋钻常出现于正、反循环回转钻进和冲击钻钻进中。正反循环回转钻进中糊钻的表征是在细粒土层钻进时进尺缓慢,甚至不进尺出现憋泵现象;在黏土层冲击成孔时,由于冲程太大,泥浆黏度过高,钻渣量大,以至钻头被糊住。

②预防及处理:对正反循环回转钻,可清除泥包,调节泥浆的相对密度和黏度,适当增大泵量和向孔内投入适量砂石解决泥包糊钻,或选用刮板齿小、出浆口大的钻头;对于冲击钻,除上述方法外,还应减小冲程,适当控制进尺,若已严重糊钻,应停钻,清除钻渣。

(6)钻孔漏浆

①原因:在透水性强或有地下水流动的地层中,稀泥浆会向孔外漏失;护筒埋设太浅,回填土不密实或护筒接缝不严密,会在护筒刃脚或接缝处漏浆;也可能由于水头过高使孔壁渗浆。

②预防及处理:为防止漏浆,可加稠泥浆或倒入黏土慢速转动,或用填土渗片、卵石,反复冲击增强护壁;在有护筒防护范围内,接缝处漏浆,可由潜水工用棉絮、快干水泥渗泥堵塞,封闭接缝。

6.清孔及吊装钢筋笼骨架

(1)清孔

清孔目的是除去孔底沉淀的钻渣和泥浆,以保证灌注的钢筋混凝土质量,保证桩的承载力。清孔的方法有以下几种:

①抽浆清孔

用空气吸泥机吸出含钻渣的泥浆而达到清孔。由风管将压缩空气输进排泥管,使泥浆形成密度较小的泥浆空气混合物,在水柱压力下沿排泥管向外排出泥浆和孔底沉渣,同时用水泵向孔内注水,保持水位不变直至喷出清水或沉渣厚度达到设计要求为止,适用于孔壁不易坍塌的各种钻孔方法的柱桩和摩擦桩(图5-30)。

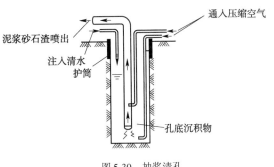

图 5-30 抽浆清孔

②掏渣清孔

用掏渣筒或大锅锥掏清孔内粗粒钻渣,适用于冲抓、冲击、简便旋转成孔的摩擦桩。

③换浆清孔

正、反循环旋转钻机可在钻孔完成后不停钻、不进尺,继续循环换浆清渣,直至达到清理泥浆的要求,适用于各类土层的摩擦桩。

④用砂浆置换钻渣清孔法

先用抽渣筒尽量清除大颗粒钻渣,然后以活底箱在孔底灌注 0.6m 厚的特殊砂浆,其相对密度较小,能浮在拌和混凝土之上。采用比孔径稍小的搅拌器,慢速搅拌孔底砂浆,使其与孔底残留钻渣混合。吊出搅拌器,插入钢筋笼,灌注水下混凝土,连续灌注的混凝土把混有钻渣并浮在混凝土之上的砂浆一直推到孔口,达到清孔的目的。

⑤空压机喷射清孔法

通常是用空压机喷射辅助其他清孔方式进行。可以采用高压泵向孔底射浆,用水下填充导管进行空气反循环清孔,喷射压力适中,使孔底及边角出的钻渣也能随之吸出。注意射浆管必须插入到孔底,射浆管的插入深度不够会导致坍孔。

切记,不得用加深钻孔深度的方式代替清孔。

(2)吊放钢筋笼骨架

钻孔桩的钢筋应按设计要求预先焊成钢筋骨架,整体或分段就位,吊入钻孔。钢筋骨架吊放前应检查孔底深度是否符合设计要求,孔壁有无妨碍骨架吊放和正确就位的情况。钢筋骨架吊装可利用钻架或另立扒杆进行。吊放时应避免骨架碰撞孔壁,并保证骨架外混凝土保护层厚度,应随时校正骨架位置。钢筋骨架达到设计高程后,即将骨架牢固定位于孔口,立即灌注混凝土。

安装钢筋骨架时,应将其吊挂在孔口的钢护筒上,或在孔口地面上设置扩大受力面积的装置进行吊挂,不得直接将钢筋骨架支承在孔底。

7. 灌注水下混凝土

目前我国多采用直升导管法灌注水下混凝土。

1)灌注方法及有关器具

导管法的施工过程如图 5-31 所示。

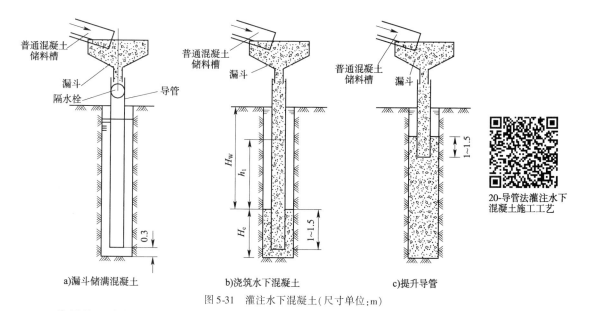

图 5-31 灌注水下混凝土(尺寸单位:m)

将导管居中插入到离孔底 0.30~0.40m(不能插入孔底沉积的泥浆中),导管上口接漏斗,在接口处设隔水栓,以隔绝混凝土与导管内水的接触。在漏斗中储备足够数量的混凝土后,放开隔水栓,储备的混凝土连同隔水栓向孔底猛落,这时孔内水位骤涨外溢,说明混凝土已灌入孔内。若落下有足够数量的混凝土则将导管内水全部压出,并使导管下口埋入孔内混凝土内 1m 以上,保证钻孔内的水不可能重新流入导管。随着混凝土不断通过漏斗、导管灌入钻孔,钻孔内初期灌注的混凝土及其上面的水或泥浆不断被顶托升高,相应地不断提升导管和拆除导管,这时宜保持导管的埋入深度为 2~6m,并应随时探测孔内混凝土上面的位置,及时调整导管埋深,直至钻孔灌注混凝土完毕。

导管是内径 0.20~0.40m 的钢管,壁厚 3~4mm,每节长度为 1~2m,最下面一节导管应较长,一般为 3~4m。导管两端用法兰盘及螺栓连接,并垫橡皮圈以保证接头不漏水,导管内壁应光滑,内径大小一致,连接牢固,在压力下不漏水。

隔水栓过去常用直径较导管内径小 20~30mm 的木球、混凝土球、沙袋等,以粗铁丝悬挂在导管上口或近水面处,柱状混凝土隔水塞如图 5-32 所示。要求能在管内滑动自如不至卡管,现在也有在漏斗与导管接头处设置活门或铁抽板等。

为了首批灌注桩的混凝土数量能保证将导管内水全部压出并满足导管初次埋入深度的需要,应计算漏斗应有的最小容量从而确定漏斗的尺寸大小。漏斗和储料槽最小容量(m^3)为:

$$V = \frac{\pi D^2}{4}(H_1 + H_c) + \frac{\pi d^2}{4}h_1 \quad (5-6)$$

式中:V——灌注首批混凝土所需的数量,m^3;

d、D——导管内径、桩孔直径,m。

H_1——桩孔底至导管底端间距,一般为 0.3~0.4m;

H_c——导管初次埋置深度,m;

h_1——孔内混凝土高度达 H_c 时,导管内混凝土柱平衡导管外(或泥浆)压力所需要高度,m,$h_1 = H_w \gamma_w / \gamma_c$;

H_w——孔内水或泥浆的深度,m;

γ_w、γ_c——孔内水或泥浆、混凝土拌和物重度。

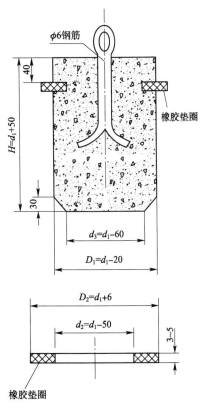

图 5-32 柱状混凝土隔水塞(尺寸单位:mm)
d_1-导管内径

漏斗顶端应比桩顶(桩顶在水面以下时应比水面)高出至少 3m,以保证灌注混凝土最后阶段时,管内混凝土重能满足顶托管外混凝土及其上水压或泥浆重量的需要。

首批混凝土灌注时,宜采用大、小储料斗同时储料,料斗的出口应能方便快捷地开启或关闭,储料斗的体积应大于或等于首批灌注混凝土的体积,并应满足混凝土能完全充满导管连续灌注的要求。

2) 对混凝土材料的要求

为了保证水下灌注混凝土的质量,混凝土的配合比按设计强度的混凝土强度等级提高 20% 进行设计;混凝土应有必要的流动性,以坍落度表示,宜在 180~220mm 范围内;每立方米混凝土用量不少于 350kg,水灰比宜用 0.5~0.6,并可适当提高含砂率(宜采用 40%~50%)使混凝土有较好的和易性;为防卡管,石料尽可能用卵石,适宜粒径为 5~30mm,最大粒径不应超过 40mm。

3) 混凝土浇筑

在混凝土浇筑过程中,为了随时掌握钻孔内混凝土顶面的实际高度,可用测绳和测深锤直接测定。测深锤一般用锥形锤,锤底直径 15cm 左右,高 20cm,质量为 5kg,外壳可用钢板焊制,内装铁砂配重后密封。

4)灌注水下混凝土注意事项

灌注水下混凝土是钻孔灌注桩施工最后一道带有关键性的工序,其施工质量将严重影响桩的质量,施工中应注意以下几点:

(1)混凝土拌和必须均匀,尽可能缩短运输距离和减小颠簸,防止混凝土离析而发生卡管事故。

(2)灌注混凝土必须连续作业,一气呵成,避免任何原因的中断灌注,因此混凝土的搅拌和运输设备应满足连续作业的要求。

孔内混凝土上升到接近钢筋笼架底处时应采取措施防止钢筋笼架被混凝土顶起而使钢筋骨架上浮,当灌注的混凝土顶面距钢筋骨架底部1m左右时,宜降低灌注速度;混凝土顶面上升到骨架底面4m以上时,宜提升导管,使其底口高于骨架底部2m以上后再恢复正常灌注速度。

对变截面桩,应在灌注过程中采取措施,保证变截面处的水下混凝土灌注密实。

(3)在灌注过程中,要随时测量和记录孔内混凝土灌注高程和导管入孔长度,以控制和保证导管埋入孔内混凝土有适当的深度,防止导管提升过猛管底提离混凝土面或埋入过浅,而使导管内进水造成断桩夹泥;也要防止导管埋入过深,而造成导管内混凝土压不出或导管被混凝土埋住而不能提升,导致中止浇灌而断桩。

(4)灌注的桩顶高程应比设计值预加一定的高度,此范围内的浮浆和混凝土应凿除,以确保桩顶混凝土的质量,预加高度一般不小于0.5m,当存在地质较差、孔内泥浆密度过大、桩径较大等情况时,应适当提高其超灌的高度;超灌的多余部分在承台施工前或接桩前应凿除,凿除后的桩头应密实、无松散层。

(5)对岩溶和采空区的钻孔灌注桩,施工前应核对桩位处的地质勘察资料;当对地质情况有疑问时,宜适当补充地质钻孔,探明情况。

桩身混凝土达到设计强度要求后,按规定检查后方可灌注系梁、盖梁或承台。

5)成桩质量检测

由于钻孔桩在施工过程中容易产生一些缺陷,故在施工中加强管理,保证工程质量。同时加强对成桩质量的检查,使工程在施工过程中不留隐患。桩的检验目的,一是了解其承载力;二是检验桩本身混凝土质量是否符合质量要求;三是查明桩身的完整性,查清缺陷及其位置,以便对影响桩承载力和寿命的桩身缺陷进行必要的补救,以保证工程质量,不留事故隐患。

目前国内外常用的桩基检测方法如下:

(1)钻芯检测法。由于大直钻孔灌注桩的设计荷载一般较大,用静力试桩法有许多困难,所以常用地质钻机在桩身上沿长度方向钻取芯样,通过对芯样的观察和测试确定桩的质量。但这种方法只能反映钻孔范围内的小部分混凝土质量,而且设备庞大、费工费时、价格昂贵,并且对混凝土构件会造成一定的损伤,不宜作为大面积检测方法,而只能用于抽样检查,一般抽检总桩数的3%~5%,或作为无损检测结果的校核手段。

(2)振动检测法。又称动测法。它是在桩顶用各种方法施加一个激振力,使桩体及至桩土体系产生振动。或在桩内产生应力波,通过对波动及波动参数的种种分析,以推定桩体混凝土质量及总体承载力的一种方法。这类方法主要有四种,分别为敲击法和锤击法、稳态激振机械阻抗法、瞬态激振机械阻抗法、水电效应法。

(3)超声脉冲检验法。该法是在检测混凝土缺陷的基础上发展起来的。其方法是在桩的混凝土灌注前沿桩的长度方向平行预埋若干根检测用管道,作为超声检测和接收换能器的通道。检测时探头分别在两个管子中同步移动,沿不同深度逐点测出横断面上超声脉冲穿过混凝土时的各项参数,并按超声测缺原理分析每个断面上混凝土的质量。

目前对钻孔灌注桩质量检测一般都属于桩身完整性检测,通常采用的方法都是对桩身无损的低应变反射波法和声波透射法。低应变反射波法具有仪器轻便、操作简单、检测速度快、成本低等特点,可检测桩身缺陷及位置,判定桩身完整性类别,但检测深度有限,在桩基工程质量普查中应用较广。声波透射法需在基桩混凝土浇筑前预埋声测管,测试操作较复杂,可检测灌注桩桩身缺陷及其位置,较可靠地判定桩身完整性类别。经上述两种方法检测后,对桩身缺陷仍存在疑虑时,可用钻芯法进行验证。钻芯法使用设备笨重、操作复杂、成本高,但检验成果直观可靠。它可以检测桩长、桩身混凝土强度、桩底沉渣厚度、鉴别桩底岩土性状,准确地判定桩身完整性类别。如将上述三种方法有机结合,并考虑桩的设计条件、承载性状及施工等因素进行综合分析,不仅可对桩身完整性类别做出可靠的评价,还可对桩的承载力做出评估。

在规范中,桩身完整性定义为:反映桩身截面尺寸相对变化、桩身材料密实性和连续性的综合定性指标;桩身缺陷定义为:使桩身完整性恶化,在一定程度上引起桩身结构强度和耐久性降低的桩身断裂、裂缝、缩颈、夹泥(杂物)、空洞、蜂窝、松散等现象的统称。注意,桩身完整性不是严格的定量指标,对不同的桩身完整性检测方法,具体的判定特征不同,但为了便于采用,应有一个统一的分类标准。所以,桩身完整性类别按缺陷对桩身结构承载力的影响程度,统一划分为四类:

Ⅰ类——桩身完整。

Ⅱ类——桩身有轻微缺陷,不会影响桩身结构承载力的发挥。

Ⅲ类——桩身有明显缺陷,对桩身结构承载力有影响。一般应采用其他方法验证其可用性,或根据具体情况进行设计复核或补强处理。

Ⅳ类——桩身存在严重缺陷,一般应进行补强处理。

6)灌注事故的预防及处理

灌注水下混凝土是成桩的关键性工序,灌注过程中应明确分工,密切配合,统一指挥,做到快速、连续施工,灌注成高质量的混凝土桩,防止发生质量事故。

如出现事故,应分析原因,采取合理的技术措施,及时设法补救。对于确定存在缺陷的桩,应尽可能设法补强,不宜轻易废弃,造成过多的损失。

经过补救、补强的桩,经认真检验认为合格后,方可使用。对于质量极差,确实无法利用的桩,应与设计单位研究,采用补桩或其他措施。

常见的成桩事故有导管堵塞、钢筋笼上浮、断桩、各种桩身质量问题等,下面分别进行分析。

(1)导管堵塞

导管堵塞多数是发生在开始灌注混凝土时,也有少数是在浇灌中途发生的,原因有下列

几种:

①导管变形或内壁有混凝土硬结,影响隔水塞通过。

②隔水塞上没有选浇水泥砂浆,而混凝土的黏聚性又不太好,在搅拌储料斗或提吊料斗中的初存量混凝土时,漏斗中的混凝土离析,粗集料卡入隔水塞或在隔水塞上架桥。

③混凝土品质差,例如:混凝土中混有大块石、卷曲的铁丝或其他杂物,造成堵塞;混凝土极易离析,在导管内下落过程中浆体即与石子分离,石子集中而堵塞导管;混凝土较干稠,坍落度小于16cm时也易堵塞导管;使用的混凝土坍落度损失大,因中途停顿时间稍长而堵塞导管。

④导管漏水,混凝土受水冲洗后,粗集料聚集在一起而卡管。

为了消除卡管,可在允许的导管埋入深度范围内,略为提升导管,或用提升后猛然下插导管的动作来抖动导管,抖动后的导管下口不得低于原来的位置,否则会使失去流动性的混凝土堵塞导管口。如果用上述方法仍不能消除卡管时,则应停止灌注,用长钢筋或竹竿疏通。如仍然无效,只有拔出导管。

如果刚开始灌注,孔内混凝土很少,提出导管疏通以后,将孔底抓或吸干净再重新开始灌注。

如果中途卡管需拔出导管才能处理,否则会形成断桩,按处理断桩的办法处理。

为了防止卡管,组装导管时要认真仔细地检查,检查导管内有无局部凹凸,导管出口是否向内翻转。用法兰盘连接的导管靠端面橡皮垫密封时,要检查橡皮垫是否突入导管内,各螺栓的松紧程度是否一致,预紧力是否足够。应严格控制骨料规格、坍落度和拌和时间,尽量避免混凝土在导管内停留时间过久,经远距离运来的混凝土不可直接倒入漏斗,应倒入储料斗拌匀后再送进漏斗。灌注过程中要避免导管内形成高压气囊而破坏导管的密封圈,使导管漏水。

(2)钢筋笼上浮

在不是全桩长配筋的桩中,钢筋笼上浮是较为常见的事故,迄今为止几乎没有一个工程的全部工程桩都一点未发生钢筋笼上浮现象。上浮程度的差别对桩的使用价值的影响不同,轻微的上浮(上浮量小于0.5m)一般不致影响桩的使用价值,上浮量超过1m以上而钢筋笼本身又不长,则会严重影响桩的水平承载力。

造成上浮的原因有:

①品质差。易离析的、初凝时间不够的、坍落度损失大的混凝土,都会使混凝土面上升至钢筋笼底端时钢筋笼难以插入或无法插入而造成上浮,有时混凝土面已升至钢筋笼内一定高度时,表层混凝土开始发生初凝结硬,也会携带钢筋笼上浮。

②操作不当。通常有如下几种情况:

a.钢筋笼的孔口固定不牢,不是用电焊而是用铁丝马马虎虎绑扎一下,有时甚至忘了固定,钢筋笼稍受上冲力即引起上浮。

b.提升导管过猛,不慎钩挂钢筋笼又未及时刹车,也可能造成上浮。

c.混凝土面到达钢筋笼底部时,导管埋深过浅,灌注量过大,混凝土对钢筋笼的上冲力过大。

d.混凝土面进入钢筋笼内一定高度后,导管埋深过大。

操作不当引起的钢筋笼上浮较好预防,由于混凝土表层初凝而引起的钢筋笼上浮,则应通过配制混凝土和加快灌注速度予以避免。因为,表层混凝土初凝不仅会使钢筋笼上浮,还有可能造成埋管事故(导管必须提到初凝的表层混凝土上面)。

(3)断桩、夹泥

泥浆或泥浆与水泥砂浆混合物把灌注的上下两段混凝土隔开,使混凝土变质或截面积受损,成为断桩。断桩是严重的质量问题,不做妥善处理,桩不能使用。因此,灌注时要十分注意,防止断桩。断桩的常见原因有以下几种:

①灌注时间长,表层混凝土流动性差,导管埋深浅,继续灌注的混凝土冲破表层而上升,将混有泥浆的表层覆盖包裹,就会造成断桩或桩身夹泥。

②导管提升过猛,当混凝土卡管时,往往采用前述抖动导管的方法来迫使导管内混凝土下降,此时如导管没有提离混凝土面,只是埋深太浅,则可能有泥浆混入,形成桩身夹泥;如导管提到混凝土面,就成为断桩。

③测深不准,由于把沉积在混凝土面上的浓泥浆或泥浆中可能含有的泥块误认为混凝土,错误地判断混凝土面高度,使导管提到混凝土面成为断桩;由于拆除导管的长度的统计错误,也会发生这种事故。

④灌注中途,混凝土卡管或导管严重漏水,需拔出导管才能处理,也将形成断桩。

⑤突然停电,现场没有配备发电机组或发电机组也突然发生故障,搅拌设备或吊机突然损坏,浇灌过程中突降暴雨无法继续浇灌等,使中途停顿时间太长,不得不将导管提离混凝土面而形成断桩。

为了防止断桩、夹泥事故,施工中要采取如下的有效预防措施:灌注前应很好地清孔;灌注速度要快,应保证在适当的灌注时间内灌注完毕;提升不可过猛;若遇堵管尽量不采用将导管提出的办法解决;要准确测量混凝土面;要保证设备的正常工作;要有备用设备;要注意天气预报,合理安排灌注时间。

当灌注中途导管因上述原因提离了混凝土面而形成断桩,如混杂泥浆的混凝土层不厚,能将导管插入并穿透此层到达完好的混凝土内时,则重新插入导管。但灌注前均应将进入导管内的水和沉淀土用吸泥和抽水的方法吸出。由于不可能将导管内的水完全抽干,续灌的混凝土配合比应增加水泥量提高稠度,以后的混凝土可恢复正常的配合比。若混凝土面在水面以下不深,且尚未初凝时,可于导管底部设置隔水塞,将导管重新插入混凝土内,导管上面要加压力,以克服水的浮力,导管内装满混凝土后,稍提导管,利用混凝土自身重力将底塞压出,然后继续灌注。

三、挖孔灌注桩的施工

挖孔灌注桩适用于无水或少水的较密实的各类土层中,桩的直径或最小边宽度不宜小于1.2m,挖孔深度一般不宜大于15m,地质条件好可适当放宽。

挖孔桩有如下优点:

(1)井壁和井底情况清楚可见,有利于验证原设计条件和地质情况。

(2)和钻孔桩相比,无泥浆护壁,基底亦无泥浆沉积,更利于保证桩身支承力。

(3)不存在断桩、塌孔以及掉钻头诸问题。

(4)基底可适当向外扩大,以提高桩基支承力。

挖孔桩施工,必须在保证安全的前提下不间断地快速进行。每一桩孔开挖、提升出土、排水、支撑、立模板、吊装钢筋骨架、灌注混凝土等作业都应事先准备好,紧密配合。

1. 开挖桩孔

一般采用人工开挖,开挖之前应清除现场四周及山坡上悬石、浮土等,排除一切不安全的因素,做好孔口四周临时围护和排水设备。孔口应采取措施防止土石掉入孔内,并安排好排土提升设备(如卷扬机或木绞车等),布置好弃土通道,必要时孔口应搭雨棚。

挖孔过程中要随时检查桩孔尺寸和平面位置,防止误差。注意施工安全,下孔人员必须佩戴安全帽和安全绳,提取土渣的机具必须经常检查,弃土必须及时转运,孔口四周作业范围内不得堆积弃土及其他杂物。

孔深超过 10m 时,必须采取机械强制通风措施。桩孔内遇岩层需爆破作业时,应进行爆破的专门设计,且宜采用浅眼松动爆破法,并应严格控制炸药用量,在炮眼附近应对孔壁加强防护或支护。孔深大于 5m 时,必须采用电雷管引爆。桩孔内爆破后应先通风排烟 15min 并经检查确认无有害气体后,施工人员方可进入孔内继续作业。爆破作业的安全管理应按国家标准《爆破安全规程》(GB 6722—2014)中的有关规定执行。

2. 护壁和支撑

挖孔桩开挖过程中,开挖和护壁两个工序必须连续作业,以确保孔壁不坍。应根据地质、水文条件、材料来源等情况因地制宜地选择支撑及护壁方法。对孔壁的支护方式,一般多采用钢筋混凝土或混凝土护圈,钢护筒亦可采用,不论采用何种方式,均应通过计算确定其护壁的厚度。为保证操作人员的安全,均应设置孔壁支护。规定孔口应设置高出地面至少 300mm 的护圈,是为了防止施工时物体掉入孔内,危及操作人员的安全,同时应设置临时排水沟,防止地表水流入孔内。

例如桩孔较深,土质较差,出水量较大或遇流砂等情况时,宜采用就地灌注混凝土护壁[图 5-33a)],每下挖 1~2m 灌注一次,随挖随支。护壁厚度一般采用 0.15~0.20m,混凝土强度等级为 C15~C20,必要时可配置少量的钢筋,也可采用下沉预制钢筋混凝土圆管护壁。如土质较松散而渗水量不大时,可考虑用木料作框架式支撑或在木框架后面铺架木板作支撑[图 5-33b)]。木框架或木框架与木板间应用扒钉钉牢,木板后面也应与土面塞紧。如土质情况尚好,渗水不大时,也可用荆条、竹笆作护壁,随挖随护壁,以保证挖土安全进行。

3. 排水

孔内如渗水量不大,可采用人工排水(手摇木绞车或小卷扬机配合提升);渗水量较大时,可用高扬程抽水机或将抽水机吊入孔内抽水。若同一墩台有几个桩孔同时施工,可以安排一孔超前开挖,使地下水集中在一孔排除。

4. 吊装钢筋骨架及灌注桩身混凝土

孔挖到设计深度后,应检查和处理孔底、孔壁。清除孔壁及孔底浮土,孔底必须平整,符合设计条件及尺寸,以保证桩身混凝土与孔壁及孔底密贴,受力均匀。吊装钢筋骨架及灌注水下混凝土的有关方法及注意事项与钻孔灌注桩基本相同。

挖孔桩在挖孔过深(超过 15~20m),或孔壁土质易于坍塌,或渗水量较大的情况下,应慎重考虑,避免不安全事故发生。

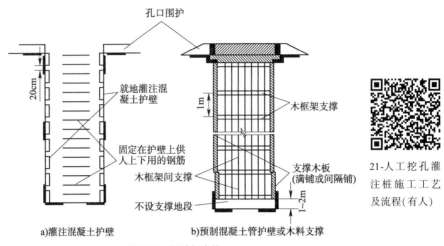

图 5-33 护壁与支撑

四、预制沉桩的施工

1. 桩的预制

钢筋混凝土预制桩分实心桩和空心管桩两种。钢筋混凝土空心管桩制作工艺较复杂,一般采用离心成型法在预制厂制造。实心桩可在预制厂制造,但当工地附近没有预制厂时,从远处工厂将桩运往工地往往不经济,宜在工地选择合适的场地进行预制。这时要注意:

(1)场地布置要紧凑,尽量靠近打桩地点,但地势要考虑到防止被洪水所淹。
(2)地基要平整密实,并应铺设混凝土地坪或专设桩台。
(3)制桩材料的进场路线与成桩运往打桩地点的路线,不应互受干扰。

预制桩的混凝土必须连续一次浇制完成,宜用机械搅拌和振捣,以确保桩的质量。桩上应标明编号、制作日期/并填写制桩记录。桩的混凝土强度必须大于设计强度的70%时,方可吊运;达到设计强度等级时方可使用。

2. 桩的吊运

预制的钢筋混凝土桩由预制场地吊运到桩架内,在起吊、运输、堆放时,都应该按照设计计算的吊点位置起吊(一般吊点应在桩内预埋直径 20~25mm 的钢筋吊环,或以油漆在桩身标明),否则桩身受力情况与计算不符,可能引起桩身混凝土开裂。

预制钢筋混凝土桩主筋是沿桩长按设计内力配置的,吊运时吊点位置,常根据吊点处由桩重产生的负弯矩与吊点间由桩重产生的正弯矩相等的原则确定,这样较为经济。一般的桩左吊运时,采用两个吊点,如桩长为 L,吊点离每端距离为 $0.207L$,插桩时为单点起吊,为了使桩内正、负弯矩相等,可将吊点设在 $0.293L$ 处,如桩长不超过 10m,也可利用 $0.207L$ 吊点。吊运较长的桩,为减少内力,节省钢筋,采用三点或四点起吊(图 5-34)。

单节桩长在 20m 以下时,可以采用 2 点吊;长 20~30m 时,可采用 3 点吊。

起吊可采用钢丝绳绑扣、夹钳、吊环或起吊螺栓。有时还可配合使用吊梁。

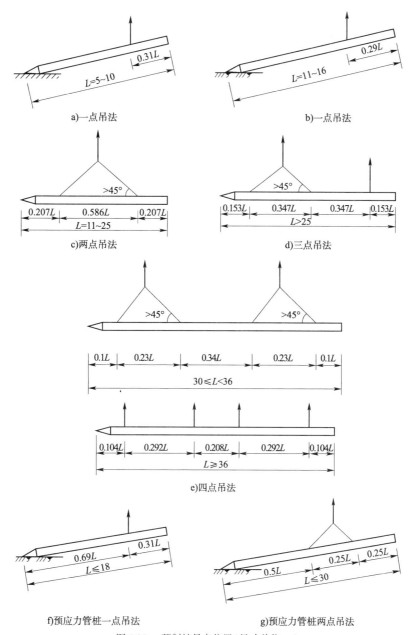

图 5-34 预制桩吊点位置(尺寸单位:m)

3. 预制桩的施工方法

1) 打入法

打入法是靠桩锤的冲击能量将桩打入土中,因此桩径不能太大(在一般土质中桩径不大于 0.6m),桩的入土深度也不宜太深(在一般土质中不超过 40m),否则打桩设备要求较高,而打桩效率很差。打入桩所用的基桩主要为预制的钢筋混凝土桩或预应力混凝土桩。打入桩常用的设备是桩锤和桩架。此外,还有射水装置、桩帽和送桩等辅助设备。

(1) 桩锤

常用的桩锤有坠锤、单动汽锤、双动汽锤、柴油锤及振动锤等几种(表 5-7)。

各种类型锤的适用情况表 表 5-7

沉桩机具类别	适 用 情 况
坠锤	1. 轻型坠锤以沉木桩为主； 2. 重型及特重型龙门锤适用于钢筋混凝土桩
单动汽锤	除木桩外适用于各类桩
双动汽锤	1. 适宜用于相对较轻型的桩； 2. 使用压缩空气时可在水下沉桩； 3. 可用于沉拔钢板桩
柴油锤	1. 导杆式锤适用于木桩、钢板桩； 2. 筒式锤宜用于混凝土管桩、钢管桩； 3. 不适宜在过硬或过软的土中沉桩
振动锤	1. 适宜于沉拔木桩、钢板桩或混凝土管桩； 2. 宜用于砂土、塑性黏土及松软砂黏土； 3. 在卵石夹砂及紧密黏土中效果较差

坠锤是最简单的桩锤，它是由铸铁或其他材料做成的锥形或柱形重块，重 2～20kN，用绳索或钢丝绳通过吊钩由人力或卷扬机沿桩架导杆提升 1～2m，然后使锤自由落下锤击桩顶。此法打桩效率低，每分钟仅能打数次，但设备较简单，适用于小型工程中打木桩或小直径的钢筋混凝土预制桩。

单动汽锤、双动汽锤是利用蒸汽或压缩空气将桩锤在桩架内顶起下落锤击基桩（图 5-35）。单动汽锤重 10～100kN，每分钟冲击 20～40 次，冲程 1.5m 左右；双动汽锤重 3～10kN，每分钟冲击 100～300 次，冲程数百毫米，打桩效率高。单动汽锤适用于打钢桩和钢筋混凝土实心桩，双动汽锤冲击频率高，一次冲击动能较小，适用于打较轻的钢筋混凝土桩或钢板桩，且除了打桩还可以拔桩。

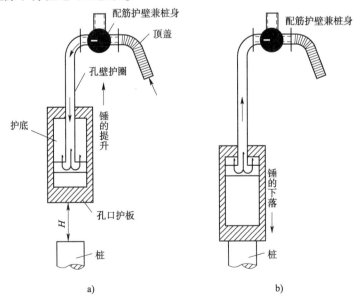

图 5-35　单动汽锤

柴油锤实际上是一个柴油汽缸,工作原理同柴油机,利用柴油在汽缸内压缩发热点燃而爆炸将汽缸沿导向杆顶起,下落时锤击桩顶。柴油锤不需要汽锤那样笨重的桩架和动力设备,但冲击能量较低,国内常用的各种锤重 6～35kN,每分钟冲击 50～60 次,冲程 1m 左右,常用来打较轻型的钢筋混凝土桩。国内少数工程采用重型柴油锤,锤重达 70kN,可打钢桩或钢筋混凝土桩。

另外施工中还应考虑防音罩,从能准确地获得桩的承载力来看,锤击法是一种较为优越的施工方法,但因噪声高故在市区内难以采用,防音罩是为了防止噪声,用它将整个柴油锤包裹起来,可达到防止噪声扩散和油烟发散的目的。

打入桩施工时,应适当选择桩锤重量,桩锤过轻桩难以打下,效率太低,还可能将桩头打坏,所以一般认为应重锤轻打,但桩锤过重,则各机具、动力设备都需加大,不经济。

(2)桩架

桩架的作用是装吊桩锤、插桩、打桩、控制桩锤的上下方向,由导杆(又称龙门,控制锤和桩在打桩时的上下和打入方向)、起吊设备(如滑轮、绞车、动力设备等)、撑架(支撑导杆)及底盘(承托以上设备)等组成。桩架在结构上必须有足够的强度、刚度和稳定性,保证在打桩过程中的动力作用下桩架不会发生移动和变位。桩架的高度应保证桩吊立就位时的需要及锤击的必要冲程。

桩架常用的有木桩架和钢桩架,只适用于坠锤或小型的单动汽锤。柴油锤本身带有钢制桩架,由型钢装成。桩移动时可在底盘托板下面垫上滚筒,或用轮子和钢轨等方式,利用动力装置牵引移动。

钢制万能打桩架的底盘带有转台和车轮(下面铺设钢轨),撑架可以调整导向杆的斜度,因此它能沿轨道移动,能在水平面做 360°旋转,也能打斜桩,施工很方便,但桩架本身笨重,拆装运输较困难(图 5-36)。

在水中的墩台桩基础,应先打好水中支架桩(小型的钢筋混凝土桩或木桩),上面搭设打桩工作平台,当水中墩台较多或河水较深时,也可采用船上打桩架施工。

(3)射水装置

在锤击沉桩过程中,如下沉遇到困难,可用射水方法助沉(图 5-37),因为利用高压水流通过射水管冲刷桩尖或桩侧的土,可减小桩的下沉阻力,从而提高桩的下沉效率。高压水流由高压水泵提供。

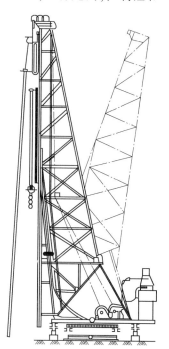

图 5-36 钢制万能打桩架

(4)桩帽与送桩

桩帽的作用是直接承受锤击、保护桩顶,并保证锤击力作用于桩的断面中心。因此,要求桩帽构造坚固,桩帽尺寸与锤底、桩顶及导向杆相吻合,顶面与底面均平整且与中轴线垂直,还应设耳环以便吊起。桩帽上部为由硬木制成的垫木,下部套在桩顶上,桩帽与桩顶间宜填麻袋或草垫等缓冲物。

送桩可用硬木、钢或钢筋混凝土制成。当桩顶位于水下或地面以下,或打桩机位置较高

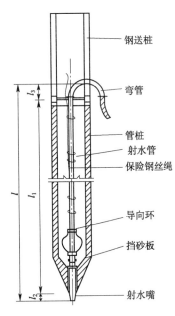

图 5-37 射水沉桩
l-射水管总长;l_1-直管长度;l_2-射水嘴长度;l_3-弯管长度

时,可用一定长度的送桩套连在桩顶上,就可使桩顶沉到设计高程。送桩长度应按实际需要确定,为施工方便,应多备几根不同长度的送桩。

(5)打桩过程应注意事项

①为了避免或减轻打桩时由于土的挤压,使后打桩打入困难或先打入的桩被推挤而发生移动,打桩的顺序应由基础的一端向另一端进行,当桩基础平面尺寸较大时,也可由中间向两端进行。

②在打桩前,应检查锤的上下活动中心线与桩的中心线是否一致,锤的重心与桩中心线是否一致,桩位是否正确,桩的垂直度或倾斜度是否符合设计要求,打桩架是否安置牢固平稳。桩顶应采用桩帽、桩垫保护,以免打裂。

③桩开始打入时,应轻击慢打,每次的锤击能不宜过大,随着桩的打入,逐渐增大锤击的冲击能量。

④在打桩过程中,随着桩入土深度的增加,每次锤击的贯入度将随之减小,它在一定程度上能反映出桩的承载能力,因此在打桩时,应记录好桩的贯入度,作为桩是否达到设计要求的一个参考数据。对于特大桥梁和地质复杂的大、中桥,打桩工程开始前应进行试桩和静载试验,以确定基桩的入土深度及贯入度,保证基桩具有设计的承载能力。

⑤打桩过程中应随时注意观测打入情况,防止基桩的偏移,并填写好打桩记录。打桩时往往会因桩锤重量配备不妥、锤提升高度不当或地质情况的变化而发生桩身突然倾斜,锤击时锤严重回弹,桩的贯入度突然变化,或桩头破损、桩身产生裂缝等情况。此时应暂停打桩,查明原因,采取措施(如用射水沉桩法配合锤击,改变打桩设备,加固桩身等)后方可继续施工。

打桩完毕按规定检查后,方得灌注承台。

2)振动法

振动法是用振动打桩机(振动桩锤)将桩打入土中的施工方法。其原理是由振动打桩机使桩产生上下方向的振动,在清除桩与周围土层间摩擦力的同时使桩尖地基松动,从而使桩贯入或拔出。

桥梁基础采用管柱基础时,直径大,重量也大,特别适宜用振动法沉桩。振动法沉桩的主要设备是振动打桩机,它是由苏联 20 世纪 40 年代首创。1954 年我国武汉长江大桥首次应用,在南京长江大桥时已经发展到激振力为 5000kN 的振动打桩机。现在日本是世界上制造振动打桩机最多的国家。

振动法施工不仅可有效地用于打桩,也可用以拔桩;虽然振动下沉,但噪声较小;在砂性土中最有效,硬地基中难以打进;施工速度快;不会损坏桩头;不用导向架也能打进;移位操作方便;需要的电源功率大。

振动桩锤的重量(或振动力)与桩打进能力的关系为:桩的断面大和桩身长者,桩锤重量应大;随地基的硬度加大,桩锤的重量也应增大;振动力大则桩的贯入速度快。

3) 射水法

射水法是利用小孔喷嘴以 300～500kPa 的压力喷射水,使桩尖和桩周围土松动的同时,桩受自重作用而下沉的方法。它极少单独使用,常与锤击和振动法联合使用。当射水沉桩到距设计高程尚差 1～1.5m 时,停止射水,用锤击或振动恢复其承载力。这种施工方法对黏性土、砂性土都可适用,在细砂土层中特别有效。

射水沉桩的特点是:对较小尺寸的桩不会损坏;施工时噪声和振动极小。

4) 压入法

在软土地基中,用液压千斤顶或桩头加重物以施加顶进力将桩压入土层中的施工方法。其特点为:施工时产生的噪声和振动较小;桩头不易损坏;桩在贯入时相当于给桩做静载试验,故可准确知道桩的承载力;压入法不仅可用于竖直桩,而且也可用于斜桩和水平桩;但机械的拼装、移动等均需要较多的时间。

五、水中桩基础施工

水中修筑桩基础比旱地上施工要复杂困难得多,尤其是在深水急流的大河中修筑桩基础。为了适应水中施工的环境,就要增添浮运沉桩及有关的设备和采用水中施工的特殊方法。

常用的浮运沉桩设备是将桩架安设在驳船或浮箱组合的浮体上,或使用专用的打桩船。有时配合使用定位船、吊船等,在组合的船组中备有混凝土工厂、水泵、空气压缩机、动力设备、龙门吊或履带吊车及塔架等施工机具设备。所用设备可根据采用的施工方法和施工条件选择确定。

水中桩基础施工方法有多种,就常用的基本方法分浅水和深水施工,现简要介绍如下。

1. 浅水中桩基础施工

对于位于浅水或临近河岸的桩基,其施工方法类同于浅水浅基础常采用的围堰修筑法,即先筑围堰,后沉基桩的方法。对围堰所用材料和形式,以及各种围堰应注意的要求,与浅基础施工相同。围堰筑好后,便可抽水挖基坑或水中吸泥挖坑再抽水,然后进行基桩施工。临近河岸的基础若场地有足够大时,桩基础施工如同在旱地施工一样;河中桩基础施工,一般可借围堰支撑或用万能杆件拼制或打临时桩搭设脚手架,将桩架或龙门架与导向架设置在堰顶和脚手架平台上进行基桩施工。

在浅水中建桥,常在桥位旁设置施工临时便桥。在这种情况下,可利用便桥和相应搭设的脚手架,把桩架或龙门架与导向架安置在便桥和脚手架上,利用便桥进行围堰和基桩施工,这样在整个桩基础施工中可不必动用浮运打桩设备,同时也可解决料具、人员运输问题。设置临时施工便桥应在整个建桥施工方案中考虑,根据施工场地的水文地质、工程地质、施工条件和经济效益来确定。一般在水深不大、流速不大、不通航,便桥临时桩施工不困难的河道上,可考虑采用建横跨全河的便桥,或靠两岸段的便桥方案。

2. 深水中桩基础施工

在宽大的江河深水中施工桩基础时,常采用笼架围堰和吊箱等施工方法。

1) 围堰法

在深水中的低桩承台桩基础或承台墩身有相当长度需在水下施工时,常采用围笼修筑钢板桩围堰进行桩基础施工(图5-38)。

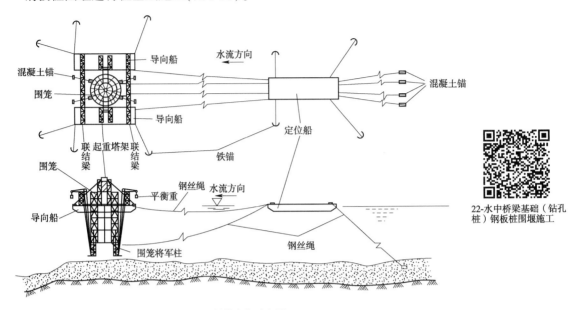

图5-38 围笼定位示意图

钢板桩围堰桩基础施工的方法与步骤如下:

(1)在导向船上拼制围笼,拖运至墩位,将围笼下沉、接高、沉至设计高程,用锚船(定位船)或抛锚定位。

(2)在围笼内插打定位桩,并将围笼固定在定位桩上,退出导向船。

(3)在围笼上搭设工作平台,安置钻机或打桩设备。

(4)沿围笼插打钢板桩,组成防水围堰。

(5)完成全部基桩的施工(钻孔灌注桩或打入桩)。

(6)用吸泥机吸泥,开挖基坑。

(7)基坑经检验后,灌注水下混凝土封底,这时要注意的问题是,封底混凝土不能漏水。

(8)待封底混凝土达到规定强度后抽水,修筑承台和墩身直至出水面。

(9)拆除围笼,拔除钢板桩。

在施工中也有采用先完成全部基桩施工后,再进行钢板桩围堰的施工步骤。先筑围堰还是先打基桩,应根据现场水文、地质条件、施工条件、航运情况和所选择的基桩类型等情况确定。

2)吊箱法和套箱法

在深水中修筑高桩承台桩基时,由于承台位置较高不需座落到河底,一般采用吊箱法修筑桩基础,或在已完成的基桩上安置套箱的方法修筑高桩承台。

(1)吊箱法

吊箱是悬吊在水中的箱形围堰,基桩施工时用作导向定位,基桩完成后封底抽水,灌注混凝土承台(图5-39)。

吊箱一般由围笼、底盘、侧面围堰板等部分组成。

吊箱围笼平面尺寸与承台相应,分层拼装,最下一节将埋入封底混凝土内,以上部分可拆除周转使用。

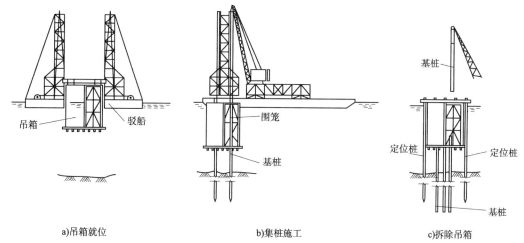

a) 吊箱就位　　　　b) 集桩施工　　　　c) 拆除吊箱

图 5-39　吊箱围堰修建水中桩基

顶部设有起吊的横梁和工作平台,并留有导向孔。

底盘用槽钢作纵、横梁,梁上铺以木板作封底混凝土的底板,并留有导向孔以控制桩位。侧面围堰板由钢板形成,整块吊装。

吊箱法的施工方法与步骤如下:

①在岸上或岸边驳船上拼制吊箱围堰,浮运至墩位,吊箱下沉至设计高程。

②插打围堰外定位桩,并固定吊箱围堰于定位桩上。

③基桩施工。

④填塞底板缝隙,灌注水下混凝土。

⑤抽水,将桩顶钢筋伸入承台,铺设承台钢筋,灌注承台及墩身混凝土。

⑥拆除吊箱围堰连接螺栓外框,吊出围笼。

23-水中桥梁基础(钻孔桩)钢吊箱围堰施工

(2)套箱法

这种方法是针对先用打桩船(或其他方法)完成了全部基桩施工后,修建高桩承台基础的水中承台的一种方法。

套箱可预制成与承台尺寸相应的钢套箱或钢筋混凝土套箱,箱底板按基桩平面位置留有桩孔。基桩施工完成后,吊放套箱围堰,将基桩顶端套入套箱围堰内,并将套箱固定在定位桩上,然后浇筑水下混凝土封底,待达到规定强度后即可抽水,继而施工承台和墩身结构。

施工中应注意:水中直接打桩及浮运箱形围堰吊装的正确定位,一般均采用交汇法控制,在大河中有时还需搭临时观测平台;在吊箱中插打基桩,由于桩的自由长度大应细心把握吊沉方位;在浇灌水下混凝土前应将底桩缝隙堵塞好。

3)沉井结合法

在深水中施工桩基础,当水底河床基岩裸露或卵石、漂石土层钢板围堰无法插打时,或在水深流急的河道上为使钻孔灌注桩在静水中施工时,还可以采用浮运钢筋混凝土沉井或薄壁沉井作桩基施工时的挡水挡土结构和沉井顶设做工作平台(图 5-40)。

六、桩基施工质量检验

桩基工程为地下隐蔽工程。为确保桩基工程质量,保证其正常使用,从施工开始就应按

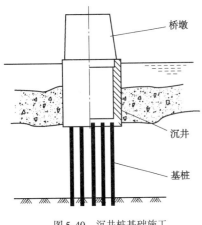

图 5-40 沉井桩基础施工

工序进行严格监测,推行全面质量管理(Total Quality Control,简称 TQC),并认真做好有关记录,以便及时发现和处理问题,并对桩基质量做出综合评价。

1. 成桩质量检查

工程上检测成桩质量可采用可靠的动测法,对于大直径桩还可采用钻芯取样和预埋管超声检测法等,其数量应根据具体情况由设计确定。这些方法都是相当可靠的。但是,高质量并不是检测出来的,而是产生于对各施工工序的严格控制。

(1) 灌注桩施工控制

施工灌注桩时,应严格控制成孔与清孔、钢筋笼制作与安放、混凝土搅拌与灌注三个工序的质量。例如,对于泥浆护壁钻孔桩(若桩径 $d>1000\text{mm}$),要求其桩径偏差 $\leqslant 50\text{mm}$,垂直度偏差 $\leqslant 1\%$;单桩、条形桩基沿垂直轴线方向和群桩基础中的边桩,其桩位允许偏差为 $100\pm 0.01H$(H 为施工现场地面高程与桩项设计高程的距离)。

制作钢筋笼时,要求主筋间距偏差及直径偏差不超过 10mm;箍筋间距或螺旋筋螺距偏差不超过 20mm;钢筋笼长度偏差不超过 50mm。需要特别注意的是,桩身混凝土必须留有试件,直径大于 1m 的桩,每根桩应有 1 组试块,且每个浇筑台班不得少于 1 组,每组 3 件。

(2) 预制桩施工控制

施工预制桩时,应严格控制桩身质量、沉入深度、停锤标准、桩位及垂直度等。例如,对于单排或双桩条形桩基,在垂直于条形桩基纵轴方向的桩位偏差不得超过 100mm,在平行于条形桩基纵轴方向的偏差不超过 150mm。

2. 单桩承载力检测

基桩施工完以后,为确保其竖向极限承载力标准值达到设计要求,应根据工程重要性、地质条件、设计要求和施工情况进行静载试验或可靠的动力测试。

静载试验周期长,成本高,只要试验人员严守操作规程,认真负责,其结果是客观的。对于施工前未进行单桩静载试验的一级建筑桩基和虽是二级建筑桩基但地质条件复杂、桩的施工质量可靠性低、确定单桩竖向承载力的可靠性低或者桩数多者,要求采用静载试验检测单桩承载力,在同一条件下的试桩数量不宜小于总桩数的 1%,且不应少于 3 根。工程总桩数在 50 根以内时不应少于 2 根。

桩的动力测试是在与单桩静载试验对比的基础上发展起来的,具有轻便、快速、经济和覆盖率高等特点,与静载试验结合,可获得动、静对比系数,以用于桩基工程质量普查工作。动力测试适用于工程施工前已进行静载试验的一级建筑桩基、部分二级建筑桩基和全部三级建筑桩基,也可作为一、二级建筑桩基静载试验检测的辅助检测,详见前面内容。

在施工时执行严格的全面质量管理并对基桩进行了检测以后,应对有关资料进行整理并提交竣工报告。

第五节 沉井施工

一、适用条件

沉井基础的特点是埋置深度可以很大,整体性强、稳定性好,有较大的承载面积,能承受较大的垂直荷载和水平荷载;沉井既是基础,又是施工时的挡土和挡水围堰结构物,施工工艺并不复杂,因此在桥梁工程中得到较广泛的应用。同时,沉井施工时对邻近建筑物影响较小且内部空间可资利用,因而常用作工业建筑物尤其是软土中地下建筑物的基础,也常用作矿用竖井、地下油库等。沉井基础的缺点是:施工期较长;对粉细砂类土在井内抽水易发生流砂现象,造成沉井倾斜;沉井下沉过程中遇到的大孤石、树干或井底岩层表面倾斜过大,均会给施工带来一定困难。

根据经济合理、施工上可能的原则,一般在下列情况,可以采用沉井基础:

(1)上部荷载较大,而表层地基土的容许承载力不足,做扩大基础开挖工作量大,以及支撑困难,但在一定深度下有好的持力层,采用沉井基础与其他深基础相比较,经济上较为合理时。

(2)在山区河流中,虽然土质较好,但冲刷大,或河中有较大卵石不便桩基础施工时。

(3)岩层表面较平坦且覆盖层薄,但河水较深;采用扩大基础施工围堰有困难时。

二、旱地上沉井的施工

桥梁墩台位于旱地时,沉井可就地制造、挖土下沉、封底、充填井孔以及浇筑顶板(图5-41)。在这种情况下,一般较容易施工,工序如下。

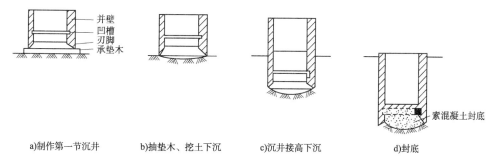

图5-41 沉井施工顺序

1. 整平场地

如天然地面土质较好,只需将地面杂物清掉整平地面,就可在其上制造沉井。如为了减小沉井的下沉深度也可在基础位置处挖一浅坑,在坑底制造沉井下沉,坑底应高出地下水面0.5~1.0m。如土质松软,应整平夯实或换土夯实。在一般情况下,应在整平场地上铺上不小于0.5m厚的砂或砂砾层。

2. 制造第一节沉井

由于沉井自重较大,刃脚踏面尺寸较小,应力集中,场地土往往承受不了这样大的压力。所以在整平的场地上应在刃脚踏面位置处对称地铺满一层垫木(可用200mm×200mm的方木)以加大支承面积,使沉井重量在垫木下产生的压应力不大于100kPa。垫木的布置应考

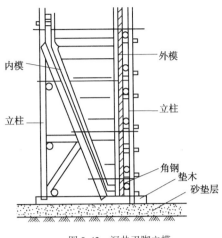

图 5-42 沉井刃脚立模

虑抽除垫木方便(有时可用素混凝土垫层代替垫木)。然后在刃脚位置处放上刃脚角钢,竖立内模,绑扎钢筋,立外模,最后浇灌第一节沉井混凝土(图5-42)。模板应有较大的刚度,以免发生挠曲变形。外模板应平滑以利下沉。钢模较木模刚度大,周转次数多,也易于安装。在场地土质较好处,也可采用土模。

3. 拆模及抽垫

沉井混凝土达到设计强度的70%时可拆除模板,强度达设计强度后才能抽撤垫木。抽撤垫木应按一定的顺序进行,以免引起沉井开裂、移动或倾斜。其顺序是:撤除内隔墙下的垫木,再撤沉井短边下的垫木,最后撤长边下的垫木。拆长边下的垫木时,以定位垫木(最后抽撤的垫木)为中心,对称地由远到近拆除,最后拆除定位垫木。注意在抽垫木过程中,抽除一根垫木应立即用砂回填进去并捣实。

4. 挖土下沉

沉井下沉施工可分为排水下沉和不排水下沉。当沉井穿过的土层较稳定,不会因排水而产生大量流砂时,可采用排水下沉。土的挖除可采用人工挖土或机械除土,排水下沉常用人工挖土,它适用于土层渗水量不大且排水时不会产生涌土或流砂的情况;人工挖土可使沉井均匀下沉和清除井下障碍物,但应采取措施,确实保证施工安全。排水下沉时,有时也用机械除土。不排水下沉一般都采用机械除土,挖土工具可以是抓土斗或水力吸泥机,如土质较硬,水力吸泥机需配以水枪射水将土冲松。由于吸泥机是将水和土一起吸出井外,故需经常向井内加水维持井内水位高出井外水位 $1 \sim 2m$,以免发生涌土或流砂现象。

5. 接高沉井

第一节沉井顶面下沉至距地面 $1 \sim 2m$ 时,应停止挖土,接筑第二节沉井。接筑前应使第一节沉井位置正直,凿毛顶面,然后立模浇筑混凝土。待混凝土强度达设计要求后再拆模继续挖土下沉。

6. 地基检验和处理

沉井沉至设计高程后,应进行基底检验。检验内容是地基土质是否和设计相符、是否平整,并对地基进行必要的处理。如果是排水下沉的沉井,可以直接进行检查,不排水下沉的沉井由潜水工进行检查或钻取土样鉴定。地基为砂土或黏性土时,可在其上铺一层砾石或碎石至刃脚底面以上 200mm。地基为风化岩石,应将风化岩层凿掉,岩层倾斜时,应凿成阶梯形。若岩层与刃脚间局部有不大的孔洞,由潜水工清除软层并用水泥砂浆封堵,待砂浆有一定强度后再抽水清基。总之要保证井底地基尽量平整,浮土及软土清除干净,以保证封底混凝土、沉井及地基紧密连接。

7. 封底、充填井孔及浇筑顶盖

地基经检验及处理合乎要求后,应立即进行封底。如封底是在不排水情况下进行,则可用导管法灌注水下混凝土(见钻孔灌注桩施工),若灌注面积大,可用多根导管,以先周围后中间，先低后高的次序进行灌注。待混凝土达设计强度后，再抽干井孔中的水，填筑井内坏工。如井孔中不填料或仅填以砾石，则井顶面应浇筑钢筋混凝土顶盖，以支承墩台，然后砌筑墩身，墩身出土（或水面）后可拆除临时性的井顶围堰。

三、水中沉井的施工

沉井的施工方法与墩台基础所在地点的地质和水文情况有关。在水中修筑沉井时，应对河流汛期、通航、河床冲刷调查研究，并制订施工计划。尽量利用枯水季节进行施工。如施工须经过汛期时，应采取相应的措施，以确保安全。

1. 筑岛法

水流速不大，水深在3m或4m以内时，可用水中筑岛的方法。筑岛材料为砂或砾石，周围用草袋围护，如水深较大可做围堰防护（图5-43）。岛面应比沉井周围宽出不小于1.5m的护道宽度，并应高出施工可能最高水位0.5～0.7m。砂岛地基强度应符合要求，然后在岛上浇筑沉井。如筑岛压缩水面较大，可采用钢板桩围堰筑岛，但要考虑沉井重力对它产生的侧向压力，为避免沉井对它的影响，可按下式决定围堰距井壁外缘的距离（护道宽度）：

$$b \geqslant H\tan\left(45° - \frac{\varphi}{2}\right) \tag{5-7}$$

式中：H——筑岛高度；

φ——砂在水中的内摩擦角（筑岛土饱水）；

b——护道宽度。

其余施工方法与旱地施工相同。

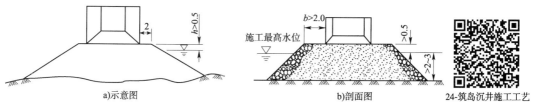

图5-43 筑岛法（尺寸单位：m）

2. 浮运沉井施工

水深较大，如超过10m时，筑岛法很不经济，且施工也困难，可改用浮运法施工。

沉井在岸边做成，利用在岸边铺成的滑道滑入水中，然后用绳索引到设计墩位。沉井井壁可做成空体形式或采用其他措施（如带木底或装上钢气筒）使沉井浮于水上，也可以在船坞内制成，用浮船定位和吊放下沉，或利用潮汐，水位上涨浮起，再浮运至设计位置。

沉井就位后，用水或混凝土灌入空体、徐徐下沉直至河底。或依靠在悬浮状态下接长沉井及填充混凝土使它逐步下沉，这时每个步骤均需保证沉井本身足够的稳定性。沉井刃脚切入河床一定深度后，可按前述下沉方法施工。

四、沉井下沉过程中遇到的问题及处理

沉井在利用自身重力下沉过程中，常遇到的主要问题有：

1. 沉井发生倾斜和偏移

在下沉过程中应随时观测沉井的位置和方向，发现与设计位置有过大的偏差应及时纠

正。纠正前应分析偏斜的原因。偏斜原因主要有：土岛表面松软，使沉井下沉不均，河底土质软硬不匀；挖土不对称；井内发生流砂，沉井突然下沉，刃脚遇到障碍物顶住而未及时发现；井内挖除的土堆压在沉井外一侧，沉井受压偏移或水流将沉井一侧土冲空等。沉井偏斜大多数发生在沉井下沉不深时，下沉较深时，只要控制得好，发生倾斜则较少。

沉井如发生倾斜可采用下述方法纠正：在沉井高的一侧集中挖土；在低的一侧回填砂石；在沉井高的一侧加重物或用高压射水冲松土层；必要时可在沉井顶面施加水平力扶正。

纠正沉井中心位置发生偏移的方法是先使沉井倾斜，然后均匀除土，使沉井底中心线下沉至设计中心线后，再进行纠偏。

在刃脚遇到障碍物的情况，必须予以清除后再下沉。清除方法可以是人工排除，如遇树根或钢材可锯断或烧断，遇大孤石宜用少量炸药炸碎，以免损坏刃脚。在不能排水的情况下，由潜水工进行水下切割或水下爆破。

2. 沉井下沉困难

这主要是由于沉井自身重力克服不了井壁摩阻力，或刃脚下遇到大的障碍物所致。解决因摩阻力过大而使下沉困难的方法主要是从增加沉井自重和减小井壁摩阻力两个方面来考虑。

（1）增加沉井自重。可提前浇筑上一节沉井，以增加沉井自重，或在沉井顶上压重物（如钢轨、铁块或砂袋等）迫使沉井下沉。对不排水下沉的沉井，可以抽出井内的水以增加沉井自重，用这种方法要保证土不会产生流砂现象。

（2）减小沉井外壁的摩阻力。减小沉井外壁摩阻力的方法是：可以将沉井设计成阶梯形、钟形，或在施工中尽量使外壁光滑；亦可在井壁内埋设高压射水管组，利用高压水流冲松井壁附近的土，且水流沿井壁上升而润滑井壁，使沉井摩阻力减小；以上几项措施在设计时就应考虑。在刃脚下挖空的情况，可采用炸药，利用炮震使沉井下沉，这种方法对沉井快沉至设计高程时效果较好，但要避免震坏沉井，用药量要少，次数不宜太多。

近年来，对下沉较深的沉井，为了减少井壁摩阻力常采用泥浆润滑套或壁后压气沉井的方法。

第六节　地下连续墙施工

地下连续墙施工一般的工艺流程为：地上地下障碍物处理→构筑导墙→槽段划分→制备护壁泥浆、绑扎钢筋笼→抓槽→吊放钢筋笼→吊放接头箱→浇筑混凝土→拔接头箱。

地下连续墙施工中，槽段接头和结构节点一直是令人头疼的难题，有时还会造成不可弥补的缺憾。了解施工全过程之前，我们先来了解下地下连续墙的接头。

一、地下连续墙的接头与构造

地下连续墙一般分段浇筑，墙段间需设接头，另外地下墙与内部结构也需要接头，后者又称为墙面接头。

1. 墙段接头

墙段接头的要求随工程目的而异，作为基坑开挖时的防渗挡土结构，要求接头密合不夹泥；作为主体结构侧墙或结构一部分时，除了要求接头防渗挡土之外，还要求有抗剪能力。

常用的墙段接头有以下几种：

(1)接头管接头(图5-44)这是目前应用最普遍的墙段接头形式。

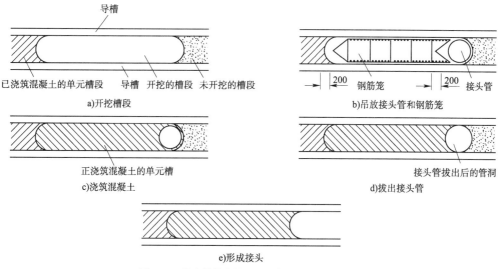

图5-44 接头管接头的施工顺序(尺寸单位:mm)

(2)接头箱接头可以使地下墙形成整体接头,接头的刚度好,具有抗剪能力。施工顺序与构造见图5-45,此外,还有隔板式接头等。

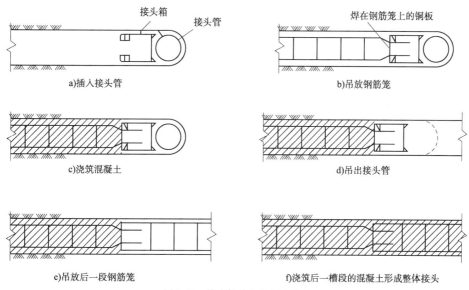

图5-45 接头箱接头的施工顺序

2.墙面接头

地下连续墙与内部结构的楼板、柱、梁、底板等连接的墙身接头,既要承受剪力或弯矩又要考虑施工的局限性,目前常用的有预埋连接钢筋、预埋连接钢板、预埋剪力连接构件等方法。可据接头受力条件选用,并参照钢筋混凝土结构规范对构件接头构造要求布设钢筋(钢板)。

二、地下连续墙的施工

现浇钢筋混凝土壁板式连续墙的主要施工工序有修筑导墙,泥浆制备与处理,深槽挖掘,钢筋笼的制备与吊装以及浇筑混凝土。

1. 修筑导墙

在地下连续墙施工之前,必须沿着地下墙的墙面线开挖导沟,修筑导墙。导墙是临时结构,主要作用是:挡土作用;防止槽口坍陷;作为连续墙施工的基准;作为重物的支承;存蓄泥浆等。

导墙常采用钢筋混凝土制筑(现浇或预制),也有采用钢制的。常用的钢筋混凝土导墙断面形式如图5-46所示。导墙埋深一般为1~2m,墙顶宜高出地面0.1~0.2m,导墙的内墙面应垂直并与地下连续墙的轴线平行,内外导墙间的净距应比连续墙厚度大3~5cm,墙底应与密实的土面紧贴,以防止泥浆渗漏。墙的配筋多为12@200,水平钢筋应连接,使导墙形成整体。在导墙混凝土末达到设计强度前,禁止任何重型机械在其旁行驶或停置,以防止导墙开裂或变形。

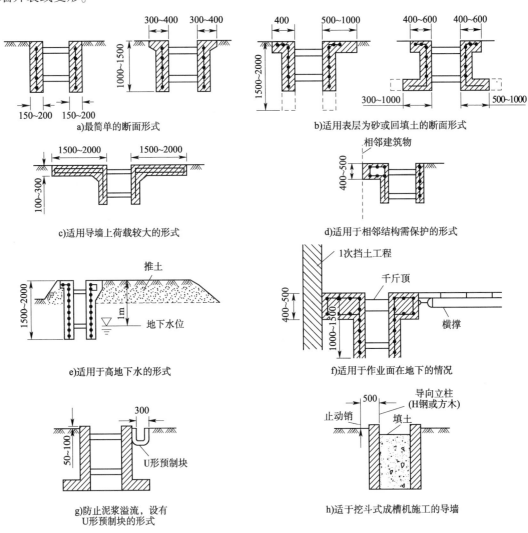

图5-46 各种导墙的断面形式(尺寸单位:mm)

2. 泥浆护壁

地下连续墙施工的基本特点是利用泥浆护壁进行成槽。泥浆的主要作用除护壁之外,还有携渣、冷却钻具和切土润滑作用。泥浆的正确使用是保证挖槽成败的关键。

泥浆具有一定的密度,在槽内对槽壁有一定的静水压力,相当于一种液体支撑。泥浆能渗入土壁形成一层透水性很低的泥皮,有助于维护土壁的稳定性。

泥浆具有较高的勃性,能在挖槽过程中将土渣悬浮起来(亦称为悬浮液)。这样就可使钻头时刻钻进新鲜土层,避免土渣堆积在工作面上影响挖槽效率,又便于土渣随同泥浆循环而排出槽外。

以泥浆做冲洗液,既可降低钻具因连续冲击或回转而上升的温度,又可减轻钻具的磨损消耗,有利于提高挖槽效率并延长钻具的工作时间。

挖槽筑墙所用的泥浆不仅要有良好的固壁性能,而且要便于灌注混凝土。如果泥浆的膨润土浓度不够、密度太小、勃度不大,则难以形成泥皮、难以固壁、难以起到携渣的作用。但如勃度过大,也会发生泥浆循环阻力过大、携带在泥浆中的泥沙难以除去、灌注混凝土的质量难以保证以及泥浆不易从钢筋笼上驱除等弊病。泥浆还应有一定的稳定性,保证在一定的时间内不出现分层现象。

当地下水位变动频繁或槽壁可能发生坍塌时,应进行成槽试验及槽壁的稳定性检算。

常用护壁泥浆的种类及主要成分见表5-8。

护壁泥浆的种类及其主要成分 表5-8

泥 浆 种 类	主 要 成 分	常用的外加剂
膨润土泥浆	膨润土、水	分散剂、增黏剂、加重剂、防漏剂
聚合物泥浆	聚合物、水	—
CMC泥浆	CMC、水	膨润土
盐水泥浆	膨润土、盐水	分散剂、特殊黏土

泥浆的质量对地下连续墙的施工具有重要意义,控制泥浆性能的指标有相对密度、黏度、失水量、pH值、稳定性、含砂量等。同钻孔灌注桩使用的泥浆一样,泥浆这些性能指标在泥浆使用前,在室内可用专用的仪器测定。在施工过程中泥浆与地下水、砂、土、混凝土接触,膨润土等掺和成分会有所损耗,还会混入土渣等使泥浆质量恶化,要随时根据泥浆质量变化对加以处理或废弃。处理后的泥浆经检验合格后方可重复使用。

3. 挖掘深槽

开挖深槽是地下连续墙施工中的关键工序,约占地下墙整个工期的一半,而且挖槽的精度又决定了墙体的制作精度。它是用专门的挖槽机械按其工作原理分为抓斗式、冲击式和回转式三大类,我国当前应用最多的是吊索式蚌式抓斗、导杆式蚌式抓斗及回转式多转头等。

25-地下连续墙施工

挖槽是以单元槽段分段逐个机械挖掘的,一个单元槽段是一次混凝土连续灌注单位。单元槽段长度的确定,从理论上说,槽段长度的选择,除去小于钻机长度的尺寸不能施工外,各种长度均可施工,且越长越好,这样能减少地下连续墙的接头数(因为接头是地下连续墙的薄弱环节),从而提高了地下连续墙防水性能和整体性。但实际上槽段的长度由下述各因素综合决定。

(1)设计要求、上部结构及周边环境的特点

比如附近有高大建筑物或有较大的地面荷载时,为了确保沟槽的稳定,应缩减槽段的长

度,以减少槽壁暴露的时间。

(2)地下连续墙所处的地质情况

当地层很不稳定时,为了防止沟槽壁面坍塌,应减少槽段长度,以缩短造孔的时间。

(3)工地所具备的起重机能力

应先根据工地所具备的起重机能力及估算钢筋笼等重量和尺寸,再推算槽段的长度。

(4)单位时间内供应混凝土的能力

通常可规定每个槽段长度内全部混凝土量,需在4h内灌注完毕。

(5)工地泥浆池容量

图5-47 地下连续墙吊放钢筋笼

工地上稳定液槽的容积一般应为每一槽段的沟槽容积的2倍。

施工时发生槽壁坍塌是严重的事故,当挖槽过程中出现坍塌迹象时,如泥浆大量漏失、泥浆内有大量泡沫上冒或出现异常扰动、排土量超过设计断面的土方量、导墙及附近地面出现裂缝沉陷等,应首先将成槽机械提升至地面,然后迅速查清槽壁坍塌的原因,采取有效的抢救措施,以控制事态发展。

4.钢筋笼加工、吊放与水下混凝土浇筑

槽段挖至设计高程进行清底后,应尽快进行墙段钢筋混凝土浇筑。它包括以下内容:

(1)吊放接头管或其他接头构件。

(2)吊放钢筋笼,如图5-47所示,钢筋笼的拼接宜采用绑条焊,不宜采用绑扎搭接接头。

(3)插入浇筑混凝土的导管,并将混凝土连续浇筑到设计高程,混凝土强度等级一般不低于C20。

(4)拔出接头管。

对于长度超过4m的槽段宜采用双导管同时浇筑,其间距根据混凝土和易性及其浇筑的有效半径来确定,一般为2~3.5m,最大为4.5m。每个槽段混凝土浇筑速度一般为每小时上升3~4m。

在浇筑完成后的地下连续墙墙顶存在一层浮浆层,因此混凝土顶面需要比设计高程超浇筑0.5m以上,凿去该层浮浆层后,地下连续墙墙顶才能与主体结构或支撑相连成整体。

第七节 墩台施工质量检测评定

当基础墩、台身和盖梁施工过程中或每一个工序完成后,客观、准确、规范、及时的试验检测数据,是指导、控制和评定工程质量的科学依据,也是监理工程师批准工程转序的必不可少的一个工作环节。

一、检测项目及要求

墩、台身和盖梁施工阶段的检测项目除了对建桥所需材料按试验检测频率及要求进行检测外,还需对表5-9~表5-11中的项目进行检测,并填写检测记录表(表5-12~表5-16)。

第五章 桥梁墩台及基础施工

墩、台身和盖梁施工阶段的检测项目 表5-9

序号	检测项目	采用规程(标准)
1	钢筋加工及安装质量检测	《公路工程质量检验评定标准》(JTG F80/1—2017)、《金属材料室温拉伸试验方法》(GB 228—2010)、《金属材料 弯曲试验方法》(GB/T 232—2010)、《钢筋焊接及验收规程》(JGJ 18—2012)、《公路桥涵施工技术规范》(JTG/T F50—2011)
2	模板、支架、制作及安装检测	《公路桥涵施工技术规范》(JTG/T F50—2011)
3	混凝土浇筑质量检测	《公路桥涵施工技术规范》(JTG/T F50—2011)、《公路工程水泥及水泥混凝土试验规程》(JTG E30—2005)

现浇墩、台身实测项目 表5-10

项次	检查项目		规定值或允许偏差	检查方法和频率
1△	混凝土强度(MPa)		在合格标准内	按《公路工程质量检验评定标准》(JTG D80/1—2017)附录D检查
2	断面尺寸(mm)		±20	尺量:没施工节段测1个断面,不分段施工的测两个断面
3	全高竖直度(mm)	$H \leq 5m$	≤5	全站仪或垂线法:纵、横向各测2处
		$5m < H \leq 60m$	≤H/1000,且≤20	
		$H > 60m$	≤H/3000,且≤30	全站仪:纵、横向各测2处
4	顶面高程(mm)		±10	水准仪:测3处
5△	轴线偏位(mm)	$H \leq 60m$	10,且相对前一节段≤8	全站仪:每施工节段测顶面边线与两轴线交点
		$H > 60m$	≤15,且相对前一节段≤8	
6	节段间错台(mm)		≤5	尺量:测每节每侧面
7	平整度(mm)		≤8	2m直尺:每20m²测1处,每处测竖直、水平两个方向
8	预埋件位置(mm)		满足设计要求,设计未要求时≤5	尺量:每件测

预制墩身实测项目 表5-11

项次	检查项目		规定值或允许偏差	检查方法和频率
1△	混凝土强度(MPa)		在合格标准内	按《公路工程质量检验评定标准》(JTG D80/1—2017)附录D检查
2	断面尺寸(mm)	外轮廓	±15	尺量:测2个断面
		壁厚	±10	
3	高度(mm)		±10	尺量:测中心线处
4	平整度(mm)		≤5	2m直尺:每侧面测1处,每处测竖直、水平两个方向
5	支座垫石预留锚孔位置(mm)		≤10	尺量:每个检查
6	墩顶预埋件位置(mm)		≤5	尺量:每件测

注:实际工程中未涉及的项目不检查。

承台质量检验评定表

表 5-12

项目名称：			工程合同段：		(子)分项工程名称：		工程部位：
施工单位：					监理单位：		使用者类别：

| 基本要求 | 所用材料构件质量和规格必须符合有关技术规范的要求，按规定的配合比施工；必须采取措施控制水化热引起的混凝土内最高温度及内外温差在允许范围内，防止出现温度裂缝；不得出现麻面和孔洞现象。评定为不合格的，应进行整修或返工处理直至合格 | | | | | | |

	项次	检查项目	规定值或允许偏差	检查方法和频率	检查实测值	平均值代表值	合格率(%)	合格判定
实测项目	1△	混凝土强度(MPa)	在合格标准内	按《公路工程质量检验评定标准》(JTG D80/1—2017)附录D检查				
	2	平面尺寸(mm) B<30m	±30	尺量：测2个断面(B为边长或直径，计算规定值或允许偏差时按mm计)				
		B≥30m	±B/1000					
	3	结构高度(mm)	±30	尺量：测5处				
	4	顶面高程(mm)	±20	水准仪：测5处				
	5	轴线偏位(mm)	≤15	全站仪：纵、横各向测2点				
	6	平整度(mm)	≤8	2m直尺：每侧面每20m²测1处，且不少于3处，每处均测竖直水平两个方向				
	7	外观鉴定	不允许影响结构使用功能或影响安装构件的外形缺陷、深度超过保护层厚度的掉边、掉角	检查结果				
			不允许疏松（蜂窝）：总面积大于0.04m²；深度等缺陷，污染、起砂、非隐蔽：构或构件总面积超过所在结构或构件面积的4%；隐蔽结构或构件总面积超过所在结构或构件面积的6%					
			混凝土表面无非受力裂缝或受力裂缝宽度超过设计规定限值的，对防撞护栏及边坡框格梁，隐蔽结构的等于0.3mm，其他结构构件等于0.2mm					
	8	质量保证资料	工程应有真实、准确、齐全完整的施工原始记录，试验检测数据，质量检验报告等质量保证资料					
	9	质量等级						

监理工程师：	日期：	检测人：	日期：	承包商：	日期：

墩、台身砌体质量检验评定表

表 5-13

项目名称： 工程合同段： （子）分项工程名称： 工程部位：
施工单位： 工程单位： 监理单位： 使用者类别：

基本要求： 石料或混凝土预制块的质量和规格必须符合有关规范的要求；砂浆所用的水泥、砂和水的质量必须符合有关规范的要求，按规定的配合比施工；砌块应错缝、坐浆挤紧、嵌缝料和砂浆饱满，无空洞，宽缝、大堆砂浆填隙和腹缝

项次	检查项目		规定值或允许偏差	检查方法和频率	检查实测值	平均值代表值	合格率（%）	合格判定
1△	砂浆强度（MPa）		在合格标准内	按《公路工程质量检验评定标准》（JTG D80/1—2017）附录F检查				
2	轴线偏位（mm）		≤20	全站仪：纵、横各测2点				
3	墩台长、宽（mm）	料石	+20，-10	尺量：测3个断面				
		块石	+30，-10					
		片石	+40，-10					
4	竖直度或坡度（%）	料石、块石	≤0.3	铅垂线：测两轴线位置共4处				
		片石	≤0.5					
5△	墩、台顶面高程（mm）		±10	水准仪：测5处				
6	侧面平整度（mm）	料石	≤10	2m直尺：检查竖直、水平两个方向，每20m²测1处	检查结果			
		块石	≤20					
		片石	≤30					
7	外观鉴定		不允许影响结构使用功能或能安装构件的外形缺陷，深度超过保护层厚度的啃边、掉角砌缝开裂不得超过该面积的1.5%，单个换算面积不得超过0.04m²，且不应存在宽度超过0.5mm，长度大于砌块尺寸的非受力的砌缝裂隙。换算面积按缺陷砌缝长度乘以0.1m计算					
8	质量保证资料		工程应有真实、准确、齐全完整的施工原始记录、试验检测数据、质量检验报告等质量保证资料					
9	质量等级							

监理工程师： 日期： 检测人： 日期： 承包商： 日期：

现浇混凝土墩、台身质量检验评定表

表 5-14

项目名称： 　　　　　　　　　　　　　　　　　　　　　（子）分项工程名称：　　　　　　　　　　　　　　　工程部位：
施工单位：　　　　　　　　　　　　　　　　　　　　　　监理单位：　　　　　　　　　　　　　　　　　　　使用者类别：
工程合同段：　　　　　　　　　　　　　　　　　　　　　工程名称：

基本要求：混凝土所用材料的质量和规格必须符合有关技术规范的要求，按规定的配合比施工；不得出现孔洞和露筋现象。主要受力部位不得出现蜂窝或疏松现象。

项次	检查项目		规定值或允许偏差	检查方法和频率	检查实测值	平均值代表值	合格率(%)	合格判定
1△	混凝土强度（MPa）		在合格标准内	按《公路工程质量检验评定标准》（JTG D80/1—2017）附录 D 检查				
2	断面尺寸（mm）		±20	尺量：每施工节段测 2 个断面				
3	全高竖直度（mm）	$H\leq 5\mathrm{m}$	≤5	全站仪或垂线法：纵、横向各测 2 处				
		$5\mathrm{m}<H\leq 60\mathrm{m}$	$\leq H/1000$，且 ≤20					
		$H>60\mathrm{m}$	$\leq H/3000$，且 ≤30					
4	顶面高程（mm）		±10	水准仪：测 3 处				
5△	轴线偏位（mm）	$H\leq 60\mathrm{m}$	10，且相对前一节段 ≤8	全站仪或经纬仪：纵、横各测量 2 点				
		$H>60\mathrm{m}$	≤15，且相对前一节段 ≤8					
6	节段间错台（mm）		≤5	尺量：每节段				
7	平整度（mm）		≤8	2m 直尺：每 20m² 测 1 处，每处测竖直、水平两个方向				
8	预埋件位置（mm）		满足设计要求，设计未要求时 ≤5	尺量：每件测				
9	外观鉴定		不允许影响结构使用功能或构件安装等外形缺陷，深度超过保护层厚度的啃窝、掉角；不允许疏松、蜂窝；总面积超过所在面积的 1%；任何一处面积大于 0.02m²；深度超过 10mm；不允许麻面或露皮、起灰、污染等缺陷；预制构件超过所在面积的 3%积的 2%，其他面或现浇构件超过所在面积的 3%混凝土表面无非受力裂缝或非受力裂缝不应超过设计规定值的宽度（设计未规定的，对防撞护栏及边坡框格梁、隐蔽结构或构件为 0.3mm，其他结构或构件为 0.2mm）应无建筑垃圾、杂物和临时预埋件	检查结果			
10	质量保证资料		工程应真实、准确、齐全完整的施工质量原始记录，试验检测数据，质量检验报告等质量保证资料					
11	质量等级							

监理工程师：　　　　　　　　　　　　　　　　　日期：　　　　　　　　　　检测人：　　　　　　　　　　　日期：　　　　　　承包商：　　　　　　　　　　日期：

预制墩身质量检验评定表

表 5-15

项目名称：　　　　　　　　　　　　　　　　　　　　(子)分项工程名称：　　　　　　　　　　　　工程部位：
施工单位：　　　　　　　　　　　　　　　　　　　　监理单位：　　　　　　　　　　　　　　　　使用者类别：
工程合同段：

基本要求：混凝土所用材料的质量和规格必须符合有关技术规范的要求，按规定的配合比施工；不得出现孔洞和露筋现象

	项次	检查项目	规定值或允许偏差	检查方法和频率	设计值	检查实测值	平均值代表值	合格率（%）	合格判定
实测项目	1△	混凝土强度（MPa）	在合格标准内	按《公路工程质量检验评定标准》（JTG D80/1—2017）附录 D 检查					
	2	断面尺寸（mm） 外轮廓	±15	尺量：测 2 个断面					
		壁厚	±10						
	3	高度（mm）	±10	尺量：测中心线处					
	4	平整度（mm）	≤5	2m 直尺：每侧面测 1 处，每处测竖直、水平两个方向					
	5	支座垫石预留锚孔位置（mm）	≤10	尺量：每个检查					
	6	墩顶预埋件位置（mm）	≤5	尺量：每件实测					
	7	外观鉴定	不允许影响结构使用功能或安装的外形缺陷，深度超过保护层厚度的啃边、蹦角	检查结果					
			不允许疏松（蜂窝）：总面积超过所在面积的 1%；任何一处面积大于 0.02m²；深度超过 10mm；						
			不允许麻面或掉皮、起砂、污染等缺陷：预制构件超过所在面积的 2%；其他结构或构件超过所在面积的 3%						
			混凝土表面无非受力裂缝或非受力裂缝不应超过设计规定限值的宽度（设计未规定，对防撞护栏及边坡框格梁、隐蔽结构或构件等为 0.3mm，其他结构或构件为 0.2mm）						
			应无建筑垃圾、杂物和临时所用件。接缝填充材料不得存在脱落和开裂现象						
	8	质量保证资料	工程应有真实、准确、齐全完整的施工原始记录，试验检测数据，质量检验报告等质量保证资料						
	9	质量等级							

监理工程师：　　　　　　　　　　　　　日期：　　　　　检测人：　　　　　　　　日期：　　　　　承包商：　　　　　　　　日期：

现浇墩、台帽或盖梁质量检验评定表

表 5-16

项目名称：　　　　　　　　　　　　　　　　　（子）分项工程名称：　　　　　　　　　　　　　工程部位：
施工单位：　　　　　　　　　　　　　　　　　监理单位：　　　　　　　　　　　　　　　　使用者类别：
工程合同段：

	项次	检查项目	规定值或允许偏差	检查方法和频率	检查实测值	平均值代表值	合格率(%)	合格判定
基本要求		混凝土所用的材料的质量和规格必须符合有关技术规范的要求，按规定的配合比施工；不得出现孔洞和露筋现象						
实测项目	1△	混凝土强度（MPa）	在合格标准内	按《公路工程质量检验评定标准》JTG D80/1—2017）附录 D 检查				
	2	断面尺寸（mm）	±20	尺量：测 3 个断面				
	3	轴线偏位（mm）	≤10	全站仪：纵、横各测 2 点				
	4	顶面高程（mm）	±10	水准仪：检查 5 点				
	5	支座垫石预留位置（mm）	≤10	尺量：每个检查				
	6	预埋件位置（mm）	≤5	2m 直尺：顺盖梁长度方向设侧面测 3 处				
	7	外观鉴定	不允许影响结构使用功能或构件安装的外形缺陷，深度超过保护层厚度的啃边、踊角；不允许疏松（蜂窝）：总面积超过所在面面积的 1%；任何一处面积大于 0.02m²；深度超过 10mm；不允许麻面掉皮、起砂、污染等缺陷：预制构件超过所在面面积的 2%；其他结构或构件超过所在面面积的 3%；混凝土表面无非受力裂缝或受力裂缝不应超过设计规定限值的宽度（设计未规定的 0.3mm，对防撞护栏及边坡框格梁、隐蔽结构或构件等为 0.2mm）	检查结果				
	8	质量保证资料	工程应有真实、准确、齐全完整的施工原始记录、试验检测数据、质量检验报告等质量保证资料					
	9	质量等级						

监理工程师：　　　　　　　　　　　　　检测人：　　　　　　　　　　承包商：
　　日期：　　　　　　　　　　　　　　日期：　　　　　　　　　　　日期：

二、外观鉴定

混凝土墩、台身外观质量应符合下列规定：
（1）混凝土表面不应存在《公路工程质量检验评定标准》（JTG F80/1）所列限制缺陷。
（2）应无建筑垃圾、杂物和临时预埋件。

学习效果自测题

每位学生根据本章的学习目标，按教师要求选择完成下述自测题目，并根据学生自评表的要求，完成自我检验。

一、选择题

1. 大体积墩台基础混凝土，不能在前层混凝土初凝或能重塑前浇筑完成次层混凝土时，可分块进行浇筑，各分块平均面积不宜小于（　　）m^2，每块高度不宜超过（　　）m。
   A. 40、1　　　　　B. 40、2　　　　　C. 50、1　　　　　D. 50、2

2. 砌体的上下层砌石应相互压叠，竖缝应尽量错开，其目的是（　　）。
   A. 美观　　　　　　　　　　B. 便于砌筑
   C. 方便灌浆　　　　　　　　D. 能将集中力分散到砌体整体上

3. 滑动式模板适用于建造（　　）。
   A. 柔性排架桩墩　　　　　　B. V形桥墩
   C. 轻型桥墩　　　　　　　　D. 高桥墩

4. 桥台台后填土应分层夯实，每层松土厚度20～30cm，一般应夯实2～3遍，夯实后的厚度为15～20cm，高速公路和一级公路应使压实度达到（　　），并做压实度测定。
   A. 95%以上　　　B. 85%～90%　　　C. 70%以上　　　D. 60%以上

5. 石砌墩台在施工时的砌筑顺序为（　　）。
   A. 基准石→角石→镶面→填腹　　　B. 基准石→角石→填腹→镶面
   C. 角石→基准石→填腹→镶面　　　D. 角石→基准石→镶面→填腹

6. 滑模施工的优点是（　　）。
   A. 模板平台相对独立　　　　B. 无工作接缝
   C. 进度快　　　　　　　　　D. 中线水平无偏差

7. 混凝土振捣时，使用插入式振捣器振捣时移动间距不应超过振捣器作用半径的（　　）倍。
   A. 0.5　　　　　B. 0.8　　　　　C. 1.0　　　　　D. 1.5

8. 为了节约水泥，可在混凝土中加入石块，但加入的数量不宜超过混凝土结构体积的25%，这种混凝土称为（　　）。
   A. 碎石混凝土　　　　　　　B. 片石混凝土
   C. 块石混凝土　　　　　　　D. 素混凝土

9. 钻孔灌注桩灌注水下混凝土时，首批灌注混凝土的数量应满足导管初次埋置深度不小于( )m。
   A.1　　　　　　B.2　　　　　　C.3　　　　　　D.4
10. 钻孔灌注桩施工的清孔常用方法不包括( )。
   A. 换浆　　　　B. 抽浆　　　　C. 掏渣　　　　D. 填砾石
11. 土石围堰适用于( )。
   A. 砂类、黏性土、碎石土及风化岩石等河床的深水基础
   B. 水深1.5m以内、流速0.5m/s以内,河床土质渗水性较小时
   C. 水深3m以内、流速1.5m/s以内,河床土质渗水性较小时
   D. 埋置不深的水中基础
12. 正循环钻机钻孔时使用泥浆主要起( )作用。
   A. 悬浮钻渣和护壁　　　　B. 悬浮钻渣
   C. 护壁　　　　　　　　　D. 润滑
13. 钢板桩围堰适用于( )。
   A. 砂类、黏性土、碎石土及风化岩石等河床的深水基础
   B. 水深1.5m以内、流速0.5m/s以内,河床土质渗水性较小时
   C. 水深3m以内、流速1.5m/s以内,河床土质渗水性较小时
   D. 埋置不深的水中基础
14. 反循环钻机钻孔时使用泥浆主要起( )作用。
   A. 悬浮钻渣和护壁　　　　B. 悬浮钻渣
   C. 护壁　　　　　　　　　D. 润滑

二、填空题

1. 浆砌片石一般适用于高度小于＿＿＿＿的墩台身、基础、镶面以及各式墩台身填腹。
2. 桥梁墩台采用浆砌片石时,其砌筑工艺有＿＿＿＿法、＿＿＿＿法和＿＿＿＿法三种。
3. 浆砌片石的砌缝宽度不得大于＿＿＿＿cm;浆砌块石的砌缝宽度不得大于＿＿＿＿cm;浆砌料石的砌缝宽度不得大于＿＿＿＿cm。
4. 墩台身混凝土施工前,应将基础顶面冲洗＿＿＿＿,凿除表面＿＿＿＿,整修＿＿＿＿钢筋。
5. 台后填土应尽量选用＿＿＿＿土,在两侧对称＿＿＿＿夯实,与路基搭接处宜挖成＿＿＿＿形。
6. 浇筑墩台大体积混凝土时为减小水化热应加入＿＿＿＿剂。
7. 圬工砌体勾缝形式有＿＿＿＿、＿＿＿＿和＿＿＿＿三种。
8. 钢筋混凝土桥墩施工时模板拆除的顺序为＿＿＿＿。
9. 围堰有土石围堰、＿＿＿＿围堰、＿＿＿＿围堰、钢筋混凝土板桩围堰、＿＿＿＿围堰和木(竹)笼围堰等。
10. 钻孔灌注桩灌注水下混凝土因耗时较长,一般应在混凝土中加入＿＿＿＿剂。
11. 围堰高度应高出＿＿＿＿期可能出现的＿＿＿＿水位(包括浪高)50～70cm。

12.扩大基础主要采用_____法施工,桩基础的成孔有_____和_____两种方法。

13.基坑大小应满足施工的要求,一般基底应比设计平面尺寸各边增宽_____~_____cm。

14.钻孔施工方法主要包括_____钻进、_____钻进和正、反_____钻进成孔。

15.桥梁基础中_____基础、_____基础和_____式基础应用较为广泛。

16.桩基础按承受荷载的工作原理分为_____桩、_____桩和嵌岩桩。

17.桩基水下混凝土灌注,首批灌注的数量应能满足导管初次埋置_____和填充导管_____间隙的要求。

18.桩基础包括_____桩、_____桩及大直径埋置空心桩。

19.桩基础按施工方法分为_____桩、_____桩和打入桩。

20._____既是基础,又是施工时的挡土和挡水围堰结构物。

21._____是把配制的泥浆灌注在沉井井壁周围,形成井壁与泥浆接触。

22.泥浆润滑套的构造主要包括:_____、_____及_____。

三、判断题

1.墩台身砌体勾缝时,应将砌缝扫净,松浮砂浆去除,并保持湿润,以利砂浆与砌缝黏结。（　　）

2.在基础混凝土强度达到设计要求后,即刻绑扎墩柱钢筋浇筑混凝土。（　　）

3.钢筋混凝土墩台施工时,混凝土应分层浇筑,分层厚度不超过50cm。（　　）

4.墩台身及盖梁等的外观应保证蜂窝麻面面积不得超过该面面积的0.5%,深度超过1cm的必须处理。（　　）

5.墩台身砌筑时,砌块应错缝、坐浆挤紧,嵌缝料和砂浆饱满,无空洞、宽缝、大堆砂浆填隙和假缝。（　　）

6.钻孔桩清孔时,孔内水位应保持在地下水位或河流水位以上1.5~2.0m,以防止钻孔的塌陷。（　　）

7.挖孔桩挖孔时,如孔内的二氧化碳含量超过0.3%或孔深超过10m时,应采用机械通风。（　　）

8.由于施工过错废弃的桩,应由一根或多根另增加的桩代替。（　　）

9.在无水流冲刷和无冻胀的情况下,基础的埋置深度应在地面以下0.5m。（　　）

10.摩擦钻孔桩和柱桩均需清孔。（　　）

11.钻孔灌注桩施工在浇筑水下混凝土时,桩顶高程达到设计高程即可。（　　）

12.钻孔灌注桩灌注水下混凝土时,首批灌注混凝土的数量应满足导管初次埋置深度不小于0.5m。（　　）

13.钻孔灌注桩用反循环回转钻机成孔时,泥浆相对密度越大越好。（　　）

四、思考题

1.简述钻孔灌注桩施工中灌注水下混凝土的施工工艺与质量要求。

2. 常用墩台模板有哪几种？对模板的要求有哪些？
3. 清孔方法有哪几种？
4. 大体积混凝土什么情况下要分块浇筑？分块施工时应注意哪些方面？
5. 墩台基底处理应满足哪些要求？
6. 钻孔施工方法主要有哪几种？
7. 高桥墩模板有哪几种？
8. 台后填土要求有哪些？
9. 挖孔灌注桩施工适用于什么场合？
10. 在墩台施工中，混凝土运输方式有几种？各适用什么条件？
11. 盖梁施工中支架有几种？各适用什么场合？
12. 墩、台身和盖梁施工阶段的检测项目有哪些？
13. 桥梁基础的形式有哪些？其中哪些应用较广泛？
14. 桥梁基础施工的主要方法有哪些？
15. 基底应比设计尺寸增宽多少？
16. 导管在混凝土中的埋深应控制在什么范围？为什么必须严格控制导管提升时间？
17. 根据经济合理、施工上可能的原则，一般在哪些情况下可以采用沉井基础？
18. 围堰高度有什么要求？
19. 基坑排水方法有哪几种？
20. 沉井下沉困难如何处理？
21. 挖孔桩施工在终孔和清孔后应进行哪些检查？
22. 桩基础按施工方法不同分为哪几种？
23. 泥浆的作用是什么？
24. 钻孔灌注桩采用正循环和反循环钻进施工过程中泥浆分别是怎样循环利用的？它们各自的优缺点是什么？

自测题参考答案

第一章

一、选择题

1. A;2. C;3. B;4. B;5. A

二、填空题

1. 社会生产力发展;2. 材料工业发展;3. 力学理论发展;4. 上部结构、下部结构、附属结构、支座;5. 桥墩、桥台、基础;6. 桥跨结构、桥孔结构;7. 梁、拱、索;8. 行车道

三、判断题

1. √;2. √;3. ×;4. √;5. ×

四、简答题(略)

第二章

一、填空题

1. 初步设计、技术设计、施工图设计;2. 水文断面;3. 一般冲刷、局部冲刷;4. 1/300、1/100

二、判断题

1. ×;2. √;3. √;4. √;5. √;6. ×;7. √

三、思考题(略)

第三章

一、选择题

1. B;2. B;3. A;4. A;5. ABCD;6. BCD;7. ABCD;8. A;9. B;10. C;11. AC

二、填空题

1. 墩(台)帽、墩(台)身;2. 自重;3. 起拱线高程;4. 地基土软弱;5. 靠台身后倾平衡台后填土的倾覆力矩;6. 深基础、浅基础;7. 车辆;8. 支座;9. 承载力;10. 竖梁(简支梁);11. 受弯;12. 偏心距超出核心半径;13. 0.25;14. 6;15. 土抗力

三、判断题

1. ×;2. √;3. ×;4. √;5. √;6. √;7. √

四、思考题(略)

第四章

一、填空题

1. 技术准备、组织准备、物资准备、现场准备;2. 部门控制式、混合工程队式、矩阵式;

3. 等强度代换、等面积代换;4.50%、35d、500mm

二、判断题

1.√;2.√;3.×;4.√;

三、思考题(略)

第五章

一、选择题

1.D;2.D;3.D;4.A;5.A;6.D;7.D;8.B;9.A;10.D;11.B;12.A;13.A;14.C

二、填空题

1.6m;2.分层砌筑、断层砌筑、乱层砌筑;3.4、3、2;4.干净、浮浆、连接;5.渗水、分层、台阶;6.减水;7.平缝、凸缝、凹缝;8.先拆非承重模板,后拆承重模板;9.草袋、木板桩、套箱;10.缓凝;11.施工、最高;12.明挖、旋转、冲击;13.0.5、1;14.冲击、冲抓、循环;15.扩大、桩、组合;16.摩擦、端承(柱);17.1m、底部;18.沉入、灌注;19.钻孔、挖孔;20.沉井;21.泥浆润滑套;22.射口挡板、地表围圈、压浆管

三、判断题

1.√;2.×;3.×;4.√;5.√;6.√;7.√;8.×;9.√;10.√;11.×;12.×;13.×

四、思考题(略)

参 考 文 献

[1] 中华人民共和国行业标准.JTG/T F50—2011 公路桥涵施工技术规范[S].北京:人民交通出版社,2011.
[2] 中华人民共和国行业标准.JTG D61—2005 公路圬工桥涵设计规范[S].北京:人民交通出版社,2005.
[3] 中华人民共和国行业标准.JTG F80/1—2017 公路工程质量检验评定标准[S].北京:人民交通出版社,2004.
[4] 中华人民共和国行业标准.JTG D60—2015 公路桥涵设计通用规范[S].北京:人民交通出版社股份有限公司,2015.
[5] 姚玲森.桥梁工程[M].北京:人民交通出版社,1984.
[6] 刘万祯.城市桥梁施工[M].北京:中国建设工业出版社,1992.
[7] 邵旭东.桥梁工程[M].武汉:武汉理工大学出版社,2002.
[8] 罗旗帜.桥梁工程[M].广州:华南理工大学出版社,2006.
[9] 李亮,魏丽敏.基础工程[M].长沙:中南大学出版社,2005.
[10] 邵旭东.桥梁工程[M].北京:人民交通出版社,2004.
[11] 张辉.桥梁下部施工技术[M].北京:人民交通出版社,2011.